KB098840

공감 수업

공감 수업

김홍탁, 강영아 지음

맘에드림

공감 수업

발행일 2018년 6월 25일 초판 1쇄 발행
2019년 6월 3일 초판 2쇄 발행
지은이 김홍탁, 강영아
발행인 방득일
편 집 신윤철, 박현주, 박정화, 문지영
디자인 강수경
마케팅 김지훈

발행처 맘에드림
주 소 서울시 도봉구 노해로 379 대성빌딩 902호
전 화 02-2269-0425
팩 스 02-2269-0426
e-mai momdreampub@naver.com

ISBN 978-89-97206-98-8 93370

※ 책값은 뒤표지에 있습니다.
※ 잘못된 책은 구입처에서 교환하여 드립니다.

교육은 그대의 머릿속에 씨앗을 심어주는 것이 아니라
그대의 씨앗들이 자라나게 해준다.

_칼릴 지브란Kahlil Gibran

서문

4차 산업혁명이 표상하는 것처럼, 세상은 점점 더 급변하고 있습니다. 예나 지금이나 사회의 변화는 학교교육의 변화를 채근해 왔으나, "19세기 교실에서 20세기 교사가 21세기 아이들을 가르친다."는 말에서 알 수 있듯이 '비동시성의 동시성'이 짙게 남아 있는 학교는 시대의 변화를 좇아가지 못하고 있다고 말합니다. 물론 학교교육은 시대와 사회의 변화에 발맞춰 나아가야 합니다. 하지만 유념해야 할 몇 가지가 있습니다.

첫째, 모든 교육의 변화는 학교 교실 속 교사의 수업을 통해 학생 한 명 한 명의 성장으로 귀결되어야 합니다. 변화의 핵심은 교사의 수업이므로, 수업 전문성을 신장하기 위한 구체적인 방법과 체계를 마련하는 작업이 정교하게 이어져야 합니다. 무엇보다도 전국의 혁신학교에서 나타난 변화에서 관찰할 수 있듯이, 학교의 변화는 교사들의 자발적인 동력에 기반할 때 지속가능하므로 교사 개개인이 자신들만의 속도와 온도로 자생할 수 있는 힘을 키우는 데 마음을 보태야 합니다.

둘째, 변화의 외양이나 속도보다 중요한 것은 교육이 끝까지 놓지 말아야 할 본질입니다. 최근 학교 현장에서 불어오는 혁신의 바람은 바로 학교와 교육 본연의 모습을 부단히 찾아가는 과정입니다. 사실 혁신이란 말은 새로운 것이 아니라, 본질로 돌아가는 것을 뜻합니다.

그렇다면 교육의 본질이란 과연 무엇일까요? 넓은 의미에서 학교가 담당해야 할 교육이라는 것은 무릇 민주주의 교육이자 민주시민 교육이란 점에서 혁신 교육은 본래 교육이 해야 할 몫을 온전하게 다하는 것입니다.

좁은 의미에서 교육의 본질은 수업입니다. 수업에서 삶을 배워야 합니다. 그 연결 고리를 필자는 '공감'으로부터 찾아냈습니다. 인지적 배움이 없는 공감은 실체 없이 태도와 감정만을 강요하게 되어 억지스러워질 수 있으며, 정의적 배움이 없는 공감은 학생들이 지식을 이해하는 것에 그치게 되어 결국에는 잠재적 실천력이 생기지 않게 됩니다. 우리 학생들이 교실 수업에서 시민적 자존감과 실천력을 내재한 시민으로 성장할 수 있도록 배움을 구성해야 합니다.

이 책은 총 4부로 구성되어 있습니다. 1부에서는 2007년에 임용되어 소진과 재점화를 반복하는 두 교사의 삶을 담았습니다. 그 삶에는 학교교육의 본질인 좋은 수업을 구현하기 위한 전문성과 자율성을 스스로 배양한 두 교사의 이야기가 녹아 있습니다. 우리가 마주하는 학생들 저마다 개성이 있듯이, 교사들도 다양한 결을 갖고 있습니다. 덧칠하지 않은 있는 그대로의 삶의 모습을 담은 이유는 교사의 삶과 수업이 별개의 것이 아니기 때문입니다. 교사의 삶은 수업을 통해 드러나게 마련이므로, 함께 교사의 삶을 들여다보는 것은 의미가 있습니다. 곳곳에 소개된 〈성찰 일기〉들은 두 교사가 자신의 수업을 비롯한 교육 경험, 나아가 삶을 성찰하며 기록한 질적 자료입니다. 두 교사의 삶의 이야기가 이 책을 펼치는 선생님들에게 공감과 위로를 드릴 수 있기를 기대합니다.

2부에서는 주제가 살아 있는 공감 수업을 담았습니다. 5 · 16 군사 쿠데타, 한일 청구권 협정, 한일 일본군 '위안부' 합의, 베트남 전쟁, 제주4 · 3사건 등 과거사를 주제로 다룬 수업과 정치 참여와 촛불 집회 등을 주제로 다룬 수업에서는 도도히 흘러가는 민주주의가 관통합니다. 여기서는 학생들이 연대하고 참여하는 민주공화국의 시민으로 성장할 수 있도록, 민주주의를 유지하고 발전시키는 데 공감이 갖는 특별한 힘을 체감할 수 있는 학습 경험을 다루었습니다.

3부에서는 감수성이 숨 쉬는 공감 수업을 담았습니다. 일탈행동과 자작시 쓰기 수업을 통해 자기 자신과 마주하고, 인권 감수성 수업을 통해 타인과 사회를 공감합니다. 이러한 과정을 감수성 수업으로 구체화하였고, 일상에서의 경험을 수업 주제로 연결하여 인지적 배움과 정의적 배움을 조화롭게 녹여냈습니다. 이를 통해 학생들은 잠재적 실천력을 내면화할 수 있었습니다. 또한 정의적 영역을 평가하기 위한 단계적 방법을 필자의 교실 경험을 통해 보여 줌으로써 학생의 자존감을 살리는 평가에 대해 생각해 보았습니다.

교육과정의 변천에도 불구하고 각 교과마다 핵심적으로 다루어지는 개념이나 주제가 있습니다. 이 책의 2부와 3부에서는 우리나라의 사회과교육과정에서 선정한 몇 가지 내용 요소를 다룬 수업의 사례를 담았습니다. 해당 주제 및 개념을 수업에서 다룰 때 현장의 선생님들이 수업 디자인에 들일 수고로움을 조금이나마 덜어 줄 수 있기를 바랍니다.

4부에서는 전문적 학습공동체 실천 경험을 담았습니다. 각개약진을 뛰어넘어, 자생적으로 학교 안과 밖에서 전문적 학습공동체를 구성하여 동료 선생님들과 공동으로 성장해 나가는 여정을 들여다볼 수 있습니다. 공동체의 이름 짓기, 동료성 구축, 비전 세우기, 독서 나눔, 수업 공개와 수업 나눔, 공동 수업 디자인, 공동체의 확장 등 전문적 학습공동체를 운영한 경험이 없거나 축적되지 않은 학교에서 참고할 만한 길라잡이가 되었으면 좋겠습니다. 4부를 함께 읽으며, 좋은 수업을 실행하기 위한 교사의 전문성을 키우는 데 교사 개인이 해야 할 몫 이외에 요구되는 필요조건이 무엇인지를 더불어 고민할 수 있기를 바랍니다. 특히 학교 민주주의는 교육의 본질에 다가서는 단위 학교교육의 역량을 키우는 데 주요한 토대이므로 앞으로 좀 더 깊이 있게 천착할 기회가 있기를 기대합니다.

이 책은 혁신학교에서 경험한 수업과 교육 활동을 기록한 글이 아닙니다. 일부 혁신학교를 제외한 대부분의 학교 현장에서는 교사가 수업과 생활교육에 온전히 집중하는 것이 쉽지 않습니다. 혁신학교의 간판을 달지 않았지만, 사회 변화에 따른 요구에 둔감하지 않으면서도 교육의 본질에 다가서기 위해 굳건한 자생력과 순수한 자발성으로 실행한 경험들을 담고 있습니다. 따라서 책에 담긴 수업 디자인이나 교육 활동의 사례들은 전문적이되 어느 교사든지 어렵지 않게 시도할 수 있는, 누구나 해 봄직한 것들입니다. 이 책이 교사 내면에 담긴 성장에 대한 열망을 자극하여, 스스로 변화의 주체로 바로 설 수 있는 데 미약하나마 도움이 되기를 소망합니다.

글쓰기 작업은 고단함과 아쉬움의 연속이었습니다. 아이들을 재우면서 몰아치는 잠을 가까스로 쫓아내고 기껏 앉은 책상에서 노트북을 켰을 즈음 엄마, 아빠를 찾는 아이들의 목소리. 다시 이불 속으로 들어가고, 그대로 아침을 맞이하고는 했습니다. 절대적으로 시간이 부족한 상황에서 고단한 몸과 정신을 깨워 밤늦게까지 버틸 수 있었던 것은 쌍둥이 자녀의 응원 덕분이었습니다. 아이들은 잠이 들 때마다 “아빠, 글 잘 쓰고, 잘 자.”라며 힘을 전해 주었습니다.

두 교사의 삶과 수업, 그들이 마주한 학생과 교실, 그리고 학교와 전문적 학습공동체 등을 오롯이 담아내지 못한 아쉬움은 필자의 부족한 필력 탓입니다. 부족하지만 최선을 다한 글이 나올 수 있게 된 것을 감사하게 생각합니다. 돌이켜 보니 글쓰기 과정은 지난 10여 년의 교직 생활을 반성적으로 성찰하며 나를 발견하는 시간이었습니다. 학생들과 동료 교사들에게 부족한 모습을 많이 보였습니다.

마지막으로 지난날 내가 실행한 수업 속에서 나와 함께 흔들리면서도 각자의 꽃을 피워 온 모든 학생에게 가슴 깊이 미안함과 고마움을 전하고 싶습니다. 이 마음이 그들의 마음 안에 꼭 닿을 수 있기를 빕니다.

제주에서 김홍탁

추천사

교사와 학생이 함께 성장하는,
학교의 밝은 미래를 그리며

이혁규(청주교육대학교 교수)

단숨에 읽었다. 책을 읽으면서 김홍탁, 강영아 두 선생님의 아름다운 실천이 머릿속에 상상되면서 가슴이 따뜻해졌다. 열악한 우리 중등학교의 환경에서 이렇게 멋진 수업 실천들이 기획되고 실행될 수 있다니! 수업 실천에 관한 한 두 선생님은 내가 따라 배워야 할 스승이라고 해도 과언이 아니다.

나는 20년 넘게 이런저런 형태로 수업 연구를 하고 현장 수업도 관찰해 왔다. 이를 통해 교사의 성장에 일정한 패턴이 있다고 가정하게 되었다. 초보 교사는 자신이 수업을 잘할 수 있는지를 주로 고민한다. 일종의 생존 단계라고 해야 할까? 이 단계를 넘어서면 교과의 내용이 잘 전달되고 있는지를 고민한다. 좀 더 성숙해지면 학생들의 성장으로 관심이 옮아간다. 학생의 개별성에 대한 감수성이 증가하고 학생 한 명 한 명을 돌보고자 한다. 교사의 내

공이 더 깊어지면 학생들이 성장해서 살아갈 교육 생태계 전체를 더 좋은 곳으로 만들고자 고뇌하게 된다. 이 단계가 되면 교사는 좋은 사회를 상상하고 자신의 교육 실천을 좋은 사회를 위한 실천과 연결시키고자 노력한다.

김홍탁, 강영아 선생님의 수업 실천에 대한 소중한 기록이 담긴 책을 읽는 내내 교직 경력도 많지 않은 두 선생님이 어떻게 가장 높은 수준의 교사 성장에 도달했는지 놀랍다고 생각했다. 아마도 그 비결은 끊임없는 공부일 것이다. 두 선생님은 최근 몇 년 동안에 나온 수업과 학교 문화에 대한 중요 단행본들을 거의 섭렵하고 있었다. 교육연구기관의 연구 보고서나 학계의 학술 논문도 광범위하게 참조하면서 자신들의 교육관과 일상적인 실천들을 끊임없이 조탁(彫琢)해 가고 있었다. 책뿐만이 아니다. 궁금한 점이 생기면 관련 전문가에게 메일을 보내고 찾아서 만나기도 한다.

나는 21세기 교사의 존재론적 본질은 가르침의 탁월성이 아니라 배움의 진정성과 지속성에 있다고 본다. 두 선생님은 배움을 소중히 여기는 교사의 존재론적 본질을 오롯이 삶으로 구현해 내고 있다.

물이 위에서 아래로 흐르듯이 교사의 성장은 학생의 성장으로 자연스럽게 흘러간다. 학생들은 교과서를 죽어 있는 지식으로 배우지 않는다. 대학에 가기 위한 수단적 가치로 여기지 않는다. 배움과 삶은 분리될 수 없을 만큼 단단히 결합된다. 역사는 과거의 박제된 이야기가 아니라 오늘의 현실로 살아난다. 학생들의 공부는 경쟁의 질곡을 넘어서 인권, 평화, 참여라는 민주공화국의 보편적 가치와 간단(間斷)없이 접속한다. 학생들의 배움은 인지적 지식의 앙상함을 넘어서 정서적 공감과 연대의 풍부함에 닻을 내린다. 학생들의 배움터는 학교의 좁은 울타리를 넘어선다. 푸르고 아픈 역사를 간직하고 있는 제주도의 수많은 역사적 현장이 학생들의 배움의 현장이다. 지역 사회는 '지금', '이곳'에서 배움이 가능한 토양이다. 지역 사회의 토양에서 출발한 배움은 일본의 위안부 협정과 베트남 참전의 참상과 같은 동아시아와 지구적 차원의 시야로 확대되기도 한다. 그런 학습의 과정에서 학생들은 사회과라는 교과의 좁은 벽을 넘어서 역할극 하기, 시 쓰기, 만화 그리기 등의 범교과적 활동과 자연스럽게 연결된다. 학생들이 경험하는 평가 또한 변별을 위한 평가가 아니다. 배움과 성장을 위한 자극이 될 수 있는 평가이다. 이런 수업 실천을 읽으면서 교사의 성장이야말로 학생의 성장의 지속적인 성장을 보증하는 증표임을 다시 확인하게 된다.

이 책의 4부는 교사의 전문적 학습공동체에 대한 이야기이다. 김홍탁, 강영아 선생님의 공부와 실천은 외롭지 않다. 고독한 영웅들의 슬픈 서사가 아니다. 이들의 배움은 학교 내 교사 공동체와 학교 밖 교사 공동체와 함께하는 배움이다. 학교 안과 밖에서 배움을 조직하고 함께 성장하는 공동의 역사를 만들어가는 두 사람의 용기와 실천의 진정성에 고무되는 동시에 한국의 모든 교사 사회가 이런 모습으로 변화되는 미래를 꿈꾸어 본다. 동시에 교사와 학생들이 함께 만들어낼 우리 사회의 밝은 미래가 손에 잡힐 듯 생생해서 가슴이 부푼다. 부디 이 책이 많은 사람에게 읽혀서 우리 교육에 대한 새로운 상상력을 창조하고 새로운 실천을 지속적으로 잉태하는 촉매제가 되기를 소망한다.

차례

1부.
교사는 흔들리며 피는 꽃처럼 성장한다

1장. 홍탁 쌤 이야기

1. 여기는 중학교야

사범대학 사회교육과 학부 시절, 사회과의 매력에 푹 빠져 있던 나는 사회과를 잘 가르치는 교과 전문가가 되고 싶었다. 전공 서적을 끼고 살며 깊게 공부했다. 학교 현장에 가면 누구보다 사회 수업을 잘할 수 있을 것으로 단단히 믿고 있었다. 학생들도 내가 중·고등학생 시절에 그러했듯이 유독 사회과를 좋아하고 열심히 공부할 것이라고 기대했다.

교사로 임용된 후 마주한 교실의 풍경은 내가 머릿속에 그리던 것과는 많이 달랐다. 예비 교사 시절 학교 현장을 상상하며 수업을 실연하던 가상의 교실 속과는 달리, 교사가 의도한 수업 설계에 맞게 진행되는 법이 없었다.

무엇보다 각양각색의 사정으로 배움을 거부하거나 배움에서 소외된 학생들이 많았다. 그들에게 학교는 맛있는 밥 한 끼를 제공하고, 컴퓨터 게임과 애니메이션 등 때때로 변하는 자신들의 즐길거리에 관한 정보를 나누는 만남의 장이며 놀이터였다. 그들에게 수업은 밥을 먹기 위해 기다려야 하는 시간이고, 정보 교환과 놀이가 금지된 시간일 뿐이었다.

이와 같은 중학교 교실의 수업 상황을 받아들이는 데까지는 적지 않은 시간이 소요되었다. 부끄러운 이야기지만 교직 첫해에 나는 학생들에 대한 감식안을 갖고 있지 못했다. 보통 교사가 된 자들은 학생 시절 학습 습관이 모범적이었기 때문에 학생들도 으레 자신과 같을 것이라고만 생각했다. 게다가 사회과를 암기 교과로 여기며 피곤함을 느끼는 학생들에게 주요 개념을 쉽게 암기할 수 있도록 죽처럼 잘 만든 '암죽식' 수업으로 고등학교 입학시험을 대비하는 것에 만족해했다.

어느 날 정신을 차려 보니 내 수업에서는 가르침은 가득했으나 무엇인가 비어 있는 듯 공허했다. 한 선배 선생님이 신규 교사인 나에게 "여기는 대학교도 고등학교도 아닌, 중학교야."라는 알쏭달쏭한 말을 전했다. 교과 전문가가 되기 이전에 중학교 수업에서 요구되는 무엇인가를 알아차려야만 했다.

2. 서로에게 스미다

수업 시작을 알리는 종이 울린다. 교사가 수업이 열릴 교실로 이동한다. 문을 열고, 교실에 들어선다. 기운차게 돌아다니는 아이들과 이제야 사물함에서 교과서를 꺼내려고 의자에서 일어서는 아이들, 화장실에 다녀오겠다며 교실 문을 나서는 아이들이 교사를 맞이한다. 교사는 지난 시간에도 했던 말들을 기계적으로 쏟아낸다. "자리에 앉으세요.", "교과서 꺼내세요.", "쉬는 시간에 화장실 다녀오지 않고 뭐했니?"

숨 고르기를 마치고 어렵사리 수업을 시작한다. 드디어 교사는 수업의 보따리를 풀고, 준비해 온 많은 것들을 펼쳐 놓기 바쁘다. 얼마의 시간이 지나지 않아 학생들은 임계치에 도달한다. "조용히 하세요.", "선생님 보세요." 오늘도 교사의 직업병이 나타나기 시작한다. 교사는 태생이 '관종'(관심 종자)이다. 학생의 관심이 수업과 교사에게 멀어지는 순간 수업 시간은 다시 혼돈 속으로 빠져든다.

예비 교사 시절 수업은 그냥 하면 되는 줄 알았다. 다시 말해 수업을 위해 최적화된 교실이라는 무대가 마련되어 있고, 교사가 무대에 오르면 한 편의 수업이 저절로 완성되는 줄 알았다. 무대에 함께 서는 주연배우들의 존재를 간과한 짧은 생각이었다는 것을 깨닫는 데는 단 한 차례의 수업 경험이면 충분했다. 2007년부터 나와 함께 수업의 무대를 밟고 있는 또 다른 주연배우들은 바로 중학생들이다.

'중2병'이라는 것이 있기는 한 것인지는 논외로 하고, 그 말에서 알 수 있듯이 요즘 중학생들은 흔들리며 성장한다. 흔들리다 못해 꺾일 지경에 이르는 위태로운 삶을 곡예하듯 잘도 넘기는 친구도 쉽게 찾을 수 있다. 중학교에서는 수업을 잘하는 교과 전문가보다는 담임 학급 학생이 사고치지 않고 무사히 졸업하는 일이 중요하게 여겨진다. 그러다 보니 특별히 중학생을 지도하기 위한 교사의 역량을 기를 수 있도록 교사 양성 과정을 개선해야 한다는 요구가 높아지고 있다.[1]

교사는 상담사, 사회복지사, 부모님 등의 모습으로 변신하며 그들의 곁을 지켜 낸다. 그 과정에서 맺어지는 학생과 교사의 관계는 수업 안에서 서로에게 스미는 데 매우 중요한 밑거름이 된다.

학생들과의 관계에서 비롯된 갈등을 경험해 본 교사라면 '좋은 관계가 좋은 수업의 전제조건이다.'라는 명제를 가슴으로부터 동의할 만하다. 예비 교사 시절에는 관계의 중요성을 미처 생각해 보지 못했다. 그저 젊은 교사라는 이유로, 또는 교과 내용과 관련한 지식이나 교육학적 지식을 많이 갖고 있거나 수업 기술을 연마하면 좋은 수업을 할 수 있을 것으로 여겼다. 관계 맺음이나 소통은 단순히 나이가 젊다고 쉽고, 반대로 연령이 높다고 어려운 일이 결코 아니었다. 수업 바깥에서부터 만들어지는 좋은 관계에서 좋은 수업이 시작된다는 진리를 얻기 위해 교사도 학생도 많이 흔

1. 박수정 외, 〈교사의 인성, 실무능력, 중학생 지도능력 강화를 위한 교사양성교육에 대한 인식 조사 연구〉, 《한국교원교육연구》 제33권 제3호, 한국교원교육학회, 2016, 111~138쪽

들렸다.

교직 2년 차에 수업 중 한 여학생을 호되게 꾸짖었던 적이 있다. 쉬는 시간에 학생의 이야기를 듣다 보니 나의 오해가 부른 일이었다. 눈물을 흘리는 학생에게 진심으로 사과를 했다. 내 기억으로는 교사가 되고 학생에게 "미안하다."라는 말을 처음 해 본 순간이었다. 젊은 나이였음에도 교사의 권위를 내세우던 꼰대스러움을 버리고 솔직한 마음을 학생들에게 드러내는 교사로 변모하게 된 계기였다. 그 일 이후 그 학생과의 관계가 좋아지면서, 그 학생에게도 뚜렷한 변화가 관찰되었다. "선생님에게 미안해서, 아무리 졸려도 선생님 시간만큼은 절대로 자지 않아요."라는 말로 그 친구는 나의 수업에 함께해 주었고, 사회 성적이 올랐다며 자랑하던 모습이 기억에 또렷하다.

종종 내 삶의 조각을 학생들과 나눈다. 교사가 자신을 학생들에게 드러내는 것은 관계를 맺는 데 도움이 된다. 단순히 사생활을 노출함으로써 흥미를 유발하는 차원이 아니다. 예를 들어, 평범한 가정을 이루고 아빠로 성장해 나가는 육아의 이야기를 전하면 학생들은 나를 교사 이전에 보통의 인간으로, 가정에서 마주하는 아빠와 같은 모습으로, 육아와 일을 양립하는 보통의 직장인으로 이해한다. 평소 관심을 두고 있는 사회 이슈나 읽고 있는 도서의 내용을 나누는 것도 괜찮은 방법이다.

물론 좋은 관계가 좋은 수업을 완성하는 것은 아니지만, 학생과의 좋은 관계는 좋은 수업을 만드는 데 주요한 토대가 된다는 점을 앞으로도 잊지 않을 것이다.

관계 맺음이라는 것에는 수업에서 경계나 질서를 세우는 것도 포함된다. 동료와 교사의 말을 경청하기, 학습 준비를 마치고 수업 시작 시간에 맞춰 앉아 있기 등과 같이 기본적인 것이 잘 되지 않아 곤란함을 겪었던 수업을 돌이켜보며 좋은 수업을 위한 경계나 질서를 어떻게 세워야 할 것인가에 대해서 고민하게 된다.

중학교는 교사들의 기피 1호가 된 지 오래다. 가장 가르치기 어렵고 다루기 힘든 중학생들과 함께 생활하는 교사의 소진(burnout) 문제를 들여다볼 때이다. 전문의 김현수는 그의 저서《교사 상처》에서 학생들과의 관계는 교사에게 상처를 주기도 하지만, 교사를 치유하는 약이라고 말했다. 교실 속 수업이 교사의 상처받은 내면을 치유할 수 있는 공간이 되기 위한 첫걸음은 학생과 교사의 좋은 관계 맺음이다.

흔히 학교에서 이루어지는 교육 활동의 꽃은 수업이라고 한다. 수업이라는 꽃을 온전히 피우기 위해서 학생과 교사는 흔들린다. 흔들리며 피어오른 수업을 통해 학생에게는 배움이 일어나고, 교사에게는 가르침에 대한 전문성이 성장한다. 지난날 내가 실행한 수업에서 학생들은, 그리고 나는 얼마나 흔들렸을까?

수년 전 어느 학생이 교사를 적당히 월급이나 받는 월급쟁이로 칭하는 말을 듣고 적잖게 놀란 기억이 있다. 무엇이 열정과 패기로 가득했던 교사를 월급쟁이로 전락하게 만들었을까? 월급쟁이 교사로 살기를 거부한다면, 어떻게 살아가야 하는 것일까?

다음의 〈성찰 일기〉에 담겨 있듯이, 교직 생활을 버티는 힘은 흔들리며 피는 수업 안에서 성장하는 경험에 있다고 생각한다.

> 솔직히 이야기하면, 가르침만 있고 배움이 없는 수업만 한다면, 앞으로 긴긴 교직 생활에서 보람을 얻을 자신이 없기 때문에, 계속 성장하는 교사가 되고 싶다.
>
> — 2015. 10. 2, 〈성찰 일기〉 중에서

교사로서 성장하는 삶을 살고 싶다. 교사 역시 전문직으로서 성장에 대한 열망을 가지고 있는 것은 당연한 일이다. 우리 학교 신문 《한빛망》의 〈교사논단〉에 교직 10년 차를 맞이하며 수업을 주제로 실었던 글에서 나는 성장하는 교사의 모습을 다음과 같이 그려 보았다.

> '좋은' 수업에 대한 목마름은 끝이 없을 테니 성찰하는 교사, 연구하는 교사, 그리고 동료와 함께 성장하는 교사로 살아갈 것을 다짐한다.
>
> — 2016. 2. 5, 〈흔들리며 피는 꽃, 수업에 대하여〉 중에서

성장하기 위해서는 아주 익숙해져 버린 나를 낯설게, 자세히, 그리고 오래 보는 것에서부터 시작하여 나를 바꾸는 작업이 필요했다. 중학교에서 일정 기간 동안 수업을 하다 보면 교과서의 내용을 학생들에게 가르치는 데 별 어려움이 없다는 것을 체감할 수 있다. 별도의 수업 준비가 없어도 중학교 교육과정 수준의 학습내용을 가르치는 데는 무리가 없다. 임용고사를 준비하며 동고동락을 함께했던 전공 서적은 더 이상 수업을 연구하기 위한 텍스트가 아니다. 대신에 문제집이나 교사용 지도서를 펼쳐 보는 경우가 많았다.

머릿속에 담긴 교과와 관련한 지식은 갈수록 바닥을 드러내고, 수업 준비에 소홀할 때도 많았다. 어느 날은 교실 문을 열기가 두렵고, 학생들 앞에 서 있는 것에 미안한 감정을 느낄 때도 있었다.

교직 생활을 버틸 수 있는 근력은 수업으로 성장하는 경험에서 나온다. 교직의 매력이자 교직을 유지할 수 있는 원동력은 수업 안에서 효능감과 즐거움을 체감할 때 커진다. 수업 연구가 충분히 된 날에는 학생들 앞에서 당당하고 자신감이 높아지며, 수업 중에 농담 한마디를 해도 격이 달라지는 경험을 해 본 교사는 알 수 있다.

나는 좋은 배움의 기회가 다가왔을 때 주저하지 않고 손을 내미는 편이다. 교사로서 생활하는 가운데 만나는 여러 학습 경험이 교사의 전문성 신장으로 수렴된다고 믿기 때문이다.

교사는 가르침과 배움을 반복하며 살아가야 할 존재이다. 가끔 소진되었다고 느낄 때 마주하는 배움은 교사의 열정을 다시 불붙게 한다. 교사가 잘 배워야 학생들을 잘 가르칠 수 있다. 교사는 가르치는 전문가로 인식되었으나 이제 배우는 전문가로 주목받고 있다.

앞으로 교직 경력이나 학교 안팎에서 맡을 역할이 달라짐에 따라 요구되는 역량을 높일 수 있도록 다양한 연수에서부터 책과 논문, 수업 친구, 전문적 학습공동체 등에 이르기까지 다양한 배움의 장에 함께하고 싶다.

결핍은 성장의 밑거름이 된다. 어릴 적 나는 책이 많은 사촌네 집 거실의 한 면을 채우고 있던 책장을 부러워했다. 책벌레라고 불릴 만큼 책 읽기를 즐겨하는 편은 아니었지만, 책을 향한 집착이 심리의 기저 어딘가에 깊숙하게 자리 잡고 있었던 것 같다. 직접 구매하여 읽은 책들을 차곡차곡 서재에 모으는 것에 기쁨을 느낀다.

독서를 좋아하게 되고 책을 일상 가까이 두게 된 것은 고등학교 3학년 대학수학능력시험을 마친 뒤였다. 돌이켜 보면 시험이 주는 압박이 걷힌 것이 큰 이유였다. 평가를 받기 위해 책을 들여다보는 것이 아니라 앎 그 자체를 목적으로 할 때 책은 온전히 나의 것이 될 수 있었다. 이제는 책 안에 길이 있다고 믿는 사람 중 한 명이 되었다.

사회과 교사이다 보니 아무래도 사회과학과 인문학 도서를 주로 찾아 읽는다. 최근에는 현직 교사가 학교와 교실 현장의 이야기를 진솔하게 담아낸 도서의 출간이 꽤 다양하게 이어지고 있어, 읽으며 공감과 위로를 얻는다

평소 교사의 삶에서 마주하는 모든 것이 수업의 좋은 재료가 된다. 최근 학교 안팎으로 전문적 학습공동체나 소소한 모임을 통해 책을 함께 읽고 나누는 교사들을 많이 볼 수 있는데, 책은 마르지 않는 샘과 같이 수업 아이디어를 풍부하게 솟아나게 한다.

논문도 마찬가지이다. 대학원 진학 여부와 관계없이 최근 학교 현장을 연구하는 교사들이 많아지면서 논문을 찾아 읽고 수업에 활용하는 선생님을 어렵지 않게 찾아볼 수 있다. 《수업은 기획이다》를 쓴 최무연 선생님은 현장 교사가 현장을 담아 쓴 논문은 '수업 아이디어의 보물창고'이므로 '금맥'을 캘 수 있다고 표현할 정도이다. 학술연구정보서비스(www.riss.kr)에 접속해 '수업 사례', '수업 방안', '수업 모형', '수업 실천' 또는 수업을 실행할 주제나 학습 요소를 검색어로 입력하면 학위 논문이나 학술지에 게재된 논문 등 다양한 학술 자료를 만날 수 있다.

그동안 내가 실행한 사회과 수업은 사회과학 및 인문학 도서나 논문으로부터 영감을 많이 받았다. 다음에 이어지는 세 편의 〈성찰 일기〉에는 활동지 속 과제를 작성하는 데 도움을 준 문헌들을 안내하는 내용이 공통적으로 들어 있다.

이번 수업의 주제는 3학년 사회 9단원 중 '기본권의 종류

와 내용'이다. … 사례를 통해 기본권의 종류와 내용을 학습하는 수업에서 가장 중요한 것은 적합한 사례를 찾는 것이다. 내가 선정한 열 가지의 사례가 학습자의 수준에 적합한지 여부는 3차시 수업을 실행하면서 알 수 있을 것이다.

활동지에 제시된 열 가지 사례의 출처는 다음과 같다. 첫째 임용고사 기출문제, 둘째 참여연대 사법감시센터에서 펴낸 《공평한가? 그리고 법리는 무엇인가: 판결비평 2005~2014》, 셋째 법 교육을 위해 법무부에서 운영하는 솔로몬 로파크 홈페이지 '법교육자료' 게시판 등 세 가지이다.

임용고사 기출문제는 학부 시절에 법 교육 기출문제 중 기본권과 관련된 문제만 파일로 따로 정리한 것이 있어서 바로 발췌가 가능했고, 《공평한가? 그리고 법리는 무엇인가: 판결비평 2005~2014》는 지난 몇 년간 개인적으로 후원하고 있는 참여연대에서 올해 2월 발행한 도서로 최근 주요 판결의 요지나 논쟁점을 일목요연하게 정리하고 있어 쉽게 참고할 수 있었다. 솔로몬 로파크는 법무부에서 빵빵한 예산으로 법 교육을 후원하면서 법 교육과 관련한 많은 데이터를 구축하여 운영하고 있는 홈페이지로 참고할 만한 것이 많은 편이다.

— 2015. 10. 2, 〈성찰 일기〉 중에서

3학년 사회 '13. 국제 사회와 국제 정치' 첫 차시 수업이다. 지난 '12. 국제경제와 세계화' 단원에서 환율의 결정과 변동이라는 대혼란 속을 막 탈출하여 국제 정치 단원을 처음 시작하는 시간이다.

… 본 수업의 주요 아이디어는 지난 여름에 있었던 독서

토론에서 나온 것이다. 독서토론 주제는 '대한민국 해방 3년 史'이고, 2회에 걸쳐서 두 권의 도서를 동시에 읽고 토론하였다. 그 과정에서 한반도를 둘러싼 주변국들 간의 국제사회의 특징이 역동적으로 잘 나타나는 내용을 수업에서 학생들과 나누면 흥미로울 것이라고 생각했었다.

당시 읽은 도서 하나는 사회학자 김동춘이 쓴 《대한민국은 왜? 1945~2015》이고, 또 하나는 정치학자 김일영이 쓴 《건국과 부국: 이승만 · 박정희 시대의 재조명》이다. 나름 균형 잡힌 시각을 갖기 위해 동일한 주제에 대해 입장의 차이가 다소 있는 도서를 선정하였다.

— 2016. 10. 28, 〈성찰 일기〉 중에서

본 수업의 학습 주제인 '박정희 정부 18년 史'는 단원 'Ⅲ. 대한민국의 발전 2. 자유민주주의의 시련과 발전'에 해당한다. … 이번 수업에서 쓰일 활동지에 담긴 여덟 개의 물음 역시 평소 읽던 도서나 논문으로부터 영감을 얻거나 인용한 것이다. 예를 들면 《유신》(한홍구), 《역사와 책임》(한홍구), 《대한민국은 왜? 1945~2015》(김동춘), 《베트남 전쟁》(박태균) 등이다.

— 2017. 5. 12, 〈성찰 일기〉 중에서

좋은 활동지를 제작하는 것이 수업의 반이라고 여겨지는 만큼 교사들은 활동지 속에 적절한 과제를 담기 위해 깊게 고민한다. 사회과의 본질을 추구하는 배움을 이끌어 내도록 과제를 설정하는 것은 여간 어려운 일이 아니다. 좋은 과제는 좋은 질문을 담고 있다.

책과 논문은 좋은 질문을 찾는 데 도우미 역할을 톡톡히 한다.

'박정희 정부 18년 史'를 주제로 수업을 디자인하면서 아이디어를 얻은 논문의 예를 들어 보겠다. '박정희 정부 18년 史' 수업의 의도는 역사적 사실에 기반하여 교과서의 내용을 분석하고 뛰어넘는 활동을 통해, 사람들은 역사적 사건의 진실을 어떻게 기억하고 있는가를 알아보는 것이다. 이를 위해 먼저 기억에 관한 논문을 찾아 읽었다. 다음 네 편의 논문을 가장 많이 참고했다.

> 양호환, 〈집단기억, 역사의식, 역사교육〉, 《역사교육》, 역사교육연구회, 2009
> 류현종, 〈초등학생들은 긍정의 역사만 배워야 하는가?〉, 《역사와교육》, 역사교육연구소, 2010
> 박태균, 〈한국전쟁, 그리고 베트남 전쟁의 기억과 참전의 악순환〉, 《국제지역연구》, 한국외국어대학교 국제지역연구센터, 2011
> 강화정, 〈고등학생의 한국 현대사 인식과 역사수업 방안〉, 《역사와세계》, 효원사학회, 2009

수업 속 활동지에는 역대 교과서에 나타난 '5 · 16'에 관한 서술 내용의 변천을 보여 줌으로써 기억이 어떻게 달라지고 있으며, 왜 동일한 역사적 사건의 평가가 달라지는가를 생각해 보는 과제를 담아야 했다. 내가 찾은 논문에서는 '5 · 16'에 관한 역대 교과서의 서술을 분석하여 표로 보기 쉽게 정리한 내용이 있어 활동지를 제작하는 데 수고를 덜 수 있었다. 교과서 서술과 관련하여 참고한 논문은 다음과 같다.

방대광, 〈역사 교과서, 현대사를 어디까지 서술할 것인가?〉, 《역사와교육》, 역사교육연구소, 2014
박태균, 〈2009 개정 교육과정 한국사 교과서 현대사 부분 분석〉, 《역사교육》, 역사교육연구회, 2010
양정현, 〈고등학교 '한국사' 교육과정 편성과 교과서 검정의 양상〉, 《역사교육연구》, 한국역사교육학회, 2010
강화정, 〈고등학생의 민주주의 이해 양상: 5·16과 5·18을 중심으로〉, 《역사와세계》, 효원사학회, 2014

서재의 책장 한쪽에 꽂혀 있는 현장 교사가 쓴 교육 관련 도서들을 바라보다 보면 책이 내게 말을 걸어온다. 어떤 이야기를 전했을까?

《교사들의 필리버스터》를 들어 보자. 한국의 교육 생태계 속 《학교라는 괴물》에서 《희망의 학교를 꿈꾸다》 상처를 받고 위로가 필요한 《교사가 교사에게》 전하는 희망의 메시지들이다. 《교사생활 월령기》마다 펼쳐 보면 교육의 본질이 무엇인가를 또렷하게 비추어 주는 등대와 같은 역할을 한다.

《교사는 수업으로 성장한다》고 믿는다. 교사들은 《수업을 왜 하지?》라며 질문을 스스로에게 던지고, 《수업, 하나만 바꿔 보자》라는 열의를 불태운다. 그런데 수업은 살아 있는 생물과 같아서 교사들은 종종 《수업 딜레마》에 직면한다. 일상의 《수업에서 나를 만나다》 보면 교사는 남을 가르치면서 자기 자신을 가르치게 된다는 것을 깨닫는다.

좋은 수업이란 무엇인가? 《수업의 완성》이라는 것이 과연 존재하는 것인지 모르겠다. 막 교사가 되었을 때는 《수업을 비우다, 배움을 채우다》라는 말이 의미하는 바를 몰랐던 것 같다.

많은 교사가 교육과정-수업-평가를 어떻게 혁신할 것인가를 고민하고 있다. 왜냐하면 학교교육의 핵심은 교육과정과 수업, 그리고 평가이기 때문이다. 특히 2018년부터 중 · 고등학교에 2015 개정 교육과정이 적용됨에 따라 《교육과정-수업-평가를 일체화하는 과정중심평가》를 어떻게 할 것인가가 학교 현장에서 단연 최고의 관심거리이다. 과연 《교육과정-수업-평가-기록 일체화》를 실천할 수 있는 《평가란 무엇인가》.

최근 학교 교실에서 《거꾸로 교실 프로젝트》, 《비주얼 씽킹 수업》, 《하브루타 질문 수업》을 어렵지 않게 관찰할 수 있다. 《수업 중에 연극하자》는 주장도 더 이상 학교 현장에서 새롭게 주목받을 일이 아니다.

전통적으로 강조되어 온 토론 수업도 꾸준하게 교실에서 실행되면서 학생들은 진정한 《토론의 전사》로 성장하고 있다. 마침 《토론수업 레시피》가 제작되었고, 레시피를 통해 교사가 《토론을 알면 수업이 바뀐다》. 요리사에게 레시피가 있어 보다 맛있는 요리를 완성할 수 있듯이, 교사 각자가 수업 속에서 체득한 나름의 수업 레시피는 수업 전문성에 중요한 밑거름이다.

흔히 《수업은 기획이다》라고 한다. 수업 기획의 꽃인 프로젝트 수업은 《교사들이 함께 성장하는 수업》의 대표적인 예이다. 프로젝트 수업은 어떻게 하는 것인가? 동료 교사들과 협력하여 《교과 수업 틀을 깨다》보면 《교육과정 재구성과 수업 디자인》이 가능하다.

동료와 함께 만드는 수업을 경험한 교사들은 《어! 교육과정? 아하! 교육과정 재구성!》하고 유레카를 외치게 된다. 궁극적으로 《세계 최고의 교육법》이란 《질문이 있는 수업》 또는 《질문이 살아 있는 교실》을 만드는 것이 아닐까?

질문이 있는 수업을 구현하기 위해서는 학교문화를 혁신하는 것이 필요하다. 그동안 한국의 교육은 《왜 학교는 질문을 가르치지 않는가》라는 비판을 받아 왔다. 지난 2016년 제주특별자치도 교육청이 교육의 지향점으로 설정한 '제주교육은 질문이다'라는 선언은 그 실천 여부를 논외하고 얼마나 멋스러운가!

교사가 교육의 주체로 바로 서기 위한 《교사독립선언》이 전국 방방곡곡에서 울려 퍼지고 있다. 학교 혁신 또는 《혁신학교2.0》을 추구하는 교사들이 교육 개혁을 말하고 있다. 최소한의 상식과 양심을 지닌 교사로 살아가기 위해 《불온한 교사 양성 과정》을 말하기도 한다.

학교가 학교답고 교실이 교실다운, 그야말로 학교와 교실이 배움의 공동체가 되려면 어디에서부터 첫걸음을 떼어야 할 것인가? 먼저 그동안 배움의 장인 학교가 감춰 왔던 학교 속의 문맹자들을 드러내고 삶을 담아내지 못한 《교육과정에 돌직구를 던져라》.

다음으로 《광장에는 있고 학교에는 없다》는 민주주의의 도전을 받아들이고, 《학교 민주주의의 불한당》을 제거하자. 학교 민주주의의 완성은 학교가 《교사학습공동체》로 체질을 바꾸고, 학교 구성원 모두가 한 목소리로 《학생자치를 말하다》 보면 가능하다.

선생님! 오늘도 《당신의 교육과정-수업-평가를 응원합니다》.

교사 성장의 전성시대라 부를 만하다. 전라북도교육청은 지난 7년간 소속 교사들이 110여 권에 달하는 책을 집필했다며 올해 초에 북토크를 열고 출판 붐을 자랑했다. 일부 시도 교육청에서 정책 사업으로 소속 교사들의 출판을 지원하고 있어 눈길을 끈다. 예를 들어, 광주광역시서부교육지원청은 작년에 이어 〈선생님의 책을 출판해 드립니다〉라는 사업을 펴 현직 교사 중에서 저자를 공개 모집하고 집필과 출판을 지원하고 있다. 교사의 전문성과 자존감을 높이기 위해 교육청 차원에서 출판을 지원한다는 기획이 놀랍다. 이러한 교사 저자 발굴 프로젝트에 개인적으로 주목한 것은 혁신을 확산하기 위한 전략으로 출판한 책을 장학 자료로 활용한다는 점이다.

우리 교육청에서도 소속 교사들의 고민과 실천의 결과물을 발굴하여 공유하고 확산함으로써 교사의 성장을 돕는 계기를 마련할 수 있도록 정책을 기획하는 데 참고하면 좋겠다. 승진 가산점을 부여하지 않아도 역량을 갖춘 교사들이 자발적으로 참여하여 집필하고, 출판사를 통해 발행하여 높은 질을 담보함으로써 캐비닛 속에서 잠들고 있는 자료가 아니라 교사들이 찾아 읽게 만드는, 말 그대로 '배움을 장려하는' 장학 자료를 개발한다면 학교 현장에서 크게 반길 일이다.

[illegible], 방문객을 맞이할 시간

어느 누군가의 가늠할 수 없는 지적 고통으로 창작된 도서나 논문을 마주할 때면 정현종 님의 시(詩) 〈방문객〉이 떠오른다.

> 사람이 온다는 건
> 실은 어마어마한 일이다.
> 그는
> 그의 과거와
> 현재와
> 그리고
> 그의 미래와 함께 오기 때문이다.
> 한 사람의 일생이 오기 때문이다.
> 부서지기 쉬운
> 그래서 부서지기도 했을

일곱 살 아들과 나눠 쓰기로 한 방에 책과 논문들이 흐트러져 있다.

마음이 오는 것이다.
…

— 정현종, 〈방문객〉 중에서

2014년, 학술지에 논문을 발표한 적이 있다. 누군가의 냄비 받침으로 쓰이고 있는지 모르겠다. 글을 쓴다는 것은 정말 어마어마한 일이라는 것을 경험한 뒤로 미련한(?) 습관이 생겼다. 책은 물론이고 수년간 인쇄하여 읽었던 논문을 버리지 못하고 간직하고 있다. 몇 번의 이사를 함께한 나의 '방문객'들의 모습을 소개한다.

하루의 일과 중 '방문객'을 맞이하는 시간은 자녀가 모두 잠든 이후이다. 교사들의 시간 활용 실태를 분석한 〈교원의 업무시간 실태 분석 및 개선방안 연구〉에 따르면, 교사들은 공식적인 업무시간 이외에도 추가적으로 시간을 들여 업무를 보고 있다. 특히 교사의 전문성 신장은 퇴근 후 저녁 9시부터 증가하는 양상을 보였다. 가사와 육아와 같은 과업을 마치고 전문성 신장 활동에 참여하는 것으로 유추해 볼 수 있다.

자녀가 모두 잠든 다음 책상에 앉는 시간은 보통 10시를 훌쩍 넘는다. 아이와 함께 반쯤 잠들었던 정신을 겨우 깨우고 책과 논문을 펼친다. 밤이 깊으려면 멀었다. 10시 정도면 아직 초저녁이니까.

6. 시작은 학생의 질문이었다

2008년, 헌법이 학습 주제였던 중학교 2학년 사회 수업 시간에 그해 6월 KBS2 TV의 〈다큐멘터리 3일〉에서 방영해 준 〈촛불! 대한민국을 밝히다〉 편을 시청하였다. 프로그램에는 촛불 집회 당시 서울시청 광장에서 불린 〈헌법 제1조〉라는 노래가 나오는 영상이 담겨져 있었다. 프로그램을 시청하던 어느 한 학생이 질문을 했다.

"선생님! 헌법 제1조 제1항에 있는 민주공화국이 무슨 뜻이에요?"

당시 민주공화국이 단순히 민주국가라고만 생각하였고, 그 의미에 대해서는 천착하지 못하였기 때문에 그 학생에게 '민주공화국은 민주국가'라는 요지로 설명할 수밖에 없었다. 사회과 교사가 민주공화국의 의미를 제대로 알지 못하고, 그것을 학생들에게 적확하게 가르치지 못한 것이 부끄럽고 아쉬웠다.

이듬해 진학한 대학원에서 나는 학위논문의 연구 문제를 '민주공화국이 의미하는 바가 무엇인가', '교육과정 변천에 따라 교과서에 나타난 민주공화국의 서술 경향과 개선 방향은 무엇인가'로 선정하였다. 연구를 위해 2008년 촛불 집회 이후 공화국 또는 공화주의와 관련하여 한국 학계에서 활발하게 전개된 논의를 주목하여 살펴봤다. 특히 민주공화국을 단순히 '비군주국가'로 의미하는 소극적인 개념을 넘어, 적극적으로 이해하거나 재해석하기 위해서 공화주의(共和主義, republicanism) 사상을 깊이 있게 연구해야만 했다.

하지만 당시 민주공화국 또는 공화주의에 관한 한국 학계의 연구는 막 관심을 갖기 시작한 상황이었기 때문에 쉽게 참고할 만한 텍스트가 부족했다. 그리하여 공화주의 또는 그와 관련된 연구를 한 교수님을 찾아 용기를 내어 도움을 청하였다. 다행히도 아무런 인연이 없었지만 기꺼이 연구 문제를 함께 고민해 주었다. 연구의 방향을 제시하거나 내가 알지 못했던 선행 연구를 건네주기도 했다. 본인보다 더 탁월한 연구자가 있다며 그분께 직접 이메일을 보내 만남을 주선해 주기도 하였다. 그렇게 다섯 분의 교수님을 몇 차례씩 직접 찾아뵙고 이야기를 나눌 수 있었다.

다음은 어느 교수님께 처음 연락을 드리며 전송한 이메일 내용의 일부이다.

> 정치사상에 대해서 깊이 있게 오랜 시간을 공부한 것은 아닙니다. 국내 학계, 특히 정치학과 법학에서 공화주의 관련 연구를 살펴보고 있습니다. 그리고 교수님께서 쓰신 책과 논문 및 칼럼 등을 읽고 있습니다.
>
> 최근 국내 학계에서 공화주의 사상에 뜨거운 관심을 보이는 것 같습니다. 그리고 어느 정치사상사의 주요 개념들보다 공화주의 사상이 무엇인지를 정의하기가 어렵다는 것을 알았습니다. 저는 공화주의 사상을 공부하면서 그것이 오늘날 민주주의에 어떠한 의의가 있는지에 대해서 주목하고 있습니다. 특히 제가 몸 담고 있는 사회과교육(민주시민교육 또는 정치교육)에 어떤 함의가 있는가에 대하여 고민하고 있습니다. 구체적으로는 한국 헌법학계의 주류 입장과 마찬가지로 현행 정치 교과서에 '비군주국'이라고 정의하고 있는 민주공화국을 어떻게 재해석하여 학생들에게 가르쳐야 할 것인가에 대해 고민하고 있습니다.
>
> 교수님, 민주공화국의 의미를 어떻게 이해해야 할까요? 교수님께서 표현하신 것처럼 이 '고난이도의 퍼즐'을 어떻게 풀어야 할까요? 추상적이고 사변적이라는 비판에 맞서 어떤 모습으로 민주공화국을 그려야 할까요?
>
> 저는 이번 메일을 계기로 앞으로 교수님과 이야기를 나눌 수 있기를 간절히 바라고 있습니다. 교수님께서 허락하신다면, 직접 찾아뵙고 이야기를 나누고 싶습니다.

무지하면 용감하다는 말이 틀린 말이 아니었다. 지칠 줄 모르게 서울을 수시로 날아갔다 왔다. 제주도에서 바다 건너 찾아온다는 점과 현직 교사가 수업에서 시작된 고민을 해결하고자 하는 노력에 많은 분이 격려를 해 주었다. 개인적으로는 여러 교수님으로부터 앎을 나누는 지성인의 자세를 배우게 된 경험이기도 하다.

학생의 질문으로부터 시작된 민주공화국에 관한 공부는 논문이 완성되면서 일단락되었다. 하지만 사회과의 내용 요소로서 줄곧 다루어 온 민주공화국에 관한 이야기꽃은 수업 안에서 계속 피어오르고 있다. 한국 역사상 민주공화국을 명시적으로 헌법에 최초로 규정한 것이 1919년 4월에 선포된 대한민국임시헌장이고, 그 규정이 오늘날까지 면면히 이어져 오고 있음을 확인하며 학생들은 자연스럽게 민주공화국에 애착을 갖게 됨을 느낀다.

2019년은 대한민국이 민주공화국으로서 수립된 지 100주년을 맞는 해이다. 내년 수업에서는 민주공화국과 관련하여 의미 있는 활동을 해 볼 생각이다. 대한민국 헌정사를 다루면서 헌정사의 시발점을 이루는 헌법 문서인 대한민국임시헌장과 현행 대한민국헌법을 비교하여 민주공화국의 기원을 찾는 활동이나, '대한민국은 민주공화국이다' 혹은 '민주공화국이라는 국가 공동체는 어떤 모습이어야 하는가?'라는 말에서 연상되는 것을 비주얼 씽킹 활동으로 표현함으로써 내가 꿈꾸는 민주공화국의 모습을 확산적으로 사고하는 활동을 담은 수업을 구상하고 있다.

교육과정의 변천에 따라 발행된 교과서를 분석 대상으로 한 연구의 경험은 사회과교육과정의 학습 요소 및 내용이 교과서에 어떻게 서술되어 있는지를 분석하여 서술 경향을 파악하고, 개선 방향을 탐색할 수 있는 역량을 높였다. 예를 들면, 교육과정 변천에 따른 교과서의 5 · 16 서술 내용을 분석하거나, 베트남 전쟁에 관한 교과서의 서술을 비판적으로 해석하는 데 기여하였다.

7. 교육과정 문해력을 맛보다

길지 않은 교직 생활에서 제7차 교육과정부터 2007년 개정, 2009년 개정, 그리고 2015년 개정 교육과정에 이르기까지 다양한 국가수준의 교육과정을 만났다. 2018년 3월부터는 중학교 1학년 '사회' 수업을 맡고 있는데, 2015 개정 교육과정에 따라 발행된 새 교과서를 처음으로 사용하고 있다.

아직도 많은 교사가 국가수준의 교육과정 문서를 직접 들여다보기보다는 교과서를 통해 교육과정을 바라보고 있다. 교육과정이 개정되고 새로운 교과서가 발행되면 교사들은 담당 교과·과목별로 교과서를 훑어보면서 내용 체계가 어떻게 바뀌었는가를 주목한다. 학교 현장에서 교사가 교육과정을 찾아볼 때는 새 학기에 평가 계획을 수립하면서 성취기준을 살펴볼 때 정도이다.

본래 교사에게 교육과정은 육식을 즐기는 사람에게 고기와 같이 소중하고 본질적인 것이다. 씹고 뜯어야 고기의 맛을 볼 수 있고 육식을 즐길 수 있는 것처럼, 교사는 교육과정을 다양한 차원에서 읽고 쓸 수 있어야 배움이 일어나는 수업을 할 수 있다. 이것이 바로 교사의 교육과정 전문성의 핵심이라고 하는 교육과정 문해력(literacy)이다. 교육과정 문해력은 교육과정을 읽고 쓸 수 있는, 때로는 교육과정을 비판적으로 해석하고 교과서로부터 자유로워질 수 있는 교사의 능력까지를 포함한 의미를 갖는다.[2]

교육과정의 문해력에 관심을 갖게 된 계기는 2007 개정 교육과정 시기 중학교 3학년 '사회' 과목 '민주 정치와 시민 참여' 단원의 수업에서 '정치 주체'를 다루면서이다. 우리 학교에서 사용하고 있는 교과서에서는 정치 과정의 다양한 참여자들을 다루면서 정치 주체를 '공식적인 참여자들'과 '비공식적인 참여자들'로 구분하고, '공식적인 참여자들'에는 '정부', '국회', '법원'과 '헌법재판소'를, '비공식적인 참여자들'에는 '정당', '여론'과 '언론', '시민단체'와 '이익집단'을 예로 들어 서술하고 있었다.

당시 수업에서 어느 학생이 공식적인 참여자와 비공식적 참여자를 구분하는 기준이 무엇이냐고 질문을 했다. 질문의 답을 찾기 위해 짧은 정치학 지식을 들추고 여러 정치학 서적을 찾아보면서, 위의 교과서 서술 내용과 같이 정치 주체를 구분하는 것이 일반적인 경우가 아니라는 점을 인지하였다.

이와 같은 서술 내용을 갖는 교과서가 발행된 배경을 이해하게

2. Miriam Ben-Peretz, 《교사, 교육과정을 만나다》, 정광순·김세영 옮김, 강현출판사, 2014

된 것은 교육과정 문서가 교과서에 미치는 영향을 다룬 논문을 찾아 읽게 되면서이다. 검정교과서 발행 체제 하에서 교육과정 개정에 따른 교과서 집필 과정을 관찰하고 교과서 저자들을 면담한 연구[3] 결과를 들여다보면, 교육과정이 교과서 집필에 어떤 영향을 주고 있는가를 알 수 있다.

> 저자B 해설서에는 구분이 좀 이상하게 돼 있어요. 공식적인 기관하고 (공식적인 기관이) 아닌 거하고 구분하라고 돼 있거든요.
>
> 저자C 여러 개를 그냥 나열하기보다는 특성에 따라서 좀 묶어 주는 게 좋긴 하죠. 서로 짝을 짓는다거나. 이익단체하고 시민단체는 좀 대비가 되잖아요.
>
> 저자E 그런데 그런 문제가 아니라 여기 (교육과정 해설서를) 보면요. 정부, 국회, 법원 등의 공식적인 기관뿐만 아니라. 이렇게 돼 있어요. 그러니까 그건 공식적인 거고 그러면 정당이나 시민단체는 공식적인 기관이 아닌가요? 고등학교에서 '사회 · 문화' 가르칠 때, 정당, 시민단체, 이익집단 전부 다 공식 조직으로 가르치고 있잖아요.
>
> 저자C 너무 구체적으로 구분해 버렸네. 그것도 정확하면 모르는데.
>
> 저자A 이거 일반적인 구분은 아닌데. 어쨌든 최대한 이 (해설서상의) 구분은 좀 유지하긴 해야 할 거 같아요. 공식적

3. 설규주, 〈사회 교과서 집필 과정을 통해 바라본 사회과교육과정의 현실과 미래: 2007 개정 교육과정의 중학교 '사회'를 중심으로〉, 《열린교육연구》 제20집 제4호, 한국열린교육학회, 2012, 269~291쪽

인 기관이라는 거를 공식 조직, 비공식 조직 이런 차원으로 보지 말고 정부 차원이냐 아니냐 정도로 구분해 보죠. 그렇게 하면 해설서상의 구분을 어느 정도는 담아낼 수 있을 거 같은데.

2015 개정 교육과정에 따른 중학교 '사회1' 교과서 총 8종 중 2종의 교과서에서도 2007 개정 교육과정의 일부 교과서 서술 내용처럼 '정치 주체'를 '공식적 주체'와 '비공식적 주체'로 구분하고 있다. 교육과정 개발과 교과서 집필 참여의 경험을 반성하고 그 결과를 다음 교육과정의 개정 및 교과서 집필 과정을 개선하기 위한 방향으로 연결되지 않는다[4]는 지적에 다시 귀를 기울일 필요가 있다.

교육과정 문해력이 성장하는 경험을 하게 된 것은 2017년 교육부와 함께한 〈2015 개정 교육과정 고등학교 사회과 교수 · 학습자료〉 개발 작업에 참여하면서이다. 당시 내가 맡아 수업을 설계하기로 한 성취기준은 이전 교육과정에 없던 것이 추가된 것이다.

[12정법06-03] 우리나라의 국제관계를 이해하고, 외교적 관점에서 한반도를 둘러싼 국제 질서를 분석한다.

당시 '정치와 법' 교과서가 발행되지 않아 참고할 만한 수업용 교재도 마땅하지 않은 상황이었다. 교육과정 문서에 진술된 성취

4. 이혁규, 《교과 교육 현상의 질적 연구》, 학지사, 2005

기준과 성취기준 해설만을 해석하며 수업을 디자인하는 과정은 작업을 함께한 동료 선생님들과 교육과정을 읽고 또 읽고, 반복하여 해석하는 일의 연속이었다. 진정으로 교육과정을 문해한 시간들이었다.

교육과정 문해력을 맛본 경험은 교사가 교육과정을 단순히 전달하는 역할을 벗어나, 교사의 시선을 교과서에서 교육과정으로 옮겨야 한다는 점을 깨닫게 하였다.

8. 예비 사회과 교사라는 거울로 나를 보니

2012년부터 예비 사회과 교사들을 대상으로 교과 교재 연구 및 지도법과 교과교육론 강의를 맡아 진행하고 있다. 교원 양성 교육과정에 현장감을 제고할 수 있는 현직 교사의 강의라는 사명감을 갖고 임하고 있다. 더불어 예비 교사 시기는 교사 생애에서 가소성(plasticity)이 큰 시기로, 수업 전문성의 토대가 형성된다는 점에서 책임감을 느끼고 있다. 무엇보다도 예비 사회과 교사와의 만남은 나를 성찰하고, 깨어 있는 교사로 거듭나는 소중한 시간이 된다.

예비 사회과 교사들에게 배부한 〈강의계획서〉에 나타난 강의의 목적은 다음과 같다.

본 강의는 사회과 수업을 구성하고 실행할 수 있는 능력을 함양함으로써 사회과 예비 교사의 수업 전문성을 높이는 것을 목적으로 한다. 이를 위해 먼저 사회과의 본질과 역사 및 교육과정, 그리고 교수·학습법 등에 대한 이론적 안목을 갖게 하기 위해 노력할 것이다. 아울러 사회과 수업을 구성하고 실행하여 봄으로써 사회과 수업의 실제에 대한 이해를 도울 것이다.

— 2012학년도 2학기 〈강의계획서〉 중에서

본 강의는 배움이 일어나는 통합사회과 수업을 구성(설계 또는 디자인)하고 실행할 수 있는 능력을 함양함으로써 예비 사회과 교사의 수업 전문성을 높이는 것을 목적으로 한다. 이를 위해 우선 사회과 수업이 현실적으로 직면하고 있는 문제점을 진단하고, 사회과 수업이 지향해야 할 바를 탐구할 것이다. 이와 함께 교육과정 문해력을 바탕으로 교사 수준의 교육과정을 재구성하고 수업 및 평가를 일체화할 수 있는 역량을 키울 것이다. 무엇보다도 본 강의는 실제 학교 현장 수업과의 연계를 높이는 데 유의하고, 예비 사회과 교사의 수업 전문성을 토대로 사회과 수업의 실제에 대한 이해를 돕기 위해 노력할 것이다.

— 2017학년도 2학기 〈강의계획서〉 중에서

강의 첫해나 지금이나 예비 사회과 교사의 수업 전문성을 높이기 위해 수업 실연과 수업 나눔을 핵심 커리큘럼으로 운영하여 왔

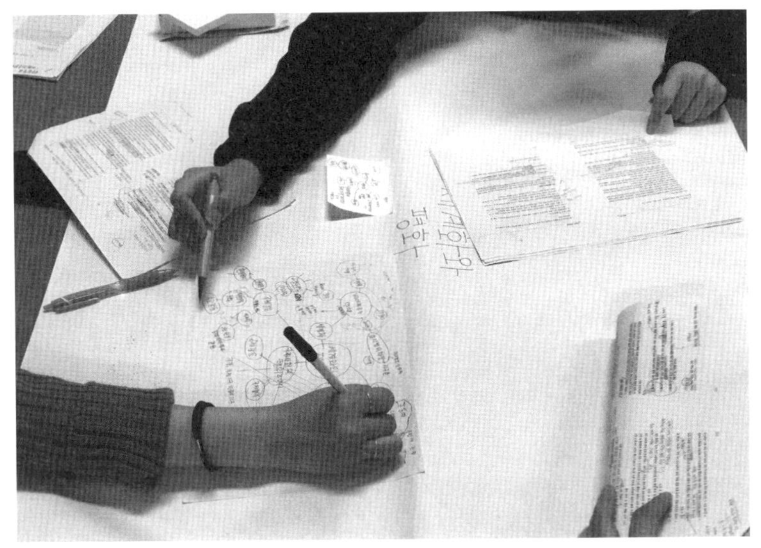

예비 사회과 교사들이 2015 개정 교육과정 '통합사회' 과목의 핵심 개념과 성취기준을 함께 읽고, 핵심 개념별 내용 요소를 마인드맵으로 작성하고 있다.

다. 학교 현장에서의 수업 경험이 없는 예비 교사가 수업을 구성하는 것은 수업 장면에 대한 교육적 상상력을 요구하는 작업이다.

수업 실연자를 제외한 나머지 학생들은 중등학교 학생의 역할을 충실하게 수행하여 수업의 현장성을 높이는 역할을 한다. 수업을 제대로 관찰할 여유가 없을 것 같아 보이지만, 실제 수업 실연 후 진행하는 수업 나눔에서는 동료 교사의 입장에서 관찰하고 자신이 배운 것을 중심으로 수업을 성찰하는 대화를 이어 간다. 많게는 스무 명의 예비 사회과 교사들과 함께하는 수업 나눔은 강의 시간을 훌쩍 넘겨 버리곤 한다.

2012년과 달리 2017년의 〈강의계획서〉에 나타나 있듯이, 교수

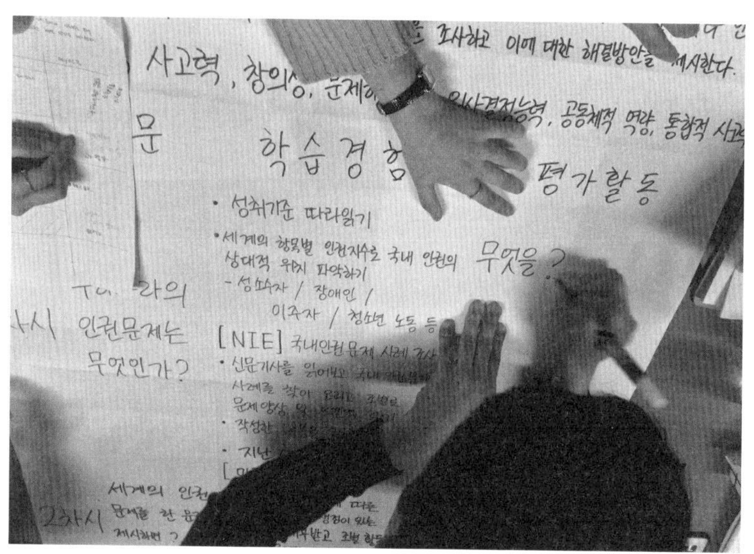

예비 사회과 교사들이 2015 개정 교육과정 '통합사회' 과목의
성취기준에 도달할 수 있는 학습 경험을 디자인하고 있다.

경험이 쌓이면서 현재 학교 현장에서 교사에게 요구하는 수업 전문성의 요소들을 강조하여 다루게 되었다. 예를 들면 배움, 교육과정 문해력, 교사 수준의 교육과정 재구성, 수업과 평가의 일체화 등이다.

강의에서 나는 단골 과제로 〈'내가 경험한 사회과 수업'에 대한 에세이 쓰기〉를 제시한다. 예비 교사들은 지난 10여 년 동안 사회과교육을 받아 온 경험을 돌이켜 보면서, 중 · 고등학교의 사회과 수업 중 기억에 남거나 인상적이었던 장면들에 관해 에세이를 작성한다. 에세이는 다음의 내용을 기본으로 포함하여 작성하도록 안내한다.

- 사회과 수업이 나에게 전달하고자 하는 것이 무엇이었는가?
- 사회과 수업을 통해 나는 무엇을 배웠는가?
- 사회과 수업이 나의 삶에 준 영향은 무엇인가?
- 사회과 교사의 교수 행위에 나타난 특징은 무엇이었는가?
- 사회과 수업에서 나타난 난점(혹은 문제점)과 그 원인은 무엇이었는가?
- 내가 생각하는 좋은 사회과 수업이란 어떠한 것인가?

이러한 질문들은 사회과 교사인 나 자신에게 던지는 것이기도 하다. 예비 사회과 교사의 수업 성장 과정을 곁에서 지켜보면서 그들이 좋은 사회과 수업을 할 수 있는 역량을 키워 내는 교사 교육자의 경험은 거울에 비친 나의 모습을 들여다보는 일이며, 현직 교사인 나의 수업 전문성을 키워 나가는 과정이기도 하였다. 당장 오늘 내가 학교 현장에서 실행한 사회과 수업을 반성적으로 성찰할 수 있는 계기가 되어 왔다.

9. 지역을 학습하다

예비 교사 시절, 지역사회 조사 연구를 수행하는 것을 주요 활동으로 하는 학생자치 학술 활동 조직인 '사회교육연구회'를 꾸리고 운영한 경험이 있다. 재학생과 소속 교수님 모두가 참여하여 제주도의 마을공동체를 연구 대상으로 선정하고 심층적인 조사 연구를 수행한다. 연구 결과를 논문 형태로 작성하고 '제대사회과교육'이라는 이름으로 학회지를 발간한다. 매년 발간되는 학회지는 마을공동체에 마을사 자료로 제공하는 한편, 제주 지역의 모든 중 · 고등학교에 전달되어 사회과 자료로 쓰이고 있다.

학부 시절의 지역사회 조사 연구 활동 경험은 지역사회에서 일어나는 현상들이 학생들에게 친근하고 흥미를 불러일으킬 수 있는 충분한 매력이 있는 학습 요소가 된다는 확신을 갖게 하였다. 지역에 대한 학습은 다른 교과와 달리 사회과가 갖는 차별적 의의 중 하나이다. 이미 오래전부터 사회과교육과정에서는 지역화가 내용의 선정이나 조직의 중요한 원리로 여겨져 왔다.

사회과교육과정의 지역화를 구현하기 위한 방안으로 2018년 현재 16개 시도 교육청에서 지역화 교과서를 제작하고 있다. 제주특별자치도교육청의 경우, 초등학교 3학년에 《살기 좋은 우리 고장 제주시》, 《살기 좋은 우리 고장 서귀포시》, 4학년에 《아름다운 제주특별자치도》를 제작하여 활용하고 있다.

별도의 지역화 교과서가 개발되어 보급되고 있는 초등학교와 달리, 중 · 고등학교에서는 지역화 교육이 미흡하다는 지적들이 많다. 학생들이 자신이 생활하고 있는 지역사회를 이해하고, 지역의 정체성을 형성할 수 있도록 돕는 일은 학교교육이 해야 할 몫이다.

2016년 '혼디 행복혼(제주어로 '너와 내가 함께'라는 뜻이다) 제주:

제주 이주민과 함께 행복한 공동체 만들기'라는 주제로 우리 학교 학생들과 인문학 체험단을 꾸려 운영하였다. 우리 학교가 위치한 제주시 애월읍은 최근 제주에서 귀농 · 귀촌 인구가 가장 많은[5] 곳으로 제주 이주의 중심 지역이라고 할 수 있다. 애월읍을 생활권으로 하는 학생들이 지역사회에 불어 온 큰 바람인 '이주'를 주제로 학습하는 지역화 교육의 기회가 되었다.

먼저 한국은행, 제주특별자치도청, 통계청 등 공공기관에서 발간하는 각종 통계 자료(귀농 · 귀촌 현황, 민박업소 현황, 지역별 · 연도별 인구 동향, 제주 관광객의 카드 이용 데이터 등)를 분석하여 제주 이주 현황과 그 특징을 살펴보았다.

이어서 학생들과 함께한 독서 나눔에서는 《제주에 살어리랏다》와 《거침없이 제주 이민》 등 제주로 이주해 온 사람들을 인터뷰한 도서를 읽고 제주 이주의 동기를 파악했다. 특히 물질주의 혹은 성장주의와 같은 한국 사회의 지배적 가치를 벗어난 삶을 추구한 사례들을 주목하면서, '나는 어떻게 살 것인가?', '무엇을 위해 살 것인가?'라는 질문을 던지고 함께 생각해 보았다.

일종의 문헌 연구를 마치고, 학생들은 현장 속으로 들어간다. 주말 시간을 이용하여 구좌읍 월정리와 애월읍 일대에서 조사 연구 활동을 수행하였다. 두 지역을 연구 대상으로 선정한 이유는 구좌읍 월정리는 이주로 인해 단기간에 급격한 변화를 겪고 있는

5. 부혜진, 〈귀농 · 귀촌인구 증가에 따른 제주도 촌락지역의 변화〉, 《한국지역지리학회지》 제21권 제2호, 한국지역지리학회, 2015, 226~241쪽

대표적인 마을공동체이고, 우리 학교가 위치한 애월읍은 제주에서 순유입 인구 비율이 가장 높은 곳이기 때문이다. 학생들은 지역을 돌아다니며 마을의 토지 이용과 상권 형성을 직접 눈으로 확인하고, 이주민 · 선주민과의 면담을 통해 제주 이주의 동기를 파악하며, 이주가 지역사회에 미친 영향을 조사하였다.

현지 조사에 나가기 전 학생들은 심층 면접을 할 때 마을 주민에게 물어볼 질문들을 서로 협의하여 선정하였다. 다음은 이주민을 대상으로 설문할 내용을 담은 활동지의 예시이다.

학생들이 제작한 심층 면접 질문지

내가 인터뷰한 제주 이주민

- 인터뷰 일시: 년 월 일
- 인터뷰 대상자: 이름 ________ 나이 ____

1. 어디에 살아요?
2. 언제 왔어요?
3. 현재 무슨 일을 하고 있나요?
4. 제주에 오기 전에 무슨 일을 하였나요?
5. 제주로 이주한 이유는 무엇인가요?
6. 제주 생활에 가장 만족스러운 점은 무엇인가요?
7. 제주 생활에 불편한 점은 없나요?

구좌읍 월정리 지역에서 조사 연구를 수행할 때의 일이다. 학생들은 월정리 해안도로에 입주한 카페와 레스토랑, 게스트하우스 등을 운영하는 이주민들을 만났는데, 어느 이주민에게 큰 실망을

제주시 애월읍 장전리에서 카페를 운영하는 이주민과 인터뷰하는 학생들

했다며 심층 면접한 이야기를 전해 주었다. 학생들은 제주로 이주한 사람들이 이주 동기로 '제주의 자연환경에 매료되어서', '제주의 공기가 좋아서', '제주의 바다가 예뻐서', '제주가 사람 살기에 좋은 곳이기 때문에' 등의 대답을 예상했는데, 돌아온 답이 '당연히 돈 벌기 위해서'였다며, 막연한 환상을 걷어 내고 제주 이주의 현실을 직시하게 되었다고 했다.

지역에 대한 학습은 학생들로 하여금 자신이 지역사회의 일원이라는 자각과 함께 지역주민들과 공존하며 살아가는 데 필요한 자질과 태도를 형성하게 한다. 나아가 지역사회의 문제에 적극적으로 참여하려는 태도를 갖게 만든다. 이는 사회과교육이 궁극적으로 추구하고자 하는 정의적 목표이기도 하다.

게다가 중 · 고등학교의 사회과 수업에서 활용할 수 있는 지역화 교육 교재가 없는 상황에서 지역사회의 현장에서 수집한 주민들의 목소리나 삶의 모습 등은 지역사회 문제를 다루는 사회과 내용을 학습하는 데 살아 있는 교수-학습 자료가 되고 있다.

10. 정성을 다해야 한다

2016년 6월 우연히 업무관리시스템의 공문 게시판에서 '제주시 우리 동네 인문학 강좌'를 공모한다는 것을 보고 제주시청에 신청을 하였다. 그리고 80만 원의 예산을 지원받아 그해 11월 25일 전교생을 대상으로 나태주 선생님과 함께하는 인문학 강좌를 열었다.

보통 학교에서 학생들을 대상으로 외부 강사를 초청한 강의는 일회성으로 끝나기 쉽다. 일단 시간이 제한되어 있고, 외부인 한 명이 수백 명의 학생들과 만나기 때문에 라포르(상호 신뢰 관계)가 형성될 수 없다. 그리하여 강당과 같이 넓은 공간에서 대규모 인원을 대상으로 진행하는 강의는 강사가 전달하고자 하는 메시지가 묻혀 버린 채 소란스러움 속에 끝나는 경우가 많다. 이와 같은 한계를 해결하기 위한 처방이 필요했다.

인문학 강좌가 진행되기 전 학생들과 나태주 선생님의 삶과 그 분의 대표작들을 마주하게 하였다. 먼저 '시가 당신을 살립니다'라는 제목으로 나태주 선생님이 보내 준 원고를 학생들에게 나눠 주고 수업 시간에 함께 읽었다. 물론 교직원 전체와도 공유했다.

그러고는 다음과 같은 문구를 담은 배너를 제작하여 학생들이 잘 보일 수 있는 장소에 설치하였다.

학교 복도에 설치한 배너의 모습과 배너에 담긴 문구

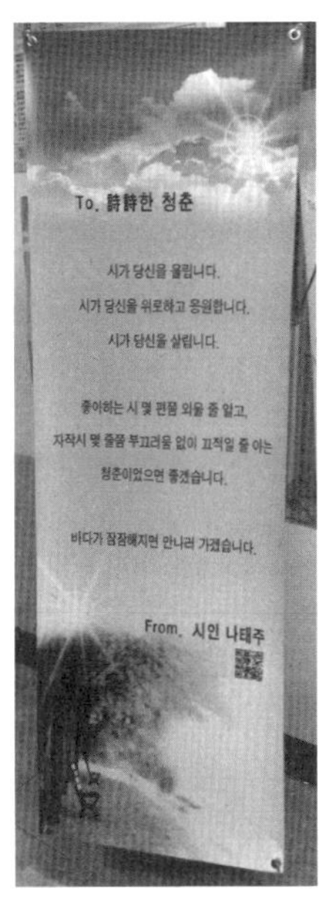

To. 詩詩한 청춘

시가 당신을 울립니다.
시가 당신을 위로하고 응원합니다.
시가 당신을 살립니다.

좋아하는 시 몇 편쯤 외울 줄 알고,
자작시 몇 줄쯤 부끄러움 없이 끄적일 줄 아는
청춘이었으면 좋겠습니다.

바다가 잠잠해지면 만나러 가겠습니다.

From. 시인 나태주

배너 속 QR 코드 안에는 다음과 같은 미션을 제시하여 학생들이 수행할 수 있도록 안내하였다.

배너 속 QR 코드에 담긴 미션 안내문

> 귀일인 여러분!
> 오랜 시간 우리의 마음을 울려 온 나태주 선생님과 11월 25일 우리 학교에서 만납니다. 선생님을 맞이하며, 선생님의 시(詩)를 필사(베끼어 씀)하여 제출한 분들 중에서 추첨하여 詩詩한 상품을 드립니다. 많은 관심과 참여를 부탁드립니다.
> 11월 7일부터 24일까지 홍탁 쌤이 나눠 주는 필사 용지에 대표작 〈풀꽃〉을 제외하고 1인당 한 작품만 필사하여 제출합니다.

학생들은 스스로 나태주 선생님의 시를 인터넷에서 검색하여 찾고, 주어진 용지에 시를 필사하여 제출하였다. 물론 소소한 보상이 있었다. 강좌 당일 추첨을 통해 선생님의 시집을 선물로 주었다.

애초 계획은 학생들이 제출한 필사 용지를 모아서 추첨함에 담고, 강좌 끝에 나태주 선생님이 추첨을 하여 선정된 학생에게 선물을 주는 것이었다. 강의 전날 저녁에 퇴근하였다가 학교로 다시 온 동료 선생님이 수합한 필사 용지를 강좌가 열리는 강당으로 진입하는 통로 벽면과 유리창에 예쁘게 다 붙였다.

늦은 시간에 홀로 애쓴 선생님을 생각하니 미안하고 참으로 고마웠다. 그 덕분에 학생들의 수고와 정성이 담긴 필사 용지의 쓰임새가 보다 커져서 다행스러웠다. 강좌 당일 자신이 필사한 시가 붙여져 있는 것을 본 학생들은 흐뭇해했고, 나태주 선생님은 큰 감동을 받으셨다.

학생들이 필사한 시(詩)를 나태주 시인과 함께 바라보고 있다.

두 시간 남짓 진행된 강좌에 학생들은 몰입했고, 진지하게 경청했다. 대표작 〈풀꽃〉('자세히 보아야 예쁘다/오래 보아야 사랑스럽다/너도 그렇다') 등 지난 40여 년간 시를 쓴 선생님은 우리가 읽는 시가 자신과 이웃을 함께 살릴 수 있는 묘약이 되기를 희망하셨다.

나는 연구부 소속은 아니었지만 탐라교육원에서 공모하는 현장 기획형 직무연수 운영에 관심이 많았다. 연수 기관이 아니라 연수를 이수할 대상자가 기획할 수 있다는 점이 매력적이라고 생각했다. 주제에 적합한 강사를 직접 섭외하여 좋은 연수를 함께 몰입하여 이수하는 것은 의미 있는 일이다. 연수 만능론자는 아니지만 연수를 기획하고 운영하는 데 작은 기쁨을 느끼는 편이다.

전교생이 함께한 강연에서 몰입과 경청을 경험할 수 있었다.

새 학년을 준비하는 방학 기간 중 새롭게 연구부를 맡은 선생님께 직무연수 공모 신청 공문을 전하며 잘 활용해 보았으면 좋겠다는 의견도 덧붙였다. 2016학년도가 시작되었고, 직무연수 운영 공모 기간의 끝자락에 다다랐다. 연구부장 선생님께 계획서 작성과 연수 운영을 맡아 처리하겠으니 공모를 신청하자고 말씀드렸다. 연구부장 선생님은 흔쾌히 동의하였고, 교장 선생님도 수업을 5분씩 단축하여 연수 시간을 확보해 줄 것을 약속해 주었다.

〈학생과 교사, 수업 속 배움으로 다시 만나다〉라는 제목을 단 현장 기획형 직무연수는 그렇게 시작되었다. 어느 누구도 나에게 하라고 시키지 않은 일을 하겠다고 호기롭게 나섰지만, 연수 기간 내내 마음이 편하지 않았다.

돌이켜 보니 먼저 비전을 공유하는 과정이 없었다. 연수를 왜 해야 하는가, 어떻게 운영할 것인가 등에 대해 전체 구성원의 합의를 얻는 과정을 생략한 채, 모든 선생님께 연수 과정에 참여할 것을 부탁한 것이다.

바쁜 일과 중에 선생님들께서 연수에 빠지지 않고 참여하는 일도 만만치 않았다. 일단 연수를 시작하고 나서는 연수의 질을 관리하는 데 신경이 곤두섰다. 연수에 참여한 선생님들의 표정과 피드백 등이 냉랭한 경우에는 마음을 무척 졸이게 되었다.

3시간씩 다섯 번 집합 연수의 마당을 펼치는 것을 기획하고 진행하는 과정에서 마음속은 생채기가 났지만 정성을 다해야 했다. 강사를 섭외하는 데도 정성이 필요했다.

다음은 연수 강사로 전라북도교육청의 정성식 선생님을 섭외하기 위해 전송한 이메일의 일부이다.

선생님과 저와의 인연은 다음의 몇 가지 에피소드로 정리할 수 있습니다.

#1. 2015년 9월 초순

《우리교육》(2015 가을호) 〈교사, 교육의 주체로 서겠다〉를 통해 처음으로 선생님을 만났습니다.

#2. 2015년 9월 중순

《우리교육》에서 소개한 《교육과정에 돌직구를 던져라》를 읽고, 그동안 나는 왜 돌직구는커녕 변화구라도 제대로 던지지 못하였는가를 성찰하였습니다.

#3. 2015년 10월 하순

학교 안 동료 선생님 몇 분께 《교육과정에 돌직구를 던져라》를 추천하여 함께 읽던 중, 제주열린교육연구회가 주최한 〈교육과정이 어떻게 삶이 되는가?〉라는 연수에 학교 안 공동체 선생님들과 함께 선생님을 처음 뵙고, 선생님의 사인을 받았습니다.

#4. 2015년 11월 초순

지난 연수에서 선생님께서 또 한 권의 책이 곧 출간될 거라고 하셨습니다(제주공항에 내려서 출판사로부터 전화를 받았다고 하셨습니다). 《교사독립선언: 교사가 만들어가는 교육 이야기》도 바로 구매하여 정독하였습니다.

… 우리 학교에서는 … 올해 탐라교육원의 예산 지원으로 '현장 기획형 직무연수'를 학교에서 운영하고 있습니다. … 2016년 5월 4일(수요일)에 선생님을 우리 학교로 모시고 싶습니다. … 가능하면 지난 제주열린교육연구회의 연수 때처럼 주변 학교에도 홍보하여 보다 많은 제주도 선생님들께서 선생님을 직접 뵐 수 있도록 노력하겠습니다.

연수 일자가 평일이라는 결정적(?)인 이유로 아쉽게도 선생님을 초청할 수가 없었다. 정성식 선생님은 결국 2018년 1월 10일 범교과 학교 밖 전문적 학습공동체인 '교실다움'에서 진행한 〈학교 민주주의와 학교 혁신〉을 주제로 한 현장 기획형 직무연수에 강사로 함께할 수 있었다.

2장. 영아 쌤 이야기

1. 메뚜기도 한철이다

2007년 첫 발령을 받고 고등학교 3학년 '법과 사회'를 가르쳤다. 당시만 해도 상위권 학생들이 법과대학에 진학하기 위해 필수적으로 선택했던 과목이다. 그래서 수업의 강도는 꽤 높았고 수업 내용과 평가에서도 난이도가 있어야 했다. 끊임없이 공부하고 공부했다. 상위권 아이들의 만족도가 높아져야 내 만족도가 높아진다는 착각에서 자유롭지 못했다. 수십 권의 문제집을 풀었고 학습지 제작과 개념별 문제풀이 문제지 제작에 심혈을 기울였다. 배움이 느린 학생들에게는 휴일과 주말을 반납하며 특강을 열어 기초부터 개념을 설명해 주었다. 학생들에게 좋은 피드백을 받으며 매우 만족해했다.

그런 나를 보며 "메뚜기야 유월이 한철이라지만, 너무 무리하지는 마."라는 비유적 표현을 들려주는 선생님도 있었고, 어느 지인은 주말과 휴일까지 반납할 정도로 열정적으로 일을 할 수 있는 직업을 갖고 있는 것이 부럽다고 말했다. 만족감과 뿌듯함이 이루 말할 수 없었다. '열정'이라는 단어에 나 자신을 구겨 넣었다. 적어도 열정이 쇠하지 않을 것이라고 확신을 했다.

다음 해에 고등학교 1학년 사회를 가르쳤다. 고1 사회를 접하며 입시와 거리가 멀어졌다. "수업이 심심해졌어.", "가르칠 게 없어."라는 말을 종종 내뱉을 정도로 무미건조한 수업이 일상이 되어 버렸다.

학업성취도가 중간 이하인 학생들이 못 따라오는 것을 애써 외면하며 좋은 표준점수와 상위 등급을 보며 만족해했다. 학업성취도가 낮으면 '학생들의 탓'으로 돌리는 것에 그 어떤 성찰도 없었다. '이만하면 됐어.', '이정도면 됐어.'가 내 머리와 마음의 많은 부분을 차지하고 있었다. 자만을 넘어서 무지한 생각들이었다.

수업이 끝나면 '학생들이 내 수업을 왜 이렇게 지루해할까?'라는 생각이 머릿속을 가득 채웠다. 나를 성찰하기보다는 학생들의 책임이 더 크다고 생각했다. 그래서 나를 돌아볼 필요도 없었고 내가 바뀔 이유도 없었다. 이러한 생각들이 계속되자 수업에 대한 효능감이 떨어지며 취미생활이나 운동 등과 같은 다른 영역에서 효능감을 찾고자 노력했다.

2. 육아 고립이 나에게 준 선물

육아 휴직을 했다. 임용 후 줄곧 일에 파묻혀 지내던 내게 육아 휴직은 선물과도 같았다. 그러나 쉼을 원했던 나에게 전혀 다른 인생의 서막이 열렸다. 엄마로서의 삶은 굉장히 고되고 외로운 일상이었다. 경력 단절에 대한 두려움일까? '나는 교사다'라는 생각과 함께 변치 말아야겠다는 생각을 하게 되었다. 사라져 버릴 것 같은 것들에 대해 놓치고 싶지 않은 마음이 투영된 것이라 생각된다. 1년, 2년, 3년…. 육아 휴직으로 인한 경력 단절이 길어질수록 자신감과 자존감이 떨어졌다.

그러던 중 남편의 권유로 《민들레》라는 대안교육 도서를 읽게 되었다. 책을 읽고 마음이 어수선해졌다. 그동안 품어 왔던 교육 철학이나 수업에 대한 나의 가치들이 흔들리기 시작했다. 교육철학을 더 배우고 채우고 싶었고, 산만했던 마음을 정리하고 싶었다. 용기를 내어 '민들레 책모임'에 참석했다. 육아에 대한 태도와 교육 전반에 대한 토론, 《민들레》의 구절을 나누는 것이 중심이 되는 모임이었다.

민들레 책모임을 통해서 나의 교실에는 교육철학이 없었음을 깨달으며 스스로를 성찰했다. 어쩌면 '삶에서 배운다'는 것에 정의를 내리지 못한 것은 아닌지 깊은 회한이 들었다. 삶에서 배운다는 것에 대한 철학이 없었기에 학생들의 삶을 배움으로 연결할 수 없었다. 수많은 책을 읽고 수업 관련 다큐멘터리를 봤다. 양적으로 질적으로 확장하니, 교육철학이 생기기 시작했다. 오랜 기간 경력 단절로 무엇도 할 수 없을 것 같았던 낮은 자신감에서 빠져나올 수 있었다. 육아와 삶에서 배운 교육철학으로 내면이 꽉 채워지자 다시 무엇인가를 할 수 있을 것 같았다.

교사라는 직책을 잠시 내려놓고 육아의 중심에서 삶을 바라보니 보이지 않는 것들이 보이기 시작했고, 들리지 않는 것들이 들리기 시작했다. 육아를 통해서 학생들을 바라보는 관점도 편안해졌다. 그동안 나는 학업 성적을 기준으로 학생들을 기계적으로 나누고 하나의 프레임을 만들어 정형화시켰다. 나의 아이가 태어나고, 그 아이를 기르며 아이와 학생을 동일시하기까지 오랜 시간이 걸린 것 같다.

아이들에게는 저마다의 고유한 결이 있다. 아이들마다의 고유한 결을 인정해 주어야 한다. 그것은 학생들의 고유하고 본질적인 가치를 있는 그대로 바라보고 읽어 주는 것이다. 배움 속에서 학생들의 고유한 결을 일정한 그릇에 담아 정형하고 재단하는 것은 아닌지를 반성해야 한다.

복직 후 담임을 맡으며 학급 내에서 실천했던 교육 활동을 소개해 본다. 일명 '내 어릴 적 자화상'이라는 학급 활동이다. 현재 나의 딸, 아들은 유치원 시절을 역동적으로 보내고 있다. 아이들의 사진을 보고 있노라면 절로 웃음이 나온다. 개구진 모습과 행동을 보다 보면 마음이 따뜻해진다. '우리 반 아이들에게도 이런 시절이 있었겠지?'라는 간단한 물음으로 시작되었다.

활동을 시작한 보다 직접적인 계기는 한 학부모와의 상담 전화였다.

학부모 선생님, 우리 아들 자식이 집에 오면 이야기도 안 하고, 알아서 하겠다면서 화만 내고, 사춘기가 또 오려나 봐요. 학교에서는 이야기를 하나요?
나 속상하시겠네요. 그래도 학교에서는 명랑하게 생활하고 있어요. 친구들 간의 상호작용도 활발합니다. 좀 이야기를 나누어 볼게요. 걱정하지 마세요.
학부모 그래도 다행이네요. 학교에서는 이야기를 잘한다니까요…. 네, 감사합니다. 선생님.

학부모의 속상한 심정이 전화기를 타고 그대로 전해졌다. 전화를 끊고, 그날 종례 시간에 아이들에게 숙제를 냈다.

교사 자, 여러분. 오늘 집에 가면 다섯 살 때부터 일곱 살 때까지 사진을 갖고 오세요. 잊지 마세요.
학생들 선생님 왜요? 어디 있는지 몰라요.(다양한 반응이다.)
교사 어디 있는지 모르면 부모님께 물어보고 꼭 찾아서 오세요.
학생들 선생님 어릴 적 사진으로 뭘 할 거예요?
교사 어릴 적 사진으로 무엇을 할지는 나중에 말해 줄게요.
학생들 네….

다음 날 사진을 받는데 제출하는 학생들도 나도 웃음이 나왔다.

사진을 다 수합하여 틈틈이 학생들의 어릴 적 사진을 봤다. 저절로 감정이입이 된다. 학생들의 유년 시절을 상상하며 질문을 만든다. 모든 사진을 스캔하고 학급 시간에 화면에 띄운다. 그리고 누구인지 알아맞히기 게임을 진행한다.

교사 여기 이 아이는 누구일까요?

학생들 하하하, ○○○이요. 그냥 봐도 ○○○입니다. 하하하.

교사 어느 부분에서 ○○○ 학생인지 유추할 수 있었나요?

학생들 생긴 것도 그렇지만, (일동 웃음) 책을 보고 있어요. 지금도 ○○○은 책만 보잖아요.

교사 맞네요. 지금 ○○○ 학생은 우리 반 다독왕인데 어릴 적부터 그랬나 봐요. 대단하네요.

교사 자, 다음은 누구일까요? 여기는 경찰박물관 같은데요?

학생들 어… 누구지?

교사 반 친구들이 못 맞히네요. 사진 속 학생 손들어 볼까요?

학생 저예요. 하하하.

교사 이때 상황을 설명해 줄래요?

학생 제가 어릴 적 꿈이 경찰관이었어요. 서울에 있는 경찰박물관에 가는 걸 제일 좋아했다고 해요. 거기서 경찰 옷을 입고 찍었어요.

교사 △△△ 학생, 지금도 경찰관이 꿈인가요?

학생 아… 아뇨… 지금… 꿈이 없습니다.

학생1은 학업에 대한 동기부여를 하는 것이 힘든 아이였다. 유년 시절을 회고하며 자신도 꿈이 있었다는 것에 놀라는 눈치였다. 분명 학생1은 과거를 통해 현재를 돌아보았을 것이다.

'내 어릴 적 자화상' 게임을 진행하며 교실은 훈훈해지고 웃음소리가 끊이질 않았다. 학생들은 선생님이 '왜 어릴 적 사진을 갖고 오라고 했지?'라는 의문도 잊은 채 퀴즈 알아맞히기를 열심히 한다. 이때 학생들에게 물었다. "선생님이 어릴 적 사진을 왜 갖고 오라고 했을까요?" 잠시 침묵이 흐른다. "너희들은 태어날 때 모두 기적이었어. 이토록 행복했던 시절이 모두에게 있었다는 것, 모두가 특별하고 소중한 존재임을 알려 주고 싶었어." 학교 생활에서 자존감이 무너지고 무기력을 답습했던 아이들의 눈빛에 생기가 돌았다.

그리고 어릴 적 사진을 찾기 위해 집 안 곳곳을 뒤지고 부모님과 자연스럽게 대화 시간을 갖게 했던 것도 두 번째 이유였다. 학생들은 가족과 사진을 매개로 꽤 긴 시간을 이야기했다고 한다. 아마 전화로 상담을 요청했던 학부모님도 학생과 눈을 맞추고 많은 이야기를 나누었을 것이다.

3. 수업 공부를 시작하다

3년간의 육아휴직 후 복직을 3개월 앞둔 시점에 다시 처음부터 공부를 시작했다. 교육적 통념이 전환되고 스스로 서니 수업 공부를 실천해야겠다는 의지가 생겼다. 절친한 후배와의 만남을 통해 교육에 대한 철학적 사고를 공유하고 이것을 응집하기 위한 공동체가 필요함을 깨닫고 '사회과좋은수업연구회'(이하 연구회)라는 전문적 학습공동체를 만들었다.

그해 겨울부터 우리가 공부했던 사범대학교 교실을 찾아 초심과 같은 마음으로 시작했다. 좋은 수업에 대한 갈망과 수업과 학생에 집중하자는 마음으로 시작된 모임의 첫 활동이다. 무슨 배짱과 부지런함이었는지 모르겠지만 교생실습을 나가기 전에 했던 그대로의 시뮬레이션 방식으로 수업을 재연하기도 했고, 수업 방법과 수업 모형을 가미하며 발표 자료를 꼼꼼히 준비했다. 돌이켜보면 그 당시 우리가 했던 활동들은 '해냈다'는 데에 의의가 있다고 생각한다. 교직 경력이 10년 남짓한 선생님들의 황당하고도 무게감 있는 노력, 수업을 바꾸기 위해 방향성과 속도를 맞춰가는 움직임 속에서 모두 성장의 씨앗을 내재하고 있었음이 틀림없었다.

2015년 드디어 복직을 했다. 여전히 아이들은 밝았으며, 여전히 교사들은 지쳐 있었다. 무엇을 해야 하고 무엇을 하지 말아야 할지를 여과해야 하는 나날이 계속되었다. 기다리던 연구회의 공개 수업 일정을 정하는 회의가 있었다. 3월 말 첫 번째 수업에 자원했다. 사실 3년 동안의 공백기에 첫 번째 공개 수업은 부담이었지만 큰 도전과 오기가 생기는 지점이었고, 빨리 수업을 해야 수업의 좌표를 알 수 있을 것 같았다. 극복하고 싶었다.

일주일에 1차시 들어가는 고등학교 1학년 사회 시간이었다. 아직 아이들과 친해지기도 전인 3월 마지막 주 수업이었다. 학생들의 숨소리, 교사의 숨소리까지도 들릴 정도로 적막하고 긴장되는 수업 안에서 학생들이 애쓰는 모습과 내가 애쓰는 모습이 역력히 보였다. "학생이 선생님의 질문에 대답하려고 애쓰는 모습, 수업 안에서 교사를 응원하는 모습이 인상적이네요."라는 동료 교사의 피드백을 받고 많은 생각을 했다. 수업은 교사와 학생들의 관계에서 비롯됨을 다시금 깨닫게 되었다. 그리고 중요한 깨달음은 공동체 선생님들이 해 주는 피드백의 중심에 바로 '학생'이 있다는 것이었다.

교사1 ○○○ 학생이 선생님의 질문에 매우 적극적으로 대답하려고 준비하고 있었어요. 선생님은 보지 못하셨지만 선생님의 시선을 따라가며 정성을 다해 수업에 몰입했습니다.

나 다른 모둠을 피드백하느라 ○○○ 학생을 보지 못했네요. 안타깝습니다. 평소 수업 태도가 좋지 못하고 장난스럽게 수업에 참여했던 학생이라 전혀 예상하지 못했네요.

연구회 선생님들은 수업 중 내가 보지 못했던 부분을 알려 주고 느끼지 못했던 학생들의 마음을 전해 주었다. 그날 선생님들과 이야기를 나누면서 수업 안에서 교사와 학생 간 배움의 경계, 지식과 가치·태도 간 배움의 경계를 허물어야겠다는 생각을 했다. 학생들이 내재하고 있는 '교실 속 배움이라는 본능'을 인정하고 더 많이 믿어 주자.

2015년 9월, 그 해 나는 두 번째 수업을 열었다. 종전보다는 수업에 대한 마음 준비와 학생들과의 관계 면에서 스스로 서 있다는 느낌을 받았다. 그 당시 작성했던 〈성찰 일기〉는 다음과 같다.

> '삶의 질 향상을 위한 노력'이라는 주제에서 1. 사회적 노력에서 판서를 통해 사회보험제도와 공공부조에 대한 개념 설명을 한다. 2. 개인적 노력에서 '기부와 나눔'을 주제로 학생들과 질의 · 응답 형식으로 소통하고 이야기하고자 한다. 그리고 재능 기부와 관련된 모둠 활동을 통해 수행평가를 진행한다. 하년 초부터 학급 단위로 '한 학급 한 생명 살리기' 운동에 동참하던 중에 만난 반가운 학습 주제이다. 이번 수업 주제와 목표는 지식적인 것보다는 가치, 태도적인 측

면이다. 모둠 구성원 모두 기부에 대한 생각과 재능 기부에 대해서 긍정적 감화를 받는 것이 수행평가의 의도이다. 수행평가가 아닌 생각을 나누는 시간이 되어 학생들의 얼굴에서 웃음이 떠나지 않는 시간이 되었으면 좋겠다.

※ 수업과 평가

2015년 2학기가 되어서 달라진 점.

1. 수업 시간 안에서 수행평가를 한다.
2. 모둠 활동을 수행평가로 연결시킨다.

위의 두 가지 점은 매우 중요하다. 모둠 활동과 수행평가가 연계됨으로써 동기부여도 되면서 학생과 교사 간 신뢰가 더 돈독해지기 때문이다. 우리 학교의 학생들은 수행평가라는 동기부여가 없어도 모둠 활동에 적극적이다. 수행평가가 더해지니 모둠 활동이 보다 체계적으로 진행되고, 학교생활기록부의 과목별 세부 능력 및 특기사항에 기재할 것이 매우 많아진다는 장점이 있다. 게다가 수업하는 반의 담임 선생님 못지않게 학생들을 잘 알게 되면서 관계 형성에 굉장히 도움이 된다.

수업을 공유하기에 앞서 연구회 구성원들에게 수업 의도, 수업 디자인과 수업 전개, 유의미한 학습 경험 등을 담은 〈성찰 일기〉를 미리 작성하고 공유한다. 실제 수업 나눔에서도 수업 중 관찰한 내용들과 함께 〈성찰 일기〉에 담긴 교사의 목소리를 꺼내어 놓는다.

수업 중에 나는 학습 주제나 수업 분위기에 적합한 노래를 때때로 들려주는 편이다. 앞의 수업에서는 '염소 4만 원'이라는 '옥상달빛'의 노래를 들려줬다. '옥상달빛'이라는 가수가 자신의 노래로 재능 기부를 하여 기부 문화를 형성한다는 내용을 알려준다. 학생들은 자신이 기부할 수 있는 능력은 무엇이지, 그 능력을 필요한 사람에게 어떻게 전해 줄 수 있는지 고민하는 계획서를 작성한다. 아이들은 음악에 맞춰 흥얼거리며 심지어 몸짓까지 겸비하며 즐겁게 수행과제를 해냈다.

수업을 참관한 한 선생님은 "딱딱할 수 있는 사회보험과 공공부조 영역에서 자연스럽고 매끄럽게 그리고 느낄 수 있게 수업이 전개되었어요."라는 이야기를 전해 주었다. 그리고 "남자 고등학생들의 감수성을 잘 짚어 주었어요."라는 피드백을 해 주었다. 중요한 순간이었다.

일상 수업을 공개하면 수업을 관찰한 동료 교사들의 성장도 일어나지만 무엇보다 수업을 연 교사와 그 수업을 함께한 학생들이 성장하는 기회도 된다. 교사는 자신의 수업 색깔을 찾고 학생들은 수업에 대한 정성이 깃든 마음을 확인하는 시간이었다.

5. 수업 철학이 생기다

'아는 것'보다 '느끼는 것'이 더 중요하다. 사람은 느끼고 공감하면 적극적인 태도로 전환한다. 이 부분에 대해서 밀도 있게 접근해 보고 싶었고 학생들에게 '공감'과 '실천'을 전이시켜 주고 싶었다. 어느 학년을 막론하고 입시가 가까워지면 가까워질수록 큰 부담감을 느끼면서 선택이 아닌 필수로 문제풀이를 원하고 입시가 멀어지면 수업에 대한 동기부여가 되지 않는다. 그러나 그러한 고단함 안에서 교사는 늘 갈망한다. 수업이 학생들에게 의미가 있기를, 좀 더 적확하게 말하자면 '배움 속에서 삶을 대하는 자세를 배울 수 있기를' 말이다.

그렇게 나만의 수업 철학이 생겼다.

- 아이들에 대한 호기심으로 시작하며
- 감수성 수업을 통해 서로 공감하고
- 배움과 평가의 경계를 없애며
- 삶을 대하는 자세를 배운다.

수업에서 이와 같은 수업 철학을 담아 내고 싶어 주제와 성취기준에 따라서 구조화하기로 마음먹었다. 2016년 인문사회 과정 '법과 정치', 수리공학 과정 '사회 · 문화'를 동시에 담당하게 되면서 교과에 수업 철학을 녹여냈다. 작년에 이어 같은 학생들을 맡게 되면서, 수업의 내용뿐 아니라 방법적인 측면에서도 조금 더 발전된 수업을 하고 싶었다. 교사와 학생들은 같지만 교과목이 달랐고 기존에 했던 수업 형식보다는 조금 더 유연하고 다양한 상상력이 있는 싱그러운 수업을 하고 싶었다.

법과 정치 수업과 사회 · 문화 수업을 재구성하기 위해 '인권'이라는 주제로 과목을 연결해 보았다. 특히 인권 감수성 수업은 법과 정치 과목과 사회 · 문화 과목에서 동시에 진행할 수 있었다.

법과 정치 → 헌법 → 인권 → 평등권 → 차별과 차이 → 〈인권 감수성 수업〉
↑
사회 계층화 현상
↑
사회적 소수자 차별
↑
사회·문화

수리공학 과정 사회 · 문화 시간에는 '일탈행동과 형성 원인'이라는 단원을 연결해 보았다. 다음과 같다.

사회·문화 → 일탈행동 → 〈일탈행동과 자작시 쓰기〉← 자아 존중감 ← 자기 성찰 ← 고1 사회
↑
일탈행동
↑
범죄 ← 법과 정치

사회과에는 공통적으로 자주 출현하는 유의미한 주제가 있다. 이런 주제는 일반 선택 과목('법과 정치', '사회 · 문화', '경제' 등)으로 느슨하게 연결될 수 있다. 이를 연결하여 한 달에 2~3차시, 일주일 동안 프로젝트 형태의 수업으로 진행했으며, 적절하게 수행평가에도 반영했다.

6. 수업은 고단함의 연속이다

수업과 학교에서 리듬상 꽤 많이 지쳐 있을 때가 있다. 수업에 대한 열망, 학생들에 대한 애정 등으로도 채워지지 않아 의욕이 조금 떨어질 때 말이다. 그러할 때도 역시 학생들로부터 피드백을 받아 에너지를 채워 간다. 지쳐 있을 때 학생에게 시 한 편을 선물로 받았다.

가르친다는 건 무엇을 가져가는 일일까

— 2학년 성효

50분이라는 할당량을 채우고도
가르침이 끝나지 않는 것은
무엇을 가져가기 때문일 걸까
무엇을 가져가는 시간일까
삶이란

무엇을 가져가지 않는 일로
가슴에 무엇을 채워 가는 일
가져갈 수 없는 누군가의 웃음과
행복과
삶을
나의 것으로 가져가는 일
그것이 가르치는 일
누군가에게는 사랑이었고
누군가에게는 교육이었다
아름다운 사람들과
아름다운 세상
아름다운 밤하늘
빛을 주는 별은 빛을 받는 별로부터
빛을 받았다.

나보다 내 마음을 더 알아 주는 녀석이다. 교사의 열정과 노력을 알아 주는, 그 시절을 같이한 제자들에게서 받는 피드백은 정말 중요한 것 같다. 당시를 회고하며 에너지를 채워 나갈 수 있다. 이러한 에너지가 지금을 생기 있게 만든다.

7. 모두가 모두에게 배우다

2017년 1월 겨울, 학교는 학기를 가까스로 끝내고 학교생활기록부와의 전쟁의 서막이 시작되는 시기이다. 겨울방학, 1월 연수는 누구에게나 부담이 되는 시점이고, 상대적으로 여유가 있는 비담임인 내게 연수의 기회가 타의적으로 주어졌다. 거부하고 싶었지만 필수 연수였기에 참가해야 했다. 특히 과목별 세부 능력 및 특기사항에 대한 부담이 있던 터라 툴툴거리며 연수에 참여했다. 2015 개정 교육과정에 관한 연수였다. 연수의 시작은 교육부 길현주 연구사님의 2015 개정 교육과정에 대한 의의와 취지로 시작되었다. 교육과정이 전환되는 시점인지라 새로운 것을 수용해야 하는 교사의 입장에서 부담되는 부분이 있기 마련이다.

그런데 이상했다. 새 교육과정에서 구현하고자 하는 수업이 현재 내가 교실 속에서 실행하고 있는 수업과 많이 닮아 있었다. 왠지 모르게 새 교육과정의 매력에 끌리게 되었다. 특히 2015 개정 교육과정의 취지와 2015 개정 교육과정의 선도 교과인 '통합사회'에 대한 호감이 높아졌다. 이런저런 생각을 하던 찰나, 길현주 연구사님이 '인권'이라는 주제로 이야기를 전개하였다. 그때 연수 반장을 담당하고 있던 나에게 물었다.

길현주 연구사 선생님께서는 이제까지 유의미했던 배움이 있었나요?

나 유의미한 배움, 있었습니다. 연구사님이 말씀하신 것처럼 '인권과 차별'이라는 주제로 수업을 했습니다. 실제 차별적 상황을 교실 속에서 느껴 보니 학생들의 피드백이 많았습니다. 그러한 피드백을 통해서 저도 배우게 되더군요.

김현주 연구사 감사합니다. 배움의 순간을 공유해 주셨네요.

그 순간을 기억한다. 바로 그때 '인권 감수성 수업'을 전개하면서 학생들에게 많은 감화를 받고 뿌듯한 감정을 채웠었다. 자연스럽게 '인권 감수성 수업'에 대한 경험을 이야기하며 연구사님께 긍정적인 피드백을 받았다. 수업과 배움에 대한 경험이 교사에게 이토록 큰 효능감을 느끼게 했던가라는 질문을 스스로 던지며 연수를 마무리했다. 그리고 길 연구사님이 2015 개정 교육과정 통합사회 핵심교원으로 함께하자는 따뜻한 제안을 해 주었다.

2015 개정 교육과정 통합사회 핵심교원 연수에 합류할 수 있었던 것은 수업 고민과 수업 설계, 학생들과의 배움의 여정을 더 깊게 배우고 표출할 수 있는 기회였다. 제주도에서 서울까지 한 달에 한 번 비행기를 타고 가는 연수 일정은 녹록지 않았다. 하지만 연수를 갈망하며 기다렸다. 배움에 대한 갈망으로 가득 찬 교사들과의 만남, 그러한 교사들의 갈증을 풀어 주기 위한 수준 높은 연수의 과정, 그리고 허심탄회하게 이야기할 수 있는 공론장, 그러한 상황과 환경이 고마웠다. 수업에 대한 이야기를 원 없이 할 수 있어 좋았고 그것을 자유롭게 들어 주는 팀원들이 정말 고마웠다. 교사들과의 연결을 통해, 모두가 모두에게 배우는 자리였다. 통합

사회 핵심교원 연수는 다른 차원의 교사 효능감이 무엇인지 실천적으로 느끼게 해 준 계기가 되었다.

처음 각자 다른 지역에서 올라온 선생님들끼리 서로 어떻게 함께하게 되었는지에 대해 이야기하게 되었다. 경기도의 혁신공감학교에서 근무하고 있는 한 선생님께서 나의 자생력과 자발성으로 시작된 전문적 학습공동체 활동과 수업 전환 활동 이야기를 듣고 감동하시며 "선생님이 진짜야!"라며 엄지손가락을 추켜올렸다. 노력해 왔던 부분을 인정받자 내면이 굳건하게 서는 나 자신을 발견하게 되었다. 여과 없이 피드백을 해 주는 선생님들이 고마웠다.

사실 제주도는 혁신과는 비교적 거리가 먼 편이다. 게다가 일반 사립고등학교에서는 더 동떨어진 이야기일지도 모르겠다. 혁신학교, 배움의 공동체 등의 교육 활동이 학교 단위, 혹은 교육청 단위로 시행되는 것을 부러워한 적도 있었다. 하지만 척박한 교육 환경에서도 나만의 속도로 꿋꿋이 성장했다. 굳건한 자생력과 순수한 자발성이 그 에너지였다.

8. 교사, 지식을 비우고 역량을 채우다

2015 개정 교육과정 통합사회 핵심교원 연수를 통해 나는 수업 준비 과정에서의 관성력, 이것을 버리지 않으면 아무것도 채울 수가 없다는 것을 깨달았다. 그동안 어떤 과정을 통해서 수업을 준

비했을까, 스스로 의문을 가지며 기초부터 단단히 배워 나가기로 했다. 기존에 갖고 있던 습관이 정체를 만들고 수업 후 같은 여운을 남긴다.

2015 개정 교육과정 통합사회 핵심교원 연수는 다음과 같이 진행되었다. 행복, 자연환경, 생활공간, 인권, 시장, 정의, 문화, 세계화, 지속가능한 삶이라는 9개의 핵심개념으로 9분임으로 나누고, 분임을 대표하는 분임장 선생님은 전문가 위원으로 분임을 이끌어 가기 위해 더 많은 공부와 연구를 한다. 한 분임은 다섯 명이나 여섯 명으로 구성되며 각각 하나의 성취기준에 내용학 자료집과 교수-학습 및 평가 자료집을 개발해야 하므로 대단히 밀도 있고 심도 있는 작업 과정이다. 학교 업무와 수업 준비에 대한 부담과는 별개로 자료 개발의 압박감과 연구에 대한 부담감이 있었다.

교수-학습 및 평가 자료집을 개발하기 위해 유의미한 학습 경험, 성취기준 읽기와 교수-학습의 실제, 학습지 제작, 실습, 수업설계의 이론과 실제, 질문의 유의미성, 핵심 질문 만들기, 과정중심 평가와 피드백 및 기록 등을 연수를 통해 공부했다. 무엇보다 핵심교원이 역량을 키울 수 있도록 연수의 방향과 질적인 측면을 고민한 흔적이 역력했다. 자정이 넘도록 토론하며 그날의 강의에 대한 의문점을 해소하고 배우는 분위기가 일반적이었다. 특히, 교수-학습 및 평가 지료집 개발 활동은 평소 내가 가지고 있던 수업의 고민들을 펼쳐 내고 동료 선생님들과 함께 해결하는 배움의 장이었다.

인권 분임의 전문가 위원인 김재준 수석님은 수업에서의 생동감을 불어넣어 주었다. 인권 감수성 수업에서 '손들어 게임'이 나오는데 존재감이 적었다. 수석님은 '손들어 게임'은 충분히 개념에 대한 설명과 오개념을 설명할 수 있는 매개로서 기능할 수 있으며, 게임과 같은 형태로 수업을 살릴 수 있다는 조언을 해 주었다. 사실 나에겐 그동안 잘 보이지 않던 부분이었다. 수업에서의 영감과 안목이 높은 분들의 피드백을 받으면서 수업의 모습이 달라지기 시작했다.

연수의 온도가 높아질수록 핵심교원들끼리 연결되며 힘이 응집되는 경험을 했다. 같은 주제로 묶인 분임끼리의 연결, 같은 수업 방법으로 창의력을 발현하는 교사들끼리의 연결, 전문가 위원과 핵심교원의 연결, 핵심교원과 연수생 교사와의 연결, 연수생 교사들 간의 연결 등 연결의 매개체가 다양했고 조금만 적극성을 갖는다면 연결할 수 있는 자연스러운 분위기가 형성되어 매우 좋았다. 이러한 친밀한 분위기가 핵심교원들의 유창성과 자발성을 높여 주는 데 큰 도움이 되었다. 연결과 소통의 힘이 집단지성의 응집을 보여 주는 데 근본적 에너지가 되었다. 귀중한 경험이었다.

우리의 연결을 응원하는 듯한 글을 공유해 본다.

> 삶은, '내게 없는 것을 서로 빌리는 일'이 아닐까 생각합니다. 지식을 빌리고, 지혜를 빌리고 … 굳이 '빌리다'는 표현을 쓰는 것은 언젠간 갚을 기회도 있을 거라는 말이기 때문이죠.

빌리고 갚고 모자라면 떼어먹기도 하면서 어울려 살다 보면 우리가 생각하는 삶에 가까워지지 않을까 생각해 봅니다. 경계 없이 자유로이 활보하는 아주 넓은 가치를 꿈꾸는 것 말이죠.

— 《민들레》 중에서

2015 개정 교육과정 통합사회 핵심교원 연수에서 가장 의미 있었던 부분은 5차 핵심교원 연수 중 '교사, 통합사회 교육과정을 읽다'라는 주제로 진행된 강연이었다.

나는 당시 내가 담당한 [10통사 04-03]의 교수-학습 및 평가 자료집을 개발하면서 성취기준의 어려움과 모호성을 토로했다. '인권' 모둠에서 선생님들과 나누었던 이야기들을 옮겨 보면 다음과 같다.

나 선생님, 제가 맡은 성취기준을 읽어 볼게요. [10통사 04-03] '사회적 소수자 차별, 청소년의 노동권 등 국내 인권 문제와 인권 지수를 통해 확인할 수 있는 세계 인권 문제의 양상을 조사하고, 이에 대한 해결 방안을 제시한다.'

나 '인권 지수를 통해 확인할 수 있는 세계 인권 문제의 양상을 조사하고 …'에서 인권 지수를 통해서 확인할 수 있는 세계 인권 문제 양상은 무엇일까요? 어렵고, 모호합니다.

교사1 사실 인권 지수는 종합적 데이터가 아닌 주제에 따라, 연구 기관에 따라 매우 다양하게 나타나는 양상인데, 이에 양상을 조사하라는 것의 정확한 의미가 무엇인지 모르겠어요.

수석교사 학계에서도 이 부분의 성취기준이 모호하다는 이야기가 있었습니다. 성취기준이 어렵고 모호한 부분임은 맞습니다. 그래서 더 교사의 문해력이 중요합니다.

교사2 인권 지수라는 데이터를 시각화하여 장소로 연결하고 지리적 통합을 시도한 성취기준이라고 생각됩니다. 교사가 선취하여 하나의 주제로 인권 지수를 확인하고 이를 수업에서 전개해도 무방할 것 같아요.

나 그렇다면 하나의 인권 지수로 수업을 풀어 나가도 된다는 뜻으로 이해해도 되겠네요. 인권 지수를 조사하다 '세계 난민 지수'라는 데이터를 찾았습니다. 이를 세계 인권 양상으로 확장하여 세계 난민의 양상을 살펴보며 그림책 수업 '긴 여행'(프란체스카 산나)으로 연결하면 내용이 더 풍부해질 것 같아요.

성취기준의 해석에 대해 여러 가능성을 열어 두고 생각해 본 경험은 곧 성취기준을 입체적으로 볼 수 있는 기회가 되었다. 현장에서의 성취기준은 문서에 불과했다. 그동안의 무지함과 평온했던 수업과 교사로서의 삶 전반에 큰 영향을 줬다. 수업에서의 영감과 수업의 생기에 조금 더 주력했던 것은 사실이다. 교육과정과 성취기준을 읽는 주체자인 교사의 문해력이야말로 수업의 질을 담보하고 배움의 과정을 탄탄하게 한다. 교사의 직관력과 탄성력 있는 태도가 필요하다고 생각했다. 교사의 교육과정 문해력 연수를 통해 수업이 더 단단해질 수 있음을 기대하게 되었다. 그것을 토대로 교수-학습 및 평가 자료집를 개발하는 데 더한 재미를 느끼고 집중할 수 있었다.

9. 그렇게 시작된 첫 강의

6개월의 대장정 끝에 2015 개정 교육과정 통합사회 핵심교원 연수를 마치고, 2017년 무더운 여름 대전에서 나의 첫 강의가 시작되었다. 첫날은 수업 방법을 소개하고 실습을 하는 일정이었다. 실제 수업에서 가장 대표할 수 있는 수업 방법을 교사들에게 설명하고 실습으로 경험하게 하는 자리였다. 매체 활용, 시뮬레이션 게임, 토의 · 토론 수업, 거꾸로 수업, 프로젝트 등 수업 방법은 다양하다. 연수에 참여한 선생님들이 배우고 싶은 수업 방법을 직접 신청하여 듣는다. 나는 '감수성 수업'을 소개하고 싶었는데, 그 수업에서는 부분적으로 시뮬레이션이 활용되었기 때문에 '감수성 시뮬레이션'이란 타이틀로 소개했다.

나 반갑습니다, 선생님들 모두 '감수성 시뮬레이션'을 선택하여 오신 거죠? 감사합니다. 혹시 '감수성 시뮬레이션'이란 수업 방법을 들어 보신 선생님 계신가요?

교사들 (대답이 없다.)

나 하하. 없어야 합니다. 제가 만들었습니다.

교사들 (안도의 한숨과 더불어) 하하하.

나 왜 '감수성 시뮬레이션'을 선택했는지 말씀해 줄 선생님 계신가요?

교사1 감수성 수업이 무엇인지 궁금했습니다. 어떻게 학생의 감수성을 끌어 올리시나요? 궁금합니다.

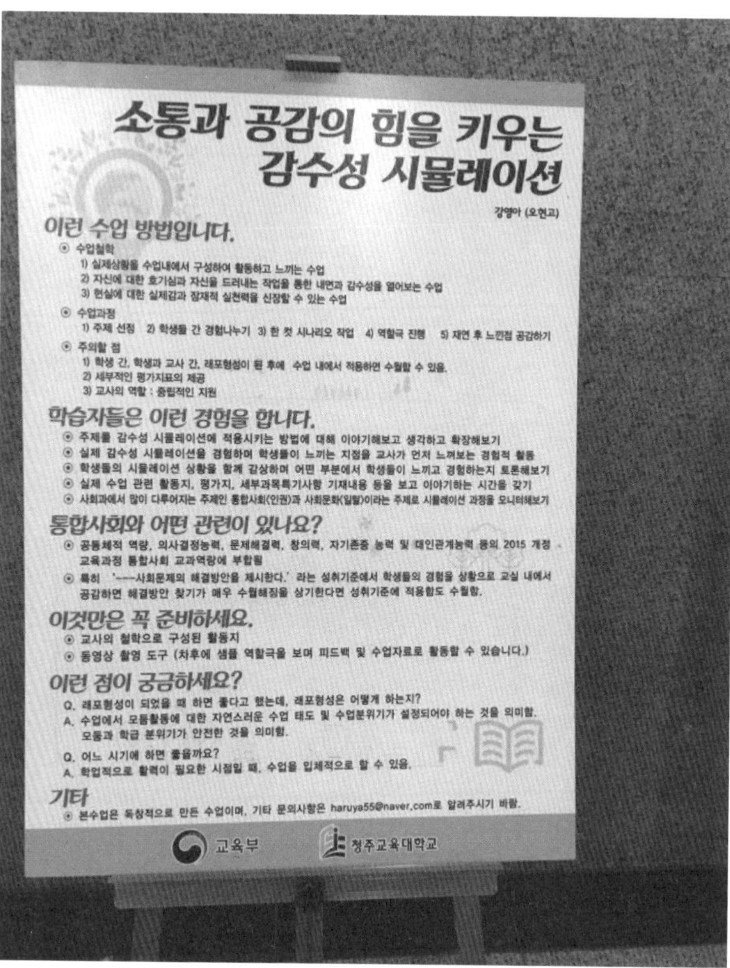

2017년도 통합사회 선도교원 연수를 위한 감수성 시뮬레이션 안내 자료이다.
연수에서 거꾸로 수업, 매체 활용, 토의 · 토론 등 다양한 수업 방법을 소개했다.

여섯 차례의 강연에서 위와 같이 모두 동일하게 질문을 했고 동일한 반응을 얻었다. 다행히도 교사들은 '감수성 시뮬레이션' 수업 방법에 대한 호감도가 매우 높았다. 다음은 2017년 통합사회 선도교원 연수를 위한 수업 방법 안내 자료이다.

2017년 통합사회 선도교원 연수 〈수업 방법 안내 자료〉

| 감수성 시뮬레이션 |

오현고 강영아

※ 수업 철학

· 학생들은 자신에 대한 호기심과 자신을 드러내는 작업을 하는 것에 굉장한 흥미를 느낍니다. 반대로 자신을 표현하고 자신의 느낌을 이야기하는 것에 매우 어려워하는 학생도 있습니다.

· 실제 상황을 수업 내에서 구성하여 활동하고 느끼는 수업입니다. 특히 학생들의 정의적 영역을 발현하고 학생들의 내면과 감수성을 열어 보는 수업이 주된 특징입니다. 2015 개정 교육과정의 통합사회, 정치와 법, 경제, 사회·문화 과목에 접목시킬 수 있습니다.

※ 수업 과정

· 주제를 선정합니다(행복, 인권, 정의, 일탈 등: 학생들의 경험에서 포착할 수 있는 주제면 접근이 수월합니다).

· 학생들 간의 경험을 이야기합니다.

· 한 컷 시나리오 작업을 합니다(연극을 하려는 것이 아닙니다, 주제에 맞는 상황적 설정이 표출되면 됩니다. 따라서 상황에 접근할 수 있는 한 컷 정도의 시나리오 작업을 합니다).

· 시나리오 작업 후 역할극을 진행합니다.

· 재연 후 학생들의 느낌과 상황에 대해 공감하는 시간을 갖습니다.

※ 연수에서 교사는 무엇을 경험하게 되나요?

· 주제를 감수성 시뮬레이션에 적용시키는 방법에 대해 이야기해 보고 생각하고 확장해 보기

· 실제 감수성 시뮬레이션을 경험한 학생들이 느끼는 지점을 교사가 먼저 느껴 보는 경험적 활동
· 학생들의 시뮬레이션 상황을 함께 감상하며 어떤 부분에서 학생들이 느끼고 경험하는지 토론해 보기
· 실제 수업 관련 활동지, 평가지, 세부 과목 특기사항에 기재된 내용 등을 보고 이야기하는 시간 갖기
· 사회과에서 많이 다루어지는 주제인 통합사회 '인권'과 사회·문화 '일탈'이라는 주제로 시뮬레이션 과정을 모니터해 보기

※ 통합사회와 어떤 관련이 있나요?

· 공동체적 역량, 의사결정 능력, 문제 해결력, 창의력, 자기 존중 능력 및 대인관계 능력 등의 2015 개정 교육과정 통합사회 교과 역량에 부합되며 재미있고 자연스럽게 실행됩니다.

강연의 횟수가 많아질수록 나의 수업을 객관화할 수 있었다. 수업을 매개로 한 선생님들과의 만남은 다양한 수업 영감을 불러일으켰다. 또한 공감, 감수성 등 그동안 고민하고 있던 부분을 수업으로 풀어냈고, 이는 전국의 교사들을 대상으로 한 강의로 연결됐다. 그 과정에서 좋은 피드백을 받고 다시 수업을 보완하는 과정에서 큰 힘을 얻었다.

학생들이나 연구회 활동을 같이했던 교사들에게만 받았던 긍정적인 피드백을 전국 각지의 선생님들과 공유하며 영향을 받고, 같은 고민을 하게 되니 더할 나위 없이 좋았다.

그렇게 시작과 끝을 할 수 있었던 것은 연수를 주관하고 준비했던 교육부와 청주교육대학교, 그리고 연수 코디네이터(전문가 위

2017년도 동계 통합사회 선도교원 연수(3기, 대구)에서
통합사회 수업 설계 익히기(준비 단계)를 협력적으로 진행하고 있다.

원) 선생님들과의 연결이 있었기에 가능했다. 연수의 구성은 기존의 연수와 달랐다. 통합사회 연수는 배움 중심 수업에서 학생들이 주체가 되듯이 연수생 선생님들이 주인공 역할을 할 수 있는 분위기를 만들어 주었다. 모든 코디네이터와 강사진과 협력진들이 집단지성의 힘을 응집하기 위한 시간과 장소, 분위기를 만들었다. 그 과정에서 연수생 선생님들이 사유하는 시간과 협력하는 시간을 내어 주기 위해 모두 노력했다. 분명 통합사회 연수는 지식만 얻어 가는 것이 아니라 역량과 가능성을 얻고 가는 연수였을 것이다. 세 번의 하계 연수에서 강의를 마치고 다시 일상으로 복귀했다.

연수에서 받았던 따뜻한 에너지가 2학기를 부지런히 보낼 수 있는 원천이 되었다. 다시 한 번의 통합사회 워크숍(7차)을 통해 하계 연수에서 부족했던 부분을 피드백 받고 보완하여 동계 연수를 준비했다. 동계 강의를 준비하면서는 강의를 위한 공부만이 아닌 근본적으로 수업에 대한 애착과 견고함이 생겼고 강의 진행에 더 적극적이 되었다. 연수 코디네이터(전문가 위원) 선생님도 연수 기간 동안 큰 성장이 이뤄졌다는 긍정적인 피드백을 주었다.

내적으로나 외적으로 커지고 성숙해진 연수였고, 교사로서의 효능감을 다른 교사들을 통해서 받을 수 있는 중요한 자리였다. 또한 내가 느꼈던 수업에서의 가슴 뛰는 효능감을 모두에게 확장해 줄 수 있는 자리였다.

10. 교사, 교사에 대한 꿈이 있습니까?

한동안 부지런히 챙겨서 시청한 프로그램이 있다. 국민 예능 프로그램으로도 불리는 MBC TV의 〈무한도전〉이다. 2016년 3월 5일에 방송된 '나쁜 기억 지우개' 편에 출현한 〈미생〉의 윤태호 작가는 '꿈'에 대한 울림이 있는 말을 남겼다.

> 나는 과연 꿈을 이룬 사람인가라고 생각해 보면, 그렇지 않을 수도 있거든요. 꿈이라고 하는 게 단순히 만화가, 과학자, 연예인 이게 꿈이 아니라 무엇을 하는 만화가('○○한

만화가') 이것이 꿈이라고 생각하거든요. 직업 앞에 그 직업을 어떤 태도로 수행하는 내가 있어야 되는 거죠. … 그래서 꿈이라는 것을 꼭 직업으로 생각하지 않았으면. 그래서 아이들에게 '너 꿈은 뭐야?'라고 물을 때 항상 직업으로 답을 듣지 않았으면. '어떤 사람으로 살고 싶냐?'고 질문했으면.

교사가 됨으로써 인생에서의 꿈을 이뤘다고 생각했다. 수업에 대한 공부와 열망으로 좋은 수업을 위해 많은 노력을 하는 좋은 교사가 바로 나라고 생각했다. 더 이상 교사로서 꿈은 없다고, 다 이뤘다고 생각했다.

치열했던 2017년 한 해, 많은 경험과 깊이 있는 역량을 쌓으며, 닮고 싶은 선생님들과 만나게 되면서 교사로서의 꿈이 생겼다. 또한 강의 경험과 통합사회 핵심교원 워크숍을 통해 수업의 근본적인 것에 대해 진지하게 고민했다. 연수와 강의 경험을 통해 교사로서 살아갈 원천이 되는 힘을 배웠다. 그 힘을 바탕으로 해 아이들에게도 삶을 살아갈 힘과 가치, 태도를 감화시켜 주고 싶다. 즉, 교육에서 교사란 어떤 존재일까에 대한 고민의 시작과 함께 교사의 삶에 대해, 수업에 대해 더 깊이 배우는 기회였다.

삶과 분리되지 않는 배움을 추구하며 수업 속에서 성장하는 교사라는 곱고, 간결한 꿈이 생겼다. 지금, 다시 한 번 감수성과 공감을 두드려 보고자 한다. 젠디 감수성, 정치적 효능감 등 학생들과 학교와 삶을 넘나드는 배움을 실천 해보고자 한다.

2부.
주제가 살아 있는 공감 수업

1장. 박정희 시대는 살아 있는 과거이다

1. 민주주의가 관통하는 한국 현대사 수업

새 학기 역사 수업을 준비하면서 작성했던 〈수업계획표〉를 다시 들여다보았다. 당시 다음의 두 가지 점에 유의하여 수업을 디자인하고 실행하고 싶었다.

- 단순한 역사적 사실을 나열하여 학습자가 학습 부담을 느끼거나 역사 학습에 흥미를 잃지 않도록 한다.
- 과거의 삶에 대한 통찰력을 바탕으로, 현재와 미래 사회에 대한 안목을 기를 수 있도록 교수-학습 과정이 이루어질 것을 기대한다.

이미 흘러가 버린 시간 속 수많은 역사적 사건들을 왜 배워야 하는가라는 의구심을 품고 역사 수업에 방어적 태세를 갖춘 학생들에게 한국 현대사 수업은 위에서 말한 두 가지 유의점을 동시에 만족시킬 수 있었다. 역사 인식을 둘러싼 갈등과 대립이 남아 있긴 하지만 현대사 수업은 매력적이다. 전근대사에 비해 상대적으로 가까운 시간에서 일어난 일들이고, 학생 자신의 삶과 연관 지어 사고할 거리가 많아 역사 학습의 현재적 의미를 살릴 수 있다.

무엇보다도 현대사 수업은 민주주의를 핵심 서사로 다루기 때문에 민주공화국의 시민을 기르는 데 기여하는 바가 크다. 〈1987〉, 〈택시운전사〉, 〈변호인〉, 〈화려한 휴가〉, 〈지슬〉, 〈효자동 이발사〉 등 한국 현대사를 배경으로 한 영화에 세간의 이목이 쏠린 이유도 영화 속에 민주주의라는 서사가 관통하고 있기 때문이다.

현대사 교육이 본격화된 제7차 교육과정 이후의 역사과에서 민주주의 교육은 한국 현대사 영역을 중심으로 민주주의의 발전 과정을 학습 요소로 다루는 방식으로 이루어졌다.[1] 2015 개정 교육과정에서 민주주의의 발전 과정을 다룬 역사과의 성취기준을 정리하면 다음과 같다.

1 강화정, 〈고등학생의 민주주의 이해 양상: 5 · 16과 5 · 18을 중심으로〉, 《역사와세계》 45, 효원사학회, 2014, 233~270쪽

2015 개정 역사과교육과정 '민주주의 발전 과정' 관련 성취기준

학교급	과목	소주제	성취기준
중	역사	대한민국의 발전	[9역09-03] 자유민주주의가 시련을 겪으며 발전해 가는 과정을 파악하고, 경제 성장의 성과와 과제를 이해한다.
고	한국사	자유 민주주의의 발전	[10한사07-02] 4 · 19혁명으로부터 오늘날까지 이룩한 자유민주주의의 발전 과정을 이해한다.

중학교 '역사' 교과서는 '현대 세계의 전개'라는 대단원 속에서, 고등학교 '한국사' 교과서는 '대한민국의 발전과 현대 세계의 변화'라는 대단원 속에서 8 · 15광복부터 현재까지 대한민국의 역사를 다룬다.

2. 박정희 시대는 살아 있는 과거이다

2018년 현재 중학교 3학년에서 사용하고 있는 2009 개정 교육과정의 '역사' 교과서에서 대한민국 정부수립 이후에 들어선 역대 정권 중 박정희 정부를 서술한 분량이 가장 많다. 주지하다시피 박정희는 한국 현대사에서 무려 18년이라는 긴 시간 동안 집권하면서 수많은 사건들로 부침을 거듭하였기 때문이다.

박정희가 집권한 18년 동안의 대한민국 역사, 즉 '박정희 정부

18년 史'를 다루는 수업에 담아내고 싶었던 하나의 이야기, 곧 서사는 다음의 한 문장으로 요약할 수 있다.

'박정희 시대는 살아 있는 과거이다.'

"집단기억이 인식의 차이를 낳고 미래에 대한 구상의 차이를 낳는다."[2]는 말에서 알 수 있듯이, 박정희 또는 박정희 정부에 대한 한국 사회의 집단기억은 그의 딸을 제18대 대통령으로 탄생시킨 요인 중 하나이다. 그야말로 박정희 시대는 '살아 있는 과거'인 셈이다. 그리하여 '박정희 정부 18년 史' 수업은 기억에 관한 수업이기도 하다.

- 학생들은 박정희 또는 박정희 정부를 어떻게 이해하고 있을까? 그들의 인식은 어디에서 기인한 것일까?
- 기억을 집단화하는 기제로 활용되는 교과서에서 5 · 16, 베트남 전쟁을 어떻게 서술하고 있을까?
- 한일 청구권 협정과 일본군 '위안부' 합의는 무엇이 닮았는가?

'박정희 정부 18년 史'에 대한 수업은 2차시로 구분하였다. 첫 시간은 이전 수업에서 과제로 제시한 마인드맵을 발표하는 활동

2. 한양대학교 비교역사문화연구소, 《제2차 세계대전과 집단기억》, 한울아카데미, 2017

으로 시작하였다. '박정희' 또는 '박정희 정부' 하면 떠오르는 단어들을 통해 학생들은 박정희 정부를 어떻게 인식하고 있는가를 살피는 것이었다. 이어서 사진 자료를 통해 박정희 정부의 독재에 맞선 민주화의 흐름을 주요 사건을 중심으로 간략하게 소개하려고 했다. 예를 들면 5·16군사정변, 한일회담 반대 시위, 베트남 파병, 3선 개헌 반대 운동, 부마항쟁을 비롯한 유신 체제에 반대한 민주화 운동, 10·26사태 등이다.

그중 박정희 정부를 평가하는 핵심적인 사건인 5·16을 역대 교과서에서 '혁명'과 '군사정변' 중 무엇으로 서술하고 있는가를 알아보고, 동일한 사건에 대한 평가가 다르게 나타나는 이유를 생각해 보고자 했다. 첫 시간의 후반부는 박정희 정부의 마지막 7년, 유신 체제의 성립과 몰락을 다루었다. 현행 헌법을 참고하여 유신 헌법의 조문을 분석하고, 그 문제점과 개헌의 의도를 비판하는 시간이 되도록 계획했다.

두 번째 시간에서는 박정희가 집권한 18년 동안 일어난 역사적 사건들 중에서 앞서 언급한 '박정희 시대는 살아 있는 과거이다.'라는 서사를 만들어 낼 수 있는 세 가지 사건을 선정하였다. 바로 한일 청구권 협정(1965년), 한일 일본군 '위안부' 합의(2015년), 그리고 베트남 파병(1964~73년)이다.

베트남 파병은 다시 두 가지 주제로 구분했다. 하나는 베트남 파병에 대한 교과서 서술 내용을 분석하여 베트남 전쟁과 파병에 대한 사회적·집단적 기억이 경제적 효과만을 강조하고 있음을 보여 주려는 것이었다. 나머지 하나는 교과서에는 서술되어 있지 않은, 베트남 전쟁의 반쪽짜리 기억을 재생하는 활동이었다. 이는 베트남 전쟁과 파병을 기억하고 있는 방식을 사유할 수 있는 활동이기도 하다.

박정희 시대는 '살아 있는 과거'이다. 오늘날 한국 사회의 많은 모습이 박정희 시대에 만들어졌다. 1960~70년대 시공간을 경험하지 않은, 2000년 이후에 출생한 학생들에게 어떻게 하면 과거의 삶에서 현재 우리의 모습과 앞으로 우리가 나아가야 할 방향을 생각할 수 있는 거리를 제공할 수 있을까? 수업을 디자인하면서 가장 고민했던 점은 바로 이러한 질문이었다.

네 가지의 주제(한일 청구권 협정, 한일 일본군 '위안부' 합의, 베트남 파병에 대한 교과서 서술 내용, 베트남 전쟁의 반쪽짜리 기억)를 담은 활동지에는 주제별로 두 개의 물음을 포함했다. 학생이 답하게 될 여덟 개 물음은 모두 수업의 핵심 기제이다. 왜냐하면 교사의 수업 의도가 묻어 있고, 배움을 이끌어 낼 수 있는 발판이 되기 때문이다.

3 박정희의 5·16을 기억하다

한국 사회에서 박정희를 어떻게 평가할 것인가는 가장 뜨거운 논쟁거리 중 하나이다. 과연 학생들은 박정희를 어떻게 이해하고 있을까? 이를 알아보기 위해 학생들은 〈마인드맵 그리기〉 활동지에 '박정희' 또는 '박정희 정부' 하면 떠오르는 단어를 마인드맵으로 작성하여 발표하였다.

학생들은 크게 '경제 성장'과 '독재'라는 두 개의 이미지로 박정희 시대를 인식하고 있었다. 이와 같이 엇갈린 인식은 한국 사회의 변화를 추동해 온 중심축인 산업화와 민주화의 문제, 경제발전과 민주주의의 관계와 맞닿아 있다.

한편, 2015 개정 교육과정에서는 소주제 '대한민국의 발전'에 해당하는 성취기준(9역09-03) 해설에서 '민주주의의 발전과 경제 성장 양자를 서로 갈등 또는 대립 관계로 파악하기보다 함께 진행되어 온 것임을 이해하도록 하고, 앞으로 해결해 나가야 할 국가·사회적 과제를 파악하도록 한다.'고 밝히고 있다.

학생들의 발표가 끝난 뒤 그들의 인식은 어디에서 기인한 것인지를 물어 보았는데, 학교교육과 가정, 지역사회가 학생들의 역사 인식에 영향을 주고 있음을 알 수 있었다.

> 교사 왜 독재자라고 이해했어요?
> 학생1 학교에서 배웠어요.
> 학생2 집에서 부모님이 말씀하시는 것을 들었어요.
> 학생3 헌법을 고치면서 18년이나 대통령을 했잖아요.
> 학생4 많은 시민들이 저항했잖아요.
> 교사 경제 성장에 기여하였다는 점은 어떻게 알게 되었어요?

학생1 학교에서 '한강의 기적'을 배웠어요.

학생2 할아버지가 박정희 대통령 덕분이라고 말씀하셨어요.

학생3 마을 곳곳에 새마을운동 깃발이 걸려 있잖아요.

학생4 우리 할아버지 모자에도 깃발이 그려져 있어요.

〈마인드맵 그리기〉 활동에 이어서 역대 교과서에서 5 · 16에 대해 서술한 내용을 정리한 활동지를 통해 교과서에서 5 · 16을 어떻게 기술하고 있는가를 살펴보았다. 활동지에 붙여진 제목은 '5 · 16은 〈 〉인가? 아니면 ( )인가?'이다.

5 · 16은 박정희 정부를 평가하는 핵심적 사건임에 틀림없다. 박근혜 정부 시절 열린 국회의 인사청문회에서 후보자에게 "5 · 16은 쿠데타(군사정변)인가, 혁명인가?"를 묻는 질문이 단골로 등장하였다. 이에 후보자들은 어김없이 "이 자리에서 답변하기는 부적절하다."는 답을 내놓았다. 쿠데타를 쿠데타라 말하지 못하는(혹은 않는) 후보들의 태도가 답답하고 안쓰러울 정도였다.

역사적 사건을 어떻게 부르는가는 그 사건의 성격을 규정하고 의미를 부여하는 문제이다. 교과서에서 5 · 16을 혁명과 쿠데타로 서술한 각 시기의 정치적 상황을 이해하고, 동일한 역사적 사건을 왜 다르게 평가하는가에 대해 생각해 볼 수 있었다.

[활동지1]

단원	Ⅲ. 대한민국의 발전 2. 자유민주주의의 시련과 발전 박정희 정부 18년 史
주제	5 · 16은 〈 〉인가? 아니면 ( )인가?
활동 목표	역대 교과서에서 5 · 16을 어떻게 기억하고 있는가를 살펴보고, 동일한 역사적 사건에 대한 평가가 왜 다르게 나타나는지를 생각해 보자.

※ 다음은 교과서에서 5 · 16에 대해 서술한 내용을 시기별로 정리한 것이다. 〈 〉와 ( )에 알맞은 단어를 쓰세요.

시기	5 · 16 관련 교과서 서술 내용	대통령
1974년	〈 〉군은 대한민국을 공산주의자의 침략 위협으로부터 구출하고 국민을 부정부패와 불안에서 해방시켜 올바른 민주주의 국가를 건설하기 위하여 1961년 5월 16일 〈 〉을 감행하여 정권을 장악하였다.	박정희
1982년	박정희와 군인들이 ~ 국가를 위기로부터 구하고 국민을 부정부패와 불안으로부터 해방시켜 민주국가를 건설하자는 기치 아래 5월 〈 〉을 일으켰다. 〈 〉군은 즉각 국가재건최고회의를 구성하여 ~	전두환
1990년	5 · 16 군사〈 〉 후 군부는 헌정을 중단시키고 국가재건최고회의를 구성하여 군정을 실시하였다.	노태우
1996년	1961년 5월 16일, 박정희를 중심으로 한 일부 군부 세력이 사회적인 무질서와 혼란을 구실로 군사( )을 일으켜 정권을 잡게 되었다. ~ 군사정부는 혁명 공약으로 반공을 국시로 ~	김영삼
2002년	박정희를 중심으로 한 군부 세력은 사회의 혼란을 구실로 군사( )을 일으켜 정권을 잡았다. 이를 5 · 16 군사( )이라 한다. 군부 세력은 헌정을 중단시키고 국가재건최고회의를 구성하여 군정을 실시하였다.	김대중
2011년	1961년 5월 16일 새벽, 박정희 소장이 이끄는 수천 명의 군대가 ~ 정부 기관을 점령하고, ~ '혁명 공약'을 발표하였다. 이 사건을 역사는 군사( )으로 기억한다.	이명박

※ 5 · 16은 박정희 정부를 평가하는 핵심적인 역사적 사건이다. 왜 동일한 사건에 대한 평가가 다른지 이유를 쓰세요.

hint! 역사란 사실로서의 역사와 기록으로서의 역사를 의미한다.

교과서 서술 내용을 분석한 활동을 마친 후에 이전 수업에서 제시한 과제를 확인하였다. 과제는 가족 중 부모님이나 조부모님께 5 · 16을 어떻게 인식하고 있는지를 여쭈어 보고 오는 것이었다.

학생1 엄마랑 아빠는 학교에서 군사혁명으로 배웠대요.
학생2 우리 할아버지도 마찬가지예요.
학생3 우리 엄마랑 아빠도 그렇게 배웠대요. 그런데 이제는 혁명이 아니라 쿠데타가 맞는 거라고 했어요.
학생4 우리 부모님은 쿠데타로 배웠다고 하던데요.
학생5 선생님, 제주도에 있는 5 · 16도로의 이름을 바꿔야 하지 않을까요?

학생들은 앞선 세대들이 학교교육에서 5 · 16을 군사혁명으로 학습했다는 점을 신기해했다. 마지막에 이어지는 학생의 질문은 또 다른 토론 주제가 되었다.

예전부터 제주 지역사회에서 5 · 16도로 이름을 변경하자는 요구가 수차례 있었지만 모두 무산되었다. 올바르지 않은 역사를 청산하자는 주장과 부끄러운 역사도 기록으로 남겨야 한다는 주장이 맞섰기 때문이다. 2017년에는 '쿠데타를 칭송하는 의미를 가진 제주 5 · 16도로의 명칭을 바꿉시다'라는 제목으로 청와대 홈페이지에 국민청원으로 올라간 적도 있다. 앞으로 제주 지역사회에서 숙의를 통한 공론화 과정이 진행되기를 기대해 본다.

4. 소름 돋는 평행이론

학생들에게 역사를 왜 배우는가를 물으면 돌아오는 답이 "일기를 쓰라고 하는 것과 같아요.", "거울을 보는 것과 같아요.", "역사를 잊은 민족에게 미래가 없어요." 등으로 대개 비슷하다. 잘못된 역사를 반복하지 않기 위해서라는 것이 답의 요지이다.

2015년 말 졸속으로 합의하여 대중의 분노를 산 한일 일본군 '위안부' 합의는 1965년에 체결하여 강한 저항에 직면하였던 한일 청구권 협정과 닮았다. 5억 달러에 한일 과거사를 정리한 대통령과 10억 엔에 일본군 '위안부' 문제를 합의한 대통령. 부녀 대통령의 소름 돋는 평행이론[3]이라 부를 만큼 잘못된 역사가 반복된 꼴이다.

학생들은 박정희 정부의 한일 청구권 협정문과 박근혜 정부의 한일 일본군 '위안부' 합의문을 함께 들여다본다. 일본으로부터

3. CBS 노컷뉴스 씨리얼 제작팀, 《100초 정치사회 수업》, 허밍버드, 2017

돈을 받고 전쟁 피해자의 문제를 '완전히 그리고 최종적으로' 혹은 '최종적 및 불가역적으로' 매듭지으려고 한 공통점을 찾을 수 있었다.

활동지 과제를 해결하며 학생들은 오랜 시간 피눈물을 흘렸을 일본군 '위안부' 피해자 할머니들의 심정을 헤아렸다.

[활동지2]

단원	Ⅲ. 대한민국의 발전 2. 자유민주주의의 시련과 발전 박정희 정부 18년 史
주제	한일 청구권 협정(1965) & 한일 일본군 '위안부' 합의(2015) 〈1〉
활동 목표	한일 청구권 협정과 한일 일본군 '위안부' 합의의 문제점을 분석할 수 있다.

★ 1965년 6월 22일 한국과 일본은 '한일 기본 조약'과 네 가지 부속 협정을 체결하였다. 다음은 네 가지 부속 협정 중 하나인 '한일 청구권 협정'의 일부를 편집한 것이다.

※ 청구권: 권리가 침해되었을 때 국가에 대하여 일정한 요구를 할 수 있는 권리

- 한국과 일본은 양국 국민의 재산, 권리, 이익 및 양국 국민 간의 청구권에 관한 문제를 해결할 것을 희망하고, 양국 간의 경제 협력을 증진할 것을 희망하여, 다음과 같이 합의하였다.
- 일본은 대한민국에 대하여 무상으로 3억 달러를, 차관으로 2억 달러를 무상으로 제공한다.
- 한국과 일본은 양국 국민의 재산, 권리, 이익 및 양국 국민 간의 청구권에 관한 문제가 완전히 그리고 최종적으로 해결된 것이 된다는 것을 확인한다.

– 국가기록원 홈페이지

위 내용을 바탕으로 다음의 물음에 답을 생각해 보세요.

Q1. 일제에 의해 고통을 받은 우리 민족이 일본으로부터 배상 받기 어렵게 된 이유를 '한일 청구권 협정'의 내용에서 찾아 밑줄을 그으세요.

Q2. 당시 박정희 정부는 일본의 식민지 지배에 대한 사죄와 배상을 제대로 받아내지 못했다는 비판을 강하게 받았음에도 불구하고, 왜 자본이 필요했을까요? 그리고 5억 달러를 주로 무엇에 사용하였을까요?
hint! 5 · 16군사정변, 교과서 96쪽

1965년과 2015년, 정확히 50년을 두고 두 대통령이 피해자 할머니들의 아픔을 어루만져 주지 못하는 것을 살펴보며 학생들은 다시금 역사를 배우는 의미가 무엇인가를 깨닫는다.

일본이 요구한 소녀상 철거 문제에 우리 정부가 '적절히 해결되도록 노력하겠다'는 2015년 합의 내용을 접한 학생들은 분개한다. 감정을 추스르고 왜 일본이 소녀상 철거에 집착하는가를 생각하며 상징물이 갖는 힘을 이해한다.

학생1 소녀상은 일본이 저지른 만행을 기억하게 하죠.
학생2 잊지 않겠다는 우리의 의지를 보여 주는 거예요.
학생3 강제징용 노동자상도 더 많이 세워졌으면 좋겠어요.

2014년 4월 16일, 그날의 아픔을 직접 눈으로 보고 마음으로 느낀 학생들은 "잊지 않겠습니다." 또는 "기억하겠습니다."라는 말로 표상된 집단기억의 힘을 경험하며 성장하고 있다. 세월호 사고는 우리 사회가 기억을 어떻게 집단적으로 형성하고, 그것을 어떻게 정의로운 방향으로 이어 나갈 것인가에 대한 성찰을 제공하였다.

세월호 사고의 희생자들을 추모하는 의미의 노란 리본처럼 소녀상은 일본이 저지른 만행의 기억을 재생함으로써 과거를 잊지 않겠다는 의지를 드러낸다. 과거를 기억하는 것은 다시는 과거의 잘못을 반복하지 않겠다는 것이다.

[활동지3]

단원	Ⅲ. 대한민국의 발전 2. 자유민주주의의 시련과 발전 박정희 정부 18년 史
주제	한일 청구권 협정(1965) & 한일 일본군 '위안부' 합의(2015) 〈2〉
활동 목표	한일 청구권 협정과 한일 일본군 '위안부' 합의의 문제점을 분석할 수 있다.

★ 다음은 '한일 청구권 협정' 50주년이 되는 2015년 12월 28일에 발표한 한일 외교 장관 회담 공동 기자 회견문의 일부를 편집한 것이다.

- 아베 총리는 ~ 위안부로서 많은 고통을 겪고 심신에 걸쳐 치유하기 어려운 상처를 입은 모든 분들에 대해 마음으로부터 사죄와 반성의 마음을 표명한다.
- 일본 정부는 ~ 일본 정부의 예산에 의해 ~ 한국 정부가 위안부분들의 지원을 목적으로 하는 재단을 설립하고, ~ 모든 위안부분들의 명예와 존엄의 회복 및 마음의 상처 치유를 위한 사업을 행하기로 한다.

- 한국 정부는 ~ 이번 발표를 통해 일본 정부와 함께 이 문제가 최종적 및 불가역적으로 해결될 것임을 확인한다.
- 한국 정부는 일본 정부가 주한 일본대사관 앞의 소녀상에 대해 ~ 우려하고 있는 점을 인지하고, 한국 정부로서도 가능한 대응 방향에 대해 관련 단체와의 협의 등을 통해 적절히 해결되도록 노력한다.

– 외교부 홈페이지

위 내용을 바탕으로 다음의 물음에 답을 생각해 보세요.

Q1. '이 문제가 최종적 및 불가역적으로 해결'된다는 것의 의미를 쉽게 풀어 쓰세요.

hint! 불가역적(不可逆的, irreversible) ⇔ 가역적(可逆的, reversible)

Q2. 왜 일본 정부는 '주한 일본대사관 앞의 소녀상'이 철거되기를 원할까요? 그리고 이와 같은 일본의 요구에 한국 정부는 어떻게 대응해야 할까요?

5. 교과서 속 베트남 전쟁의 기억을 뛰어넘다

밤늦게 집에 들어선 2001년 9월 11일, 텔레비전 화면으로 테러 장면을 처음 접했을 때 영화의 한 장면인 줄 알았다. 비현실적인 현실의 장면은 2014년, 폭격을 받고 있는 팔레스타인 지역을 언덕

위에서 불꽃놀이 구경하듯 즐기는 이스라엘의 일부 시민들 모습에서도 찾을 수 있었다. 전쟁은 마치 영화나 게임의 한 장면처럼 인식되는 경향이 있다.

교실 수업이나 교과서에서는 전쟁을 어떻게 다루고 있을까? 역사 수업에서 대외 관계사를 다루는 내용이 많다 보니 전쟁은 비중 있게 다루어지는 주제 중 하나이다. 교과서에는 나당전쟁, 임진왜란, 병자호란, 한국전쟁, 베트남 전쟁 등 수많은 전쟁이 등장한다.

교과서의 전쟁 관련 서술 내용을 분석한 연구에 따르면, 교과서에서는 전쟁은 불가피하며 국가가 발전하는 계기로 적극적이고 긍정적으로 평가한다. 또한 민족 또는 국가 차원의 승패를 중심으로 전쟁을 평가하거나 전쟁의 전개 과정을 서술하는 데 중점을 두고 있어, 전쟁의 폭력성이나 개인의 삶에 미치는 영향을 소홀히 다루고 있다.[4] 따라서 전쟁의 비참함에 대해 점점 무감각해져 가는 현실 속에서 전쟁을 다루는 교과서의 서술 내용을 비판적으로 살펴볼 필요가 있다.

기억은 사회적으로 구성되며 집단적 특성을 가지고 있다. 전쟁에 대해 갖고 있는 집단기억은 동아시아에서 참전의 악순환을 야기하였다. 한국과 일본 사회에서 전쟁에 대해 갖고 있는 공통된 기억이 있다. 즉 한국과 일본 사회에는 전쟁 특수와 국익이라는 집단기억이 형성되어 있다.

4 김한종, 〈평화교육과 전쟁사: 모순의 완화를 위한 전쟁사 교육의 방향〉, 《역사교육연구》 18, 한국역사교육학회, 2013, 89~131쪽

시간순으로 살펴보면, 일본은 한국전쟁으로 경제 재건에 성공하며 전쟁 특수의 꿀맛을 보았다. 우리나라의 경우 베트남 파병으로 얻은 피의 대가가 한강의 기적을 이루어 낸 마중물이 되었다는 평가를 받기도 한다. 노무현 정부 시절 이라크 파병에 대한 반대 여론이 뒤바뀌게 된 것도, 아프가니스탄 파병에 대한 반대 여론이 강했던 것도 모두 참전함으로써 특수를 기대할 수 있느냐와 그것이 국익에 부합하느냐가 주요한 요인 중 하나였다.

학교교육이 집단기억을 형성하고 전달하는 주요한 통로라는 점은 부인할 수 없다. 많은 사람이 가지고 있는 전쟁에 대한 인식은 교과서의 역사 기억에서 비롯되는 경우가 많다.

학생들은 베트남 파병에 대해 교과서에서 어떻게 기억하고 있는가를 분석하기 위해 먼저 교과서의 '생각 넓히기: 베트남 파병의 경제적 효과는 어떠했나요?'를 읽고, 활동지 속 물음에 답을 찾는다.

교과서에 나타난 베트남 전쟁에 대한 서술 내용 역시 참전으로 얻은 경제적 효과가 크다는 점을 강조하고 있다. 현행 교과서의 서술 내용이 전쟁에 대한 우리 사회의 집단기억을 강화하고 있다는 비판을 피하기 어렵다.

한국군이 창설된 이후 처음 외국으로 군대를 보낸 것은 박정희 정부 시절 베트남 전쟁이다. 전쟁에 대한 집단기억을 형성한 원죄가 박정희 정부에게 있는 것이다. 늦었지만 지금부터라도 전쟁에 대한 집단기억을 전환하기 위해 노력해야 한다. 그 방법은 어렵지 않을 것 같다. 누구의 눈과 입으로 전쟁을 바라보고 말할 것인

[활동지4]

단원	Ⅲ. 대한민국의 발전 2. 자유민주주의의 시련과 발전 박정희 정부 18년 史
주제	베트남 파병(1964~73) 〈1〉
활동 목표	한일 청구권 협정과 한일 일본군 '위안부' 합의의 문제점을 분석할 수 있다.

★ 교과서(p.90) '생각 넓히기: 베트남 파병의 경제적 효과는 어떠했나요?'를 읽고, 다음의 물음에 답을 생각해 보세요.

Q1. 당시 박정희 정부는 베트남 파병에 따른 희생이 상당할 것이라는 비판을 강하게 받았음에도 불구하고, 전쟁으로 벌어들일 수 있는 자본이 왜 필요했을까요? 그리고 그 자본을 주로 무엇에 사용하였을까요?
hint! 한국전쟁이 일본 경제에 미친 긍정적 측면의 영향을 참고할 것(교과서 85쪽).

Q2. 만약 전쟁에 참전하는 것이 경제적 효과가 크다면, 한국군을 파병하는 것에 찬성하나요? 찬성 또는 반대를 하는 이유도 함께 쓰세요.

가가 관건이다. 희생자 혹은 민간인의 입장에서 역사를 보고 말할 때, 역사는 진실된 모습을 갖게 된다.

베트남 전쟁에서는 한국군에 의한 민간인 학살이 있었다. 그 진실들은 시나브로 조명되고 있다. 베트남의 피해자들과 그 가족들이 눈으로 보고 몸으로 경험했거나 귀로 들은 이야기들을 그들의 입을 통해 말한다면, 전쟁을 돈으로만 바라볼 수 있을까?

다음은 베트남 전쟁에 관한 중학교 '역사' 교과서의 전체 서술 내용을 옮겨 적은 것이다.

> 한편, 정부는 미국의 요청으로 국군을 베트남에 파병하였다. 한국군의 참전은 동아시아에서 미국을 중심으로 한 반공 연대를 강화하였다. 또한, 전쟁 기간 중 한국 기업이 베트남에 진출하고 한국 상품이 수출되면서 많은 외화를 받아들였다. 그러나 베트남 파병으로 많은 한국 젊은이들이 전쟁터에서 희생되었다.

아직까지 우리 교과서에는 이미 미국을 비롯한 전 세계에서 '잘못된 개입'과 '실패한 전쟁'이라고 평가하고 있는 베트남 전쟁에서 한국이 얻은 경제적 이익을 어떻게 평가할 것인가에 대한 고민이 반영되어 있지 않다.[5] 게다가 교과서를 검정하는 과정에서 한국군에 의한 베트남 민간인 학살 부분에 대한 서술은 수정 지시가 내려지기도 했다. 예를 들면, '베트남인들에게 끼친 피해도 컸다'라는 서술을 '베트남인 인명 피해도 있었다'로 수정할 것을 요구한 것이다.[6]

5 박태균, 〈한국현대사의 논쟁에 대한 재평가와 교과서 수록 방안〉, 《역사학보》 205호, 역사학회, 2010, 77~117쪽

6. 양정현, 〈고등학교 '한국사' 교육과정 편성과 교과서 검정의 양상〉, 《역사교육연구》 12, 사회과학교육연구, 2010, 155~191쪽

현행 교과서로 학습하는 학생들이 베트남 전쟁에 대해 갖는 역사적 인식은 아직까지 냉전 시대에 통용되었던 인식에 머무를 수밖에 없다. 교과서의 서술 내용을 평화와 인권이라는 관점에서 볼 때 분명히 문제가 있다.

다른 과목의 검정교과서를 편찬하는 과정과 달리, 역사 과목에는 교육과정 이외에 준거안과 집필 기준이 제시된다. 본 수업의 학습 주제인 '박정희 18년 史'에 해당하는 교과서 집필 기준에는 다음과 같은 내용이 포함되어 있다. '역대 정부의 공과를 서술할 경우에는 균형 있게 다루도록 유의한다.' 이는 이념 논쟁이나 편향성 논란을 피하기 위한 당부[7]로 이해된다. '공'과 '과'에 대한 평가보다 우선해야 할 것은 그 사건과 관련된 객관적인 사실들을 있는 그대로 읽어 내는 것이다. 다시 말해 역사적 사건에 대한 반쪽의 기억이 아니라 전체의 기억을 읽는 것이다.

교과서에 베트남 파병이 어떻게 서술되어 있는가를 비판적으로 고찰하고, 교과서에는 서술되어 있지 않지만 분명한 역사적 사실로 존재하고 이미 알려져 있는 민간인 학살과 같은 베트남 전쟁의 또 다른 기억을 활동지 속 과제를 통해 만나는 것은 교과서를 뛰어넘는 작업이다.

교과서를 뛰어넘는다는 것은 교과서 속 내용만 가르치는 것이 객관적 혹은 중립적이라는 교실 속 흔한 관행을 뛰어넘는 것까지를 포

7. 방대광, 〈역사 교과서, 현대사를 어디까지 서술할 것인가?〉, 《역사와교육》 제18집, 동국대학교 역사교과서연구소, 2014, 83~123쪽

함하여 말한다. 물론 베트남에 파병되었던 한국군 전체를 학살자로 취급하는 인식을 갖게 해서는 안 된다는 점에 유의해야 한다.

교과서는 사회 변화나 관련 분야의 연구 성과에 항상 뒤처질 수밖에 없다. 따라서 교사의 교육과정 문해력과 교과 내용 지식에 대한 깊은 이해를 토대로, 수업에서 교과서를 뛰어넘는 작업이 때때로 필요하고 불가피하다.

6. '베트남 피에타'와 '비설(飛雪)'로 타인의 아픔을 바라보다

초등학생 시절 베트남 전쟁을 배경으로 한 미국 드라마 〈머나먼 전쟁(Tour of Duty)〉을 무척이나 좋아했다. 드라마가 방영된 다음 날이면 친구들과 빗자루를 들고 '앤더슨 중사'로 변신하여 베트콩을 소탕하는 총격전을 벌이곤 했다. 그때는 전쟁의 참혹함이나 베트콩의 온전한 모습을 미처 이해하지 못했다. 당연히 민간인 학살 문제도 알지 못했다.

성인이 되어 한국 현대사를 공부하면서 베트남 전쟁에 관심을 갖게 되었고, 관련 책과 논문, 영상 자료를 두루 찾아봤다. 몇 해 전부터는 학생들과 함께 수업 속에서 베트남 전쟁에 대한 교과서 서술 내용을 분석하고, 교과서에 담겨져 있지 않은 베트남 전쟁의 진실을 다루고 있다.

독립 언론기관인 '뉴스타파'에서 제작한 〈전쟁〉 1부, '두 개의 기억' 편과 〈전쟁〉 2부, '책임 없는 전쟁' 편에서 '한국군의 죄악을 천대에 걸쳐 기록하라'는 증오비와 생존자들의 증언을 접하면 학생들은 놀라움을 감추지 못한다. 나아가 기억과 진실이 다를 수 있다는 점을 깨닫는다.

베트남 전쟁과 관련하여 얼마 전 제주도에서 눈여겨볼 만한 일이 있었다. 지난 2017년 4월 26일에 한베평화재단이 서귀포시 강정마을에 위치한 성프란치스코평화센터(이하 평화센터) 마당에 '베트남 피에타' 동상을 세웠다. 이 동상은 베트남 전쟁에서 한국군에 희생된 민간인들의 넋을 위로하기 위한 목적으로 제작되었으며, 주한 일본대사관 앞에 세워진 평화의 소녀상을 만든 조각가가 제작을 맡았다고 한다.

[활동지5]

단원	Ⅲ. 대한민국의 발전 2. 자유민주주의의 시련과 발전 박정희 정부 18년 史
주제	베트남 파병(1964~73) 〈2〉
활동 목표	베트남 전쟁에 대해 교과서에서는 어떻게 기억하고 있는가를 분석할 수 있다.

★ 베트남 전쟁 당시 한국군에 의한 민간인 학살이 있었다. 베트남 어느 마을에는 한국군의 죄악을 천대에 걸쳐 기록하라는 증오비가 세워져 있다. 이에 대한 사죄 의미로 '미안해요 베트남' 운동이 1999년부터 베트남과 우리나라의 일부에서 전개되고 있다. 이를 참고하여 다음의 물음에 답을 생각해 보자.

Q1. 만약 여러분이 베트남인이라면, 베트남 파병을 결정한 박정희 전 대통령의 딸이 대한민국의 대통령으로 선출된 것에 대해 어떤 감정을 느낄까요? 모둠원들과 감정을 나눠 보세요.

hint! 일본에서도 제2차 세계대전 A급 전범의 손자가 총리로 선출되었다. 그가 바로 현재 일본의 총리인 아베 신조이다.

Q2. 2017년 4월 26일 서귀포시 강정마을에 있는 성프란치스코평화센터에 우리나라에서는 처음으로 '베트남 피에타' 동상이 세워졌다. 동상은 한 여인이 아이를 꼭 끌어안은 채 눈을 감은 모습을 하고 있다. 이는 베트남 전쟁 당시 한국군에 의해 학살당한 민간인의 억울한 죽음을 위로하기 위한 것이다. 왜 강정마을에 동상을 세웠을까요, 강정마을과 베트남의 연결 고리는 무엇일까요?

엄마가 아기를 끌어안고 있는 '베트남 피에타'의 모습을 보고 있으면 제주4·3평화공원 밖 돌담 안에 있는 '비설(飛雪)'과 맞대면하는 듯한 느낌이 든다. 비설이란 바람에 흩날려 내리는 눈을 뜻한다. 제주4·3사건 당시 초토화 작전이 벌어지던 1949년 1월, 토벌대에 쫓기던 엄마(본명 변병생, 당시 25세)와 그의 두 살배기 딸이 총에 맞아 숨지고, 후일 눈더미 속에서 꼭 껴안은 채 발견되어 세상에 알려지게 되었다.[8] 눈 쌓인 겨울 들판에서 아무런 이유 없이

8. 〈사월이 가기 전 '비설'과 맞대면하시길〉, 《제주의소리》, 2015. 4. 27

제주 강정마을에 세워진 '베트남 피에타' 동상

죽어 간 모녀의 생명이 마치 덧없이 흩날리는 비설과 닮았다[9]는 이유로 붙여진 이름이다.

9. 제주4·3평화공원 홈페이지

제주4 · 3평화공원 안의 '비설(飛雪)' 동상

수업에서 '베트남 피에타'와 '비설'의 사진을 보여 주면 학생들은 두 작품에 등장한 엄마와 아이를 숙연히 응시한다. 죽음의 순간 아기를 안은 엄마의 심정이 어떠하였을지 그리고 엄마가 아기에게 어떤 말을 건넸을지 상상해 본다. 동상을 마주한 학생들은 일종의 전율을 느꼈다고 고백한다. 넋을 위로한다는 것이 어떤 것인가를 깨달은 느낌이었다고 한다.

전쟁이 일어나면 어린아이와 여성이 가장 처참하게 피해를 입는다. 한창 전쟁 중이던 1968년 베트남의 어느 마을에서 벌어진 학살을 기록한 위령비에는 다음과 같은 글이 적혀 있다.

비명을 지르며 울부짖고, 손을 뻗고, 심지어 죽은 엄마의 젖을 계속 빠는 아이들과 아기들을 보는 건 얼마나 끔찍한가.

제주4 · 3사건 당시에도 수많은 어린아이와 여성이 국가 폭력에 의해 희생을 당하였다. 군인들의 총에 맞아 쓰러진 엄마와 죽은 엄마의 품에서 젖을 빨고 있는 아이를 그린 강요배 화백의 '젖먹이' 작품에서도 잘 나타나 있다. 한 생존자의 이야기를 들어보자.

어멍, 아방 죽으난 물애기가 어멍 죽은 가슴에 아정 막 젖 빨면서 하는 거 내가 가서 수발허멍 있었어. 그 아긴 오래 안 살아서 죽어불엇주만.

'베트남 피에타' 동상이 제주에 세워지기 전날, 강정마을 평화센터에서는 '우리가 몰랐던 베트남의 기억'을 주제로 평화토크콘서트가 열렸다. 우연히 신문 기사로 토크 콘서트 개최 소식을 접하고, 퇴근 후 부리나케 강정마을로 달려갔다.

이 자리에는 1999년부터 국내 언론 최초로 베트남 전쟁에서 벌어진 한국군의 민간인 학살을 1년 넘게 《한겨레21》 지면으로 보도한 고경태 기자와 당시 《한겨레21》의 베트남 통신원으로 활동한 구수정 박사가 패널로 참가했다. 이들은 한국 사회에서 처음으로 베트남 민간인 학살 문제를 공론화하였고, 현재까지 '미안해요 베트남' 운동을 이끌어 오고 있다. 행사가 모두 끝나고 알게 된 사

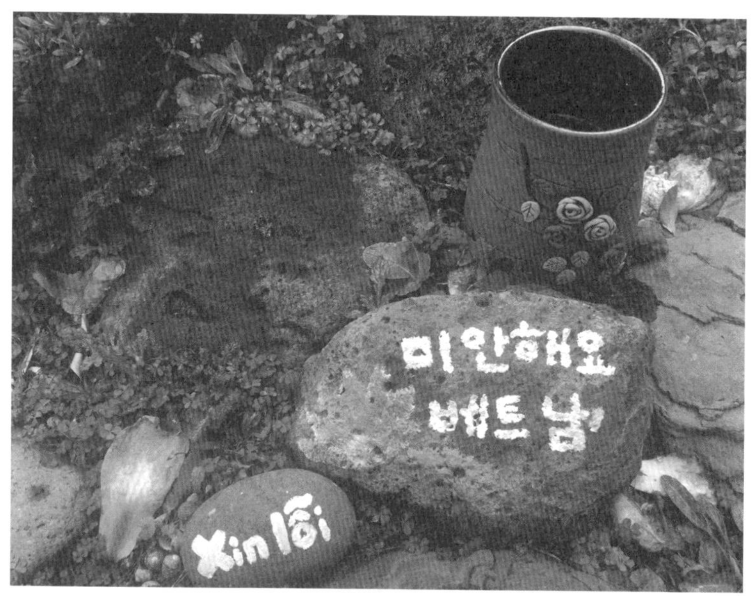

제주 강정마을의 성프란치스코평화센터에 있는 '베트남 피에타' 상 앞에는
'미안해요 베트남'이라고 적힌 돌이 놓여 있다.

실인데 객석에는 서귀포 지역에서 근무하는 중학교 선생님이 몇 분 계셨다.

평화토크콘서트에서 가장 인상 깊었던 내용은 '미안해요 베트남' 운동이 1999년 시작하여 지금까지 느린 걸음으로 나아갈 수밖에 없었지만, 언젠가는 공교육의 교과서를 통해 베트남 전쟁에 대한 나머지 반쪽짜리 기억도 배울 수 있는 날이 올 것이라는 기대를 품고 있다는 것이다. 학교교육이 해야 할 몫을 생각하며 무거운 마음으로 집으로 돌아왔던 기억이 생생하다.

7. 베트남 전쟁과 제주4·3사건 그리고 일본군 '위안부' 문제

한베평화재단을 비롯한 여러 시민단체에서 베트남 전쟁을 인식하는 우리 정부의 태도에 우려를 표하고, 정부가 경제발전이라는 논리와 민간인 학살 문제 등을 성찰하여 정의롭게 해결할 것을 주문한 일이 있었다. 문재인 대통령이 2017년 현충일 추념사에서 "베트남 참전 용사의 헌신과 희생을 바탕으로 조국 경제가 살아났다."고 말한 것이 발단이었다. 베트남 외교부는 베트남 국민들의 마음에 상처를 주고 양국의 우호 협력 관계에 부정적 영향을 줄 수 있는 언행을 삼가 줄 것을 요청하는 입장을 밝혀 왔다.

얼마 뒤 문재인 대통령은 한국군의 베트남 전쟁 참전과 민간인 학살 문제를 염두에 둔 듯, 한국은 베트남에 마음의 빚을 지고 있다고 밝힌 데 이어 2018년 정상회담에서는 양국 간의 불행한 역사에 대해 유감의 뜻을 표한다고 말했다. 앞서 김대중 · 노무현 전 대통령도 "미안하게 생각한다.", "마음의 빚이 있다."는 말로 베트남에 대한 입장을 표명한 바 있다.

한국 현대사 연구의 권위자인 서중석 교수나 《미안해요! 베트남》의 저자 이규봉 교수는 한국전쟁 전후 민간인 학살과 베트남 전쟁 당시 한국군의 민간인 학살, 그리고 1980년 5월 광주에서 벌어진 신군부의 민간인 학살은 결코 독립된 사건이 아니라고 말한다. 앞선 사건의 진상을 조사하고 참회하며 책임을 규명해야 했는데, 오히려 진실을 부정하거나 왜곡하였기 때문에 반복하여 일어난 사건이라는 것이다. 고경태 기자가 쓴 《1968년 2월 12일》에서도 같은 맥락을 읽을 수 있다.

> 1948년 제주4·3사건으로부터 20년이 흐른 뒤였다. 1980년 5월 광주항쟁을 12년 남겨둔 때였다. 1968년 2월 12일의 베트남은 제주와 광주의 중간에 놓였다. 그날 오후 2시께, 퐁니·퐁넛촌에서는 제주4·3사건의 시간이 재현되었다. 5월 광주의 시간이 흘렀다. … 20년 전 제주에 들어온 토벌대원들처럼, 12년 뒤 광주에 투입될 공수부대원들처럼, 마을에 들어온 해병대원들은 포악했다. 과거의 토벌대원들과, 미래의 공수부대원들과, 오늘의 해병대원들은 생김새가 닮았고 같은 언어를 썼다. 1948년, 1968년, 1980년. 공격을 당한 마을과 도시엔 공포가 지배했다.

어떻게 전쟁의 악순환을 끊고 평화의 길로 나아갈 것인가? 가해국의 책임 인정과 사과는 그 출발점이다. 가해자들의 부정(否定)은 피해자들의 상처를 덧나게 한다. 이를 누구보다 잘 아는 일본군 '위안부' 피해자 할머니들께서 '한국 군인들에게 우리와 같은 피해를 당한 베트남 여성들에게 한국 국민으로서 진심으로 사죄드립니다'라는 메시지를 전한[10] 일은 전쟁 가해국에서 살아가는 책임 있는 시민의 모습을 보여 준 것이다.

"오늘날 자신의 책임을 인정하지 않는 일본의 모습이 베트남을

10. 〈위안부 피해 할머니 '한국인으로서 베트남 여성에게 사죄합니다'〉, 《중앙일보》, 2017. 9. 14

대하는 한국의 거울이 될 수 있다."[11] 한국정신대문제대책협의회의 윤미향 상임대표가 한 말이다. 우리가 일본의 책임 인정과 사과를 요구하는 목소리를 당당하게 높이는 만큼 베트남 전쟁에서 벌어진 한국군에 의한 민간인 학살 문제에 진정한 책임과 사과를 다해야 한다.

책임과 사과는 진실을 밝히는 것에서부터 시작된다는 점에서 2018년 4월 서울시 마포구의 문화비축기지에서 열린 '베트남 전쟁 시기 한국군에 의한 민간인 학살 진상규명을 위한 시민평화법정'(이하 시민평화법정)이 갖는 역사적 의의는 꽤 크다. 시민평화법정은 시민들의 힘으로 만든 법정으로, 베트남 전쟁 시기 민간인 학살의 피해자들이 대한민국을 상대로 배상적 정의를 묻기 위한 국가배상 소송이다. 김영란 전 대법관을 주심으로 하는 재판부는 "피고인 대한민국은 원고들에게 배상금을 지급하고, 원고들의 존엄과 명예가 회복될 수 있도록 책임을 공식 인정하라."고 선고하며 원고 승소 판결을 내렸다.

전쟁의 굴레를 벗고 평화의 길로 가는 중요한 시금석은 진실을 규명하고 책임의 소재를 분명히 밝혀 진정으로 사과하는 것이다. 이에 더하여 전쟁과 국가에 의해 상처를 입은 피해자들이 연대하는 것은 중요한 의미를 갖는다.[12] 예를 들어 베트남 전쟁의 민간인 피해지, 제주4·3사건 피해자, 그리고 일본군 '위안부' 피해자 할

11. 〈마음의 빚'에 멈춰 선 베트남 학살, 공식사죄 언제쯤?〉, 〈노컷뉴스〉, 2017. 11. 16
12. 박태균, 《베트남 전쟁》, 한겨레출판, 2015

베트남 전쟁의 민간인 피해자와 제주4·3사건 피해자들이 처음 마주했을 때
아무 말 없이 서로의 손을 맞잡는 모습이 퍽 인상적이었다.

머니들이 서로의 아픔을 나누며 문제 해결을 위해 손을 맞잡는 것이다.

시민평화법정이 끝난 다음 날인 4월 23일, 제주 강정마을에서 베트남 전쟁의 민간인 피해자와 제주4·3사건 피해자들이 만났다. 그들은 서로의 아픔을 공감하여 어루만져 주었으며, 잘못된 역사를 반복하지 않게 하기 위해 함께 기억을 나누었다.

2018년, 바야흐로 봄이 오고 있다. 평화의 봄기운이 싹 트고 있다. 불과 얼마 전까지 북한의 도발적 행보와 미국의 강경 기조로 한반도에 전쟁의 위기감이 고조되었던 점을 상기할 때 평창동계올림픽 이후 긴장 완화의 국면으로 접어든 것만은 틀림없다. 최초로 남한 땅에서 열린 남북 정상회담에서 나온 판문점 선언을 안정적으로 이행하여 북한의 완전한 비핵화와 한반도의 항구적인 평화 체제가 구축되기를 기대한다.

2018년은 제주4 · 3사건이 일어난 지 70년이 되는 해이다. 4월 3일 추념식에 참석한 문재인 대통령의 추념사 마지막 말처럼 제주에 봄이 오고 있다. 지난해 제주4 · 3사건의 완전한 해결이 정부의 100대 국정과제에 선정된 데 이어, 추념식에 현직 대통령이 12년 만에 참석하여 그동안 금지곡이었던 '잠들지 않는 남도'를 함께 불렀다. 비로소 제주 지역에 어둠이 걷히고 빛이 번지고 있다.

아름다운 섬 제주에는 힐링하기 위해 수많은 사람이 찾아온다. 제주를 통과하는 첫 관문인 제주국제공항은 제주4 · 3사건 당시 양민 학살이 이뤄진 곳이다. 쉼 없이 비행기가 뜨고 내리는 활주로 아스팔트 밑에는 70년간 빛을 보지 못한 수백 명의 유해가 묻혀 있을 것으로 추정된다. 올해 10년 만에 희생자 유해 발굴 사업이 재개된다고 하니 참으로 다행이다.

치유의 섬 제주 곳곳에는 아픈 역사의 상처가 오롯이 남아 있다. 한반도는 지정학적 특징으로 주변 강대국들의 힘의 각축장이 되어 왔다. 특히 제주는 동아시아에서 전략적으로 중요한 위치에 있었기 때문에 상처가 깊다. 제주4 · 3사건의 아픔을 간직한 현장, 일본군이 남긴 각종 군사 시설물, 그리고 해군기지 건설로 공동체가 와해된 강정마을이 그러하다.

이제 제주에 남겨진 아픔을 보듬어야 할 때이다. 학생들과 함께 떠나는 평화 기행(역사교훈여행)은 아픔을 공감하고 외면할 수 없는 역사의 교훈을 마주하는 자리이다. 자연스럽게 교실 안에서 밖으로 이어지는 배움의 장이기도 하다.

몇 해째 주말을 이용하여 평화 기행을 가고 있다. 평화 기행에 동행한 학생 수가 많을 경우에는 전세 버스를, 수가 적을 때는 승합차를 렌트하여 내가 직접 운전하며 이동한다. 주로 찾아가는 지역은 강정마을과 모슬포 등 크게 두 곳으로 구분된다.

대개 첫 일정은 강정마을로 향한다. 1년 전 평화 기행 때 방문한 강정마을에는 아침 일찍 경기도 수원 지역의 한 대안학교 학생들이 답사를 와 있었다. 강정마을 평화센터 안에서 해군기지 건설과 그로 인한 마을 공동체의 갈등을 아프지만 담담하게 설명해 준 평화센터장님은 우리나라 공교육 기관에서는 처음으로 우리 학교 학생들이 이곳을 방문하였다며 크게 환영해 주었다.

다른 지역은 차치해 두고, 제주 지역의 학교에서 학생들과 함께 강정마을로 평화 기행을 떠날 것을 제안한다. 강정마을에서 평화의 메시지를 읽을 수 있고, 이를 널리 확산시킬 수 있는 좋은 경험

제주 강정마을에는 '강정은 4 · 3이다'라고 적힌 현수막이 걸려 있다.

이 될 것이다. 이는 해군기지 건설 과정에서 지역 주민들이 겪은 희생과 아픔을 헛되지 않게 하는 방법이기도 하다. 또한 제주4 · 3사건 이후 제주도민들의 뇌리에 각인된 레드 콤플렉스를 극복하기 위한 적극적인 행위이기도 하다.

지난날 해군기지 건설 반대운동 과정에서 제주4 · 3사건의 아픔이 되살아났다. 정부가 육지 경찰까지 불러들여 지역 주민들을 대상으로 과도하게 공권력을 행사하고, 반대운동에 참여하는 주민들을 '종북 좌파'로 낙인찍는 형국은 강정 주민들뿐 아니라 제주도민들에게 4 · 3을 떠올리게 하기에 충분했다. 강정마을에 걸린 '강정은 4 · 3이다'라는 현수막의 문구는 이를 잘 드러낸다.

'길 위의 신부'로 알려진 문정현 신부님을 강정마을에서 우연히 만났다.

1년이 지나 다시 강정마을을 찾았다. 제주4·3사건 70주년을 며칠 앞둔 토요일이었다. '베트남 피에타' 동상 앞에 선 평화센터장님은 베트남 전쟁과 제주4·3사건이 맞닿아 있다는 점을 강조하며 잡지 한 권을 꺼내 들었다. 4·3 70주년을 맞이하여 '이제사 고람수다(제주어로 '이제야 말한다'라는 뜻이다)'를 커버 스토리로 선정한《시사IN》이었다. 평화센터장님이 4·3을 직접 체험한 피해자들의 구술을 기록한 자료를 읽기 시작한다.

13. 김민호, 〈지역개발 반대운동에 참여한 지역주민의 시민성 학습: 밀양 송전탑과 강정 해군기지 반대운동 사례〉,《평생교육학연구》제20권 제4호, 한국평생교육학회, 2014, 1~30쪽

학생들이 강정마을 성프란치스코 평화센터에서
해군기지 건설 과정과 마을 공동체에 미친 영향을 듣고 있다.

> 그 순경, 문을 열더니 … 애기 젖 먹이던 부인에게 '너, 석종이 처지!' '예,' '애기 젖 먹이지 말라고 했잖아. 폭도 새끼한테 젖 먹이지 말라고 했잖아. 그런데 젖을 먹여? 사상이 틀려먹었어, 이 새끼! 너 죽어야 돼.' 데리고 나갔어요. 그리고 총 소리가 두 방 나니까, 끝나 버렸어요.

생과 사가 갈린 70년 전의 이야기에 담긴 풀지 못한 원통함의 응어리가 평화센터장님의 뺨을 타고 흘러 내린다. 학생들도 나도 눈시울이 붉어진다.

평화센터 안으로 자리를 옮긴 학생들은 강정마을을 마주한 소

성프란치스코평화센터장님이 '베트남 피에타' 상 앞에서
제주4 · 3사건의 아픔을 이야기하고 있다.

회와 평화센터장님께 궁금한 이야기를 꺼내 놓는다. 교사의 질문도 이어진다.

학생1 제주에 살면서도 강정마을을 너무 모르고 살았던 것 같아요. 나 혼자 잘살려고 했던 것 같아 부끄럽고 미안한 마음이 들어요.

학생2 들여다보기 위해 노력하지 않으면 알지 못하는 일이 많은 것 같아요.

학생3 강정마을만의 문제가 아닌 것 같아요. 제주는 평화의 섬이라고 하잖아요.

학생4 최근 미국의 함정과 핵잠수함, 그리고 미 육군이 제주도에 들어왔다는 내용은 충격적이네요. 이러한 사실을 제주도민들이 어느 정도 알고 있는지 궁금하네요. 언론에서도 강정마을에 관심을 더 가져야 할 것 같아요.

교사 평화센터장님이나 활동가분들이 지금까지 강정마을에서 버틸 수 있는 힘은 어디에서 나오는 것인가요?

공감과 연대. 평화센터장님은 강정마을에서 지난 세월을 버틸 수 있었던 힘을 공감과 연대라는 단어로 설명하였다. 타인의 아픔을 외면하지 않고, 기꺼이 함께 손을 잡아 주는 것이야말로 버티는 힘이 된다. 평화 기행처럼 강정마을을 찾아 주는 학생들을 만나면 에너지가 바로 충전된다며 학생들을 격려해 주는 센터장님을 뒤로하고 모슬포 지역으로 이동한다.

한때 군사 도시였던 모슬포로 들어서는 입구에 남아 있는 두꺼운 콘크리트 기둥과 곧바로 보이는 강병대교회 등 한국전쟁의 흔적이 우리를 맞이해 주었다. 모슬포 지역은 한국전쟁뿐 아니라 제주4 · 3사건, 그리고 아시아태평양전쟁의 흔적이 켜켜이 쌓여 있는 곳이다.

영화 〈지슬〉의 촬영지였던 큰넓궤를 비롯해 섯알오름 학살터, 백조일손지묘, 무등이왓, 알뜨르비행장, 일본군 진지동굴 등 기존에 많이 알려진 곳 이외에 제주4 · 3사건이 발발한 지 25일 만인 4월 28일에 김익렬과 김달삼이 평화 협상을 한 장소 등을 둘러보았다. 이 지역에서 나고 자란 향토사학자 김웅철 선생님의 풍부하고 깊이 있는 해설이 더해지면서 평화 기행은 살아 있는 역사교육의 장이 되었다.

2018년 4월 21일에는 우리 학교 '평화 기행' 동아리 학생들과 서울에서 열린 시민평화법정에 다녀왔다. 교과서에서는 배울 수 없었던 베트남 전쟁의 역사적 사실을 규명하기 위한 노력의 과정들을 직접 마주할 수 있었다. 학생들은 원고 자격으로 시민평화법정에 참석한 베트남 전쟁 민간인 학살 생존자들의 증언을 들으면서, 그들의 가늠할 수 없는 아픔을 공감하고 마음속으로 위로했다고 말한다.

시민평화법정에 참석한 동아리 학생들은 학기 초부터 '평화와 기억'이라는 주제로 베트남 전쟁과 제주4 · 3사건을 꾸준하게 학습하고 있다. 특히 시민평화법정에서는 제주4 · 3사건과 베트남 전쟁이 공통적으로 남긴 평화와 인권의 메시지를 확산하기 위해 몇 가지 활동을 전개하였다.

먼저 70주년을 맞이한 제주4 · 3사건을 전국적으로 알릴 수 있는 좋은 기회라고 판단하여 제주특별자치도청과 제주4 · 3평화재단, 제주4 · 3연구소 등을 돌아다니며 확보한 동백꽃 배지와 신문, 자료집 등을 시민평화법정에 참석한 분들께 나눠 드렸다. 4 · 3을 알리며 자신도 모르게 울컥했다는 학생, 어린아이의 손을 잡고 온 어느 어머니가 손에 용돈을 쥐어 주며 격려하자 뿌듯함을 느꼈다는 학생, 4 · 3에 관해 아직도 잘 모르는 시민들이 많은 것 같다며 4 · 3의 전국화 방안을 고심하는 학생. 학생들은 저마다 느끼고 생각하는 바가 분명 있었다.

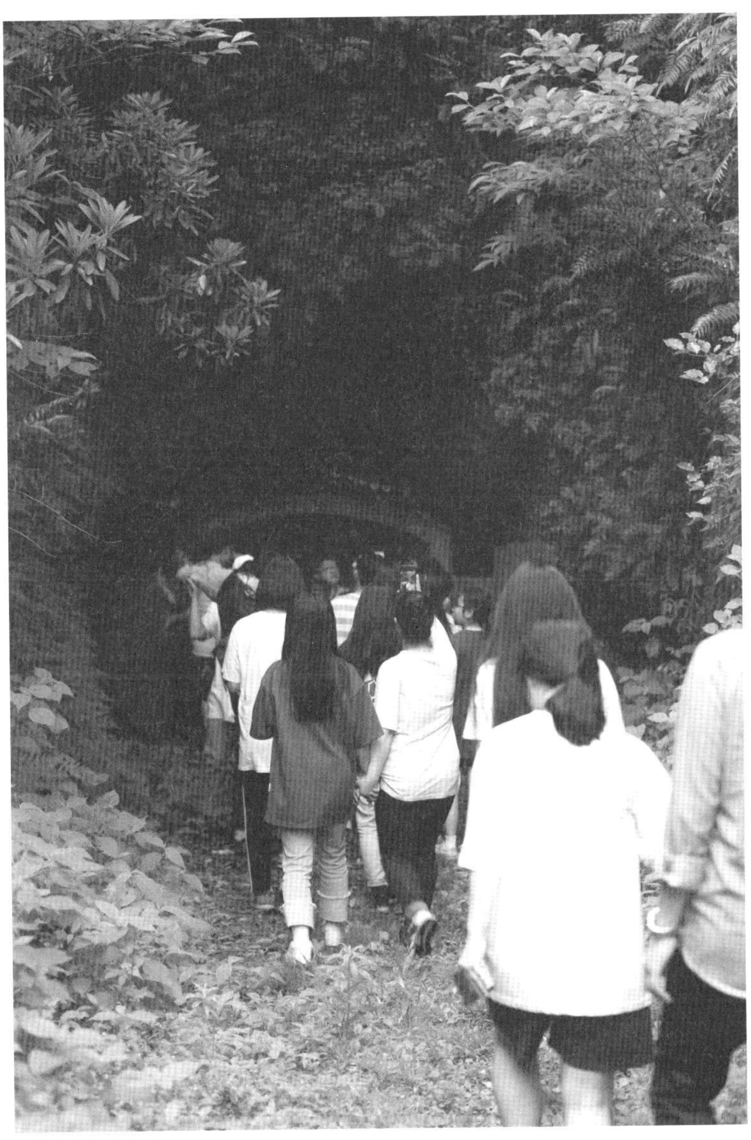

평화 기행에 참석한 학생들이 일제강점기 강제 동원된
제주도민들의 피와 땀이 서려 있는 일본군 진지동굴로 들어서고 있다.
향토사학자 김웅철 선생님은 "세계에서 가장 큰 군함도는 제주도다."라고 힘주어 말했다.

시민평화법정의 원고인 베트남 전쟁 민간인 학살 생존자분들께
동아리 활동 티셔츠를 전달한 '평화 기행' 동아리 학생들

'비설'과 '베트남 피에타' 동상의 모습을 '死 · 삶을 말하다'라는 문구와 함께 담은 현수막을 시민평화법정 행사장의 입구에 걸어 놓고, 제주4 · 3사건과 베트남 전쟁을 통해 생각해 볼 수 있는 평화의 메시지를 작성하여 게시하는 활동도 작은 울림이 있었다. 시민평화법정에 참석한 분들이 오가며 쓴 메시지 중에서 동아리 학생들의 마음을 울렸던 내용을 소개한다.

> 4 · 3. 학교에서도 배우지 못한 채 역사 속에서 묻혀져 침묵했던 그 시간들. 미안해요. 몰랐습니다. 기억하겠습니다.

시민평화법정이 휴정했을 때, 학생들은 시민평화법정의 원고 자격으로 참석한 베트남 전쟁 민간인 학살 생존자 두 분께 동아리 활동 티셔츠를 전달하였다. 티셔츠는 동아리 학생들이 제주4·3 사건을 기억하자는 메시지를 전달하기 위해 제작한 것으로, 동백꽃의 이미지와 'Remember 19480403'이라는 문구가 담겨 있다. 티셔츠를 받은 생존자분께서는 동백꽃이 무엇을 의미하는지를 묻기도 했다. 학생들 앞에서 내내 환하게 웃고 있는 생존자분들을 마주하면서, 지난날 나로서는 도저히 상상할 수 없을 아픔을 겪었을 것을 생각하니 가해국의 시민으로서 미안한 마음이 절로 커졌다. 시민평화법정에 참석한 학생들이 보고 듣고 느끼고 생각한 바를 살아가면서 잊지 않고 새길 수 있기를 기대해 본다.

2장. 일본군 '위안부' 문제 해결을 위한 재협상 수업

1. 평화교육으로 과거사를 다루다

사회과교육은 평화교육과 맞닿아 있다. 사회과교육과 평화교육은 궁극적으로 더 좋은 정치 공동체를 구현하는 데 기여하는 것을 목표로 한다. 여기서 더 좋은 정치 공동체란 민주주의 사회이며, 이는 곧 평화로운 공존이 가능한 공동체이다.

중·고등학교의 사회과 과목은 평화적 공존을 추구하며 다양한 갈등과 해결 방안을 다루고 있어, 평화교육에서 다루는 내용과도 크게 다르지 않다. 대표적인 예로 우리나라와 주변국 간 갈등 문제와 해결 방안을 학습 요소로 다루어 왔다.

다음의 표는 2015 개정 사회과교육과정 문서에 나타난 성취기준 중에서 국가 간 갈등을 해결하기 위해 평화교육으로 접근할 수 있는 것들을 선별하여 정리한 것이다. 나열된 성취기준들을 공통적으로 만족시킬 수 있는 학습 요소로 일본군 '위안부' 문제가 대표적이다. 다시 말해 일본군 '위안부' 문제는 사회과교육과 평화교육을 접목시킬 수 있는 주제로 적합하다.

한편, 일본군 '위안부' 문제는 2009 개정 교육과정의 역사 교과서 집필 기준에 처음 명시되었고, 2015 개정 교육과정에서는 중학교와 고등학교의 학습 요소로 포함되었다.

2015 개정 사회과교육과정
'우리나라의 국가 간 갈등 문제' 관련 성취기준

학교급	과목	단원명	성취기준
중	사회	국제 사회와 국제 정치	[9사(일사)11-03] 우리나라가 직면하고 있는 국가 간 갈등 문제를 국제관계 속에서 인식하고, 이를 해결하기 위한 정부 및 시민사회 활동을 조사한다.
	역사	현대 세계의 전개	[9역09-05] 독도가 우리 영토인 근거를 정확하게 이해하고, 주변 국가와의 역사 갈등을 파악하여 이를 해결할 수 있는 실천 방안을 모색한다.
고	통합사회	세계화와 평화	[10통사08-03] 남북 분단과 동아시아의 역사 갈등 상황을 분석하고, 우리나라가 국제 사회의 평화에 기여할 수 있는 방안을 탐구한다.
	정치와 법	국제관계와 한반도	[12정법06-03] 우리나라의 국제관계를 이해하고, 외교적 관점에서 한반도를 둘러싼 국제 질서를 분석한다.
	한국사	대한민국의 발전과 현대 세계의 변화	[10한사07-05] 동북아시아의 역사 갈등, 과거사 문제 등을 탐구하여 올바른 해결 방안을 모색하고, 일본의 독도 영유권 주장을 논리적으로 반박한다.
	동아시아사	오늘날의 동아시아	[12동사05-03] 오늘날 동아시아 국가 간의 갈등과 분쟁 사례를 살펴보고 그 해결을 위해 노력하는 자세를 갖는다.

일본군 '위안부' 문제는 한국과 일본 사이에 청산되지 못한 과거사로 현재까지도 양국 갈등의 불씨로 남아 평화 관계를 위협하고 있다. 아울러 반인도적 불법행위이자 보편적 인권의 문제이기 때문에 평화교육의 관점에서 다룰 필요가 있다.

한일 국교 정상화 50주년이 저물기 직전인 2015년 12월 28일, 한국과 일본의 외교 장관은 공동 기자회견을 열어 일본군 '위안부' 피해자 문제에 관한 양국의 합의 내용(이하 2015년 합의)을 발표하였다. 2015년 합의는 2006년에 일본군 '위안부' 피해자들이 제기한 헌법소원에 대해 2011년 헌법재판소가 위헌 결정을 내린 데서 출발한 것이다. 당시 헌법재판소가 선고한 '한일 청구권 협정 제3조 부작위 위헌 확인' 결정의 의미는 우리 정부가 일본군 '위안부' 문제를 하루 빨리 외교적으로 해결하라는 것이다.

헌법재판소의 결정을 받아들여 박근혜 정부는 한일 청구권 협정 대책팀을 설치하고, 일본군 '위안부' 문제의 해결을 단독 의제로 12회에 걸쳐 한일 외교부 국장급 회의를 개최하여 2015년 합의에 이르렀다.

2015년 합의 직후 피해자들과 관련 단체를 비롯한 시민사회의 반발이 거세게 일어났으며, 국민 다수가 합의 내용에 반대하고 있는 것은 주지의 사실이다. 일본군 '위안부' 문제 해결을 공약으로 내걸었던 새 정부가 출범하였다. 재협상에 대한 국민의 요구가 크지만 당장 우리 정부가 일본과 협상 테이블에 마주 앉기에는 그 명분과 현실 사이의 괴리가 매우 크다.

국제 사회에서 이미 반인도적 범죄로 인정한 일본군 '위안부' 문제를 양국 정부가 외교 담판으로 해결할 수 있는 일이 아닐지라도, 문제를 해결하는 지난한 과정에 한 마리 나비의 날갯짓이라도 될 수 있기를 소망하는 마음으로 수업을 디자인하고 실행하였다.

수업에서 일본과 갈등을 겪고 있는 과거사 문제를 다루면서 민족주의적 대립 차원을 넘어서야 한다는 점에 유의했다. 다양한 자료와 활동으로 구성된 학습 경험을 통해 학생들은 과거사 문제 해결이 어려운 구조적 배경을 이해하고, 국제 사회에서 나타나는 문제를 비판적이고 종합적으로 사고할 수 있는 능력을 키울 수 있었다.

수업을 통해 일본군 '위안부' 문제에 공감하고, 피해자의 인권과 명예를 회복하기 위한 문제 해결에 참여하는 시민으로 성장할 수 있기를 기대한다.

2. 왜 일본은 사과하지 않는가?

상식적인 수준에서 생각해 볼 때 일본군 '위안부' 문제의 해결 방법은 지극히 간단하고 명료하다. 일본 정부가 가해자로서 잘못을 인정하고 사죄하며 법적, 정치적, 도의적 책임을 지는 것이다. 그런데 왜 일본군 '위안부' 문제에서는 이와 같은 상식적인 생각이 받아들여지지 않는 것일까? 도대체 왜 일본군 '위안부' 문제는 해결되지 않고 있을까?

한국과 일본 간 갈등을 가장 첨예하게 보여 주고 있는 일본군 '위안부' 문제를 해결하기 위해 총 4차시로 설계된 수업 중 첫 시간으로 질문 만들기 하브루타를 한다.

EBS 〈역사채널ⓔ〉에서 방영한 〈999번째 수요일〉(2011년 12월 9일 방송)을 시청하고, 일본군 '위안부' 피해자 할머니들이 역사의 산증인으로서 용기를 내어 공개 증언을 하고 있음에도 불구하고, 여전히 문제를 해결하지 못한 현실을 인식한다. 정확한 상황 인식과 문제의식은 문제 해결의 첫 출발이다.

이어서 1965년 체결한 〈한일 청구권 협정문〉과 2011년 8월 30일 헌법재판소에서 선고한 〈한일 청구권 협정 제3조 부작위 위헌 확인 결정문〉의 일부를 편집하여 담은 활동지를 배부한다. 하브루타로 질문을 만들기에 앞서 협정문과 결정문을 함께 읽는다.

질문 만들기 하브루타는 가장 기본적인 하브루타 활동으로, 생각의 힘을 키우는 데 적합하다. 하브루타 수업에서 학생들이 질문에 답을 해야 한다는 부담을 갖지 않도록 교사가 유의사항을 자세하게 안내한다. 교사는 '하브루타는 물음표다'라는 메시지를 분명하게 전달하여 학생들이 자유롭고 독창성 있는 사고로 질문을 만들 수 있는 분위기를 형성하고 격려한다.

모둠원들과 일대일 하브루타를 모두 마친 후 활동지에 자신과 동료의 질문과 의견을 정리한다. 학생들은 헌법재판소의 결정문에서 제시된 피청구인이 내세운 부작위의 이유–'소모적인 법적 논쟁으로의 발전 가능성', '외교 관계의 불편', '국제 정세에 대한

[읽기 자료1]

한일 청구권 협정문(1965)

제2조 1항

양 체약국은 양 체약국 및 그 국민(법인을 포함함)의 재산, 권리 및 이익과 양 체약국 및 그 국민 간의 청구권에 관한 문제가 1951년 9월 8일에 샌프란시스코시에서 서명된 일본국과의 평화조약 제4조 (a)에 규정된 것을 포함하여 완전히 그리고 최종적으로 해결된 것이 된다는 것을 확인한다.

제3조 1항

본 협정의 해석 및 실시에 관한 양 체약국 간의 분쟁은 우선 외교상의 경로를 통하여 해결한다.

– 외교부 홈페이지

한일 청구권 협정 제3조 부작위 위헌 확인 결정문(2011)

【당사자】

청구인 일본군 '위안부' 피해자 할머니 이O수 외 63인

피청구인 대한민국 외교통상부 장관

【결정 요지】

우리 정부가 청구권의 내용을 명확히 하지 않고 '모든 청구권'이라는 포괄적인 개념을 사용하여 이 사건 협정을 체결한 것에도 책임이 있다는 점에 주목한다면, 그 장애 상태를 제거하는 행위로 나아가야 할 구체적 의무가 있음을 부인하기 어렵다.

국제 정세에 대한 이해를 바탕으로 한 전략적 선택이 요구되는 외교 행위의 특성을 고려한다고 하더라도, 피청구인이 부작위의 이유로 내세우는 '소모적인 법적 논쟁으로의 발전 가능성'이나 '외교 관계의 불편'이라는 매우 불분명하고 추상적인 사유를 들어, 청구인들에 대한 구제를 외면

하는 타당한 사유라거나 진지하게 고려되어야 할 국익이라고 보기는 힘들다. 이상과 같은 점을 종합하면, 피청구인의 부작위로 인하여 청구인들에게 중대한 기본권의 침해를 초래하였다 할 것이므로, 이는 헌법에 위반된다.

— 헌법재판소 홈페이지

이해를 바탕으로 한 전략적 선택이 요구되는 외교 행위' 등—에 대해 다양하고 좋은 질문을 만들어 낸다.

이어서 모둠에서 가장 좋은 질문으로 여겨지는 것을 한 가지 선정하여 활동지 또는 미니 모둠 칠판에 쓴다. 모둠별로 돌아가며 선택된 질문과 질문을 선택한 이유를 발표한다. 모둠별 대표 질문들 중에서 가장 좋은 질문 한 가지를 선정하여 다음 차시에 논제로 사용할 수 있도록 질문을 보완한다.

하브루타로 만들어 낸 질문의 예시는 다음과 같다.

- 왜 일본은 사과를 하지 않는가?
- 1965년에 '완전히 그리고 최종적으로 해결된 것'으로 보았는데, 1965년 이후 어떻게 재협상이 이루어졌는가?
- 1965년 한일 청구권 협정 당시 일본군 '위안부' 문제가 포함되어 다루어졌는가?
- 인간의 존엄성보다 중요한 국익이라든지 국제관계가 존재하

는가?

- 왜 한국 정부(피청구인)는 그동안 작위 의무를 다하지 않았는가?
- 정부(피청구인)는 부작위의 이유로 '외교 관계의 불편'을 들었다. 한국 정부는 어느 나라와의 관계에서 어떤 불편을 겪을 것을 우려하였을까?
- '국제 정세에 대한 이해를 바탕으로 한 전략적 선택이 요구되는 외교 행위의 특성을 고려'할 때, 일본군 '위안부' 문제를 해결하는 것과 국제 정세와는 어떤 관련이 있는가?

3 전후 미국의 동아시아 정책은 왜 수정되었는가?

왜 일본은 사과하지 않는가? 왜 한국은 일본과의 과거사 문제를 정리하는 데 소극적이었는가? 앞서 살펴본 헌법재판소의 결정 요지에서 알 수 있듯이 그동안 일본군 '위안부' 문제가 지난한 과정에서도 해결되지 못한 이유는 '국제 정세' 또는 '외교 관계' 등과 관련이 있다. 특히 앞의 질문에 답을 얻기 위해서는 미국의 전후 동아시아 정책을 이해할 필요가 있다.

두 번째 수업을 열면서 EBS 〈역사채널ⓔ〉의 〈조선은 없었다〉(2013년 5월 24일 방송)를 시청한다. 전범 국가 일본을 처벌하기 위해 열린 극동국제군사재판(도쿄전범재판)에서 일본의 전쟁 범죄를 제대로 심판하지 못한 이유와 오늘날 일본에서 여전히 과거의 잘못을 청산하지 않는 이유를 생각해 본다. 특히 연합군 내에서 대일점령정책에 대해 압도적 헤게모니를 갖고 있던 미국이 일제 전범을 대거 사면 또는 복권한 의도가 무엇인가를 생각한다.

이어서 아시아태평양전쟁 종결 전후로 한반도 주변국에서 발생한 주요 사건을 시간 순서대로 나열한 활동지에 사진 속 사건들의 이야기를 담아낼 수 있는 해시태그(#) 키워드를 작성한다. 교사가 하나의 사건을 예로 들어 해시태그 키워드를 작성하는 것을 실연하면 학생들의 이해를 도울 수 있다.

주어진 사건들 중에서 학생들이 비교적 생소해하는 샌프란시스코조약 체결을 사례로 들면 좋다. 학생들은 앞에서 시청한 〈조선은 없었다〉 영상이나 읽기 자료에서 힌트를 얻기도 한다. 학생들이 해시태그 키워드를 모두 작성하고 나면 각 사건들을 연결하여 하나의 이야기를 완성한다. 이를 통해 활동지에 담긴 두 번째 질문을 해결한다.

미국의 전후 동아시아 정책을 서술하는 두 번째 질문은 비교적 어렵기 때문에 [읽기 자료2]를 함께 읽고 해결하였다. 모범 답안을 제시하면 다음과 같다.

> 냉전의 확산과 중국의 공산화로 미국은 전후 동아시아 정책의 중심을 중국에서 일본으로 수정하고, 한국과 중국을 배제한 채 일본에게 관대한 샌프란시스코조약을 체결하였

다. 이로써 미국은 일본을 동아시아에서 소련과 중국, 북한 등 공산주의 진영을 봉쇄하는 최대의 방파제로 삼았다. 한편, 미국은 한국과 일본 사이에 과거사 문제가 청산되지 않은 채 국교를 정상화하기 위해 영향력을 발휘했다.

1차시의 질문 만들기 하브루타 수업에서 선정한 대표 질문은 '왜 일본은 사과하지 않는가?'였다. 2차시를 마무리하면서 질문의 답을 정리할 수 있었다. 미국의 전후 동아시아 정책이 수정되면서 한국과 일본의 국교 정상화를 위해 열린 한일회담에서 정작 회담의 본질이라고 할 수 있는 과거사 청산은 뒷전으로 밀려났기 때문이다. 당시 회담에서는 일본군 '위안부' 문제를 꺼내지도 않았다.

[읽기 자료2]

전후 미국의 동아시아 정책은 왜 수정되었는가?

아시아태평양전쟁이 끝이 날 즈음에 미국의 동아시아 정책의 중심은 중국이었고, 패전국 일본을 비군사화와 민주화시키는 작업을 우선시하였다. 그러나 1947년 3월 트루먼 독트린(트루먼 대통령이 미국 의회에서 '미국은 전체주의의 침략으로부터 자유국가와 제도를 수호할 것'이라고 발표함)으로 미국이 냉전을 공식적으로 선언하고, 외교정책의 기조를 봉쇄정책으로 변화하였다.

한편 유럽에서 본격화된 냉전이 동아시아로 확산되고, 중국에서는 마오쩌둥의 공산당이 국민당에 승리하여 공산화되면서 미국은 동아시아 정책의 중심을 중국에서 일본으로 수정한다. 동시에 일본의 비군사화와 민주화보다는 경제부흥과 재무장에 관심을 두는 이른바 역코스(reverse course)가 시작된다. 패전국이었던 일본을 냉전 시기 소련을 중심으로 한 공산주의 진영의 확장을 억제하는 봉쇄정책의 핵심적 교두보(최대의 방파제)로 다시 태어나게 한 것이다.

1950년에 발발한 한국전쟁으로 한반도가 열전의 장이 되면서 일본은 전쟁 특수라는 호경기를 누리며 경제부흥의 기반을 마련했고, 미국은 일본을 자유주의 진영의 일원으로서 국제 사회에 주권국가로 복귀시킬 필요를 더욱 느꼈다. 이에 따라 전후 초기 일본에게 엄격한 징벌적 배상을 요구하려던 미국은 그 계획을 수정하고, 일본의 침략전쟁과 식민지 지배에 대한 책임을 묻지 않는 샌프란시스코조약을 체결(1951년 9월 8일)하는 것을 주도한다. 이 조약은 제1차 세계대전 이후 패전국 독일에 부과한 배상과 비교해 볼 때 상당히 관대한 조치였다. 무엇보다도 일본의 침략으로 가장 큰 피해를 본 한국과 중국이 제외되었다는 점이 큰 문제였다. 1965년 한일 국교 정상화를 위한 한일회담은 샌프란시스코조약에 의한 체제의 연장선에 있는 것이었다.

이와 같이 미국은 냉전의 격화 속에 미국의 국익에 기초하여 동아시아 정책을 변화시켰고, 이에 따라 일본의 전후 처리에 영향을 미쳤다. 결국 일본은 평화 국가의 외피를 벗고 전쟁을 하는 보통 국가로 전환하기 위해 애를 쓰고 있다. 이러한 한반도의 국제 정세에서 대한민국의 국제관계를 외교적으로 어떻게 풀어 가는 것이 바람직한 것인지에 대한 고민이 깊다.

– 김동춘, 《대한민국은 왜? 1945~2015》, 사계절, 2015
– 김일영, 《건국과 부국: 이승만 · 박정희 시대의 재조정》, 기파랑, 2010
– 서정건 외, 《미국 정치와 동아시아 외교정책》, 경희대학교 출판문화원, 2017

한편 현행 고등학교 '동아시아사' 교과서에서는 미국의 전후 동아시아 정책을 비교적 깊이 있게 다루고 있다. 또한 '한국사' 교과서에서 한일 국교 정상화 관련 서술 내용에서도 국교 정상화에 관한 미국의 입장 또는 역할이 분명하게 나타난다. 2009 개정 교육과정의 고등학교 '한국사' 교과서는 총 8종인데, 그중 6종의 본문에서 관련 서술 내용을 찾아볼 수 있다.

> 한 · 일 국교 정상화는 일본을 중심으로 동아시아의 반공 진영을 재편하려는 미국의 요구이기도 하였다.
>
> – 천재교육 교과서

> 미국도 소련, 중국과 북한에 맞서 한 · 미 · 일 협력 체계를 구축하기 위해 한 · 일 수교를 적극 지지하였다.
>
> – 동아출판 교과서

> 미국도 북한 · 소련 · 중국에 대응하기 위한 한국 · 미국 · 일본의 동맹을 요구했지만, 한 · 일 국교 정상화로 한 · 미 · 일 동맹을 강화한 박정희 정부는….
>
> – 미래엔 교과서

> 여전히 자금이 부족한 박정희 정부에 미국은 일본과의 수교를 권유하였다.
>
> – (주)리베르스쿨 교과서

> 미국 역시 자국의 군사비 부담을 줄이기 위해 한국, 미국, 일본을 묶어 집단 안보 체제를 구상하였는데, 여기에는 한국과 일본의 국교 재개가 필수적이었다.
>
> – (주)금성출판사 교과서

> 이러한 상황에서 미국이 한 · 미 · 일 3각 안보 체제를 강

화하기 위해 한·일 국교 정상화를 요구하자….

– 비상교육 교과서

1965년과 2015년 합의의 주체는 한국과 일본 정부이지만, 두 경우 모두 미국이 연출자 역할을 했다는 주장은 꾸준하고 설득력 있게 제시되고 있다.[14] 이를 의식해서인지 2015년 합의 직후 박근혜 정부는 외교부 홈페이지 등을 통해 〈문답으로 알아본 일본군 '위안부' 문제 합의〉라는 제목으로 합의와 관련한 궁금증을 Q&A 형식으로 정리하여 홍보한 바 있다.

> ⑩ 이번 일본군 '위안부' 피해자 문제 합의에 있어 미국은 어떤 역할을 하였는지?
> ⇒ … 따라서, 이번 합의에 있어 미국이 건설적인 역할을 한 것은 사실이지만, 우리 측에 대해 막후 영향력을 행사하여 이번 합의가 이루어졌다는 주장은 사실이 아닙니다.

4. 2015년 한일 외교 장관 회담 공동 기자회견문 들여다보기

학교급에 상관없이 사회 수업에서 교수-학습 자료로 두루 활용되는 미디어 콘텐츠를 꼽는다면 단연 EBS의 〈지식채널ⓔ〉이다. 수업에서 활용하기 위한 방안과 활용한 수업의 효과를 검증한 연

14. 〈위안부 합의 연출자, 미국〉, 《경향신문》, 2016. 1. 5

구가 축적되어 있을 정도이다. 최근 〈지식채널ⓔ〉와 유사한 콘텐츠로 주목을 받으며 사회 수업에서 쓰임이 높아지고 있는 것이 JTBC의 〈뉴스룸〉에서 제작하는 '앵커브리핑'이다.

세 번째 수업의 시작은 앵커브리핑 〈멈춰선 시계, 네 마리의 종이학〉(2016년 6월 1일 방송)과 함께한다. 영상을 시청한 학생들은 아시아태평양전쟁 당시 일본에 원자폭탄을 투하했던 미국의 현직 대통령 오바마가 히로시마의 평화공원을 방문하여 원폭 피해자 위령비에 헌화한 것이 과거사 문제로 갈등하는 한일 관계에 시사하는 바가 무엇인지를 생각해 본다.

가해국이 아닌 피해국으로 거듭나기를 소망하는 일본의 행태를 파악한 학생들은 다음과 같이 말한다.

> 학생1 "일본이 미국으로부터 사과를 받고 싶으면 우리에게 먼저 사과해야죠."
> 학생2 "우리 정부도 아베 총리를 일본군 '위안부' 피해자 할머니들 앞에 데려와서 사과하게 만들어야 해요."

[읽기 자료3]

한일 외교 장관 회담 공동 기자회견문(2015. 12. 28)

1. 일본 정부로서 이하를 표명합니다.
① 위안부 문제는 당시 군의 관여 하에 다수의 여성의 명예와 존엄에 깊

은 상처를 입힌 문제로서, 이러한 관점에서 일본 정부는 책임을 통감합니다. 아베 내각총리대신은 일본국 내각총리대신으로서 다시 한 번 위안부로서 많은 고통을 겪고 심신에 걸쳐 치유하기 어려운 상처를 입은 모든 분들에 대해 마음으로부터 사죄와 반성의 마음을 표명합니다.

② 일본 정부는 … 일본 정부의 예산에 의해 모든 前 위안부분들의 마음의 상처를 치유하는 조치를 강구합니다. 구체적으로는 한국 정부가 前 위안부분들의 지원을 목적으로 하는 재단을 설립하고, 이에 일본 정부 예산으로 자금을 일괄 거출하고, 일한 양국 정부가 협력하여 모든 前 위안부분들의 명예와 존엄의 회복 및 마음의 상처 치유를 위한 사업을 행하기로 합니다.

③ 일본 정부는 … 이번 발표를 통해 동 문제가 최종적 및 불가역적으로 해결될 것임을 확인합니다. 또한 일본 정부는 한국 정부와 함께 향후 유엔 등 국제 사회에서 동 문제에 대해 상호 비난 · 비판하는 것을 자제합니다.

2. 한국 정부로서 아래를 표명한다.

① 한국 정부는 … 이번 발표를 통해 일본 정부와 함께 이 문제가 최종적 및 불가역적으로 해결될 것임을 확인한다. 한국 정부는 일본 정부가 실시하는 조치에 협력한다.

② 한국 정부는 일본 정부가 주한일본대사관 앞의 소녀상에 대해 공관의 안녕 · 위엄의 유지라는 관점에서 우려하고 있는 점을 인지하고, 한국 정부로서도 가능한 대응 방향에 대해 관련 단체와의 협의 등을 통해 적절히 해결되도록 노력한다.

③ 한국 정부는 … 일본 정부와 함께 향후 유엔 등 국제 사회에서 이 문제에 대해 상호 비난 · 비판을 자제한다.

— 외교부 홈페이지

드디어 학생들은 2015년 12월 28일 일본군 '위안부' 문제 해결을 위한 '한일 외교 장관 회담 공동 기자회견문'과 마주한다. [읽기 자료

3]으로 제시한 기자 회견문을 함께 읽고, 합의 내용을 들여다본다.

이어 [활동지1]에는 세 가지의 물음을 제시하여, 1965년 한일 청구권 협정과 공통적으로 나타난 문제점과 피해자 할머니의 입장에서 본 합의의 문제점, 그리고 2011년 헌법재판소의 결정 요지에 비춰 합의 내용이 갖는 문제점을 찾는다.

[활동지1]

2015년 합의 들여다보기

Q1. 2015년 일본군 '위안부' 합의와 1965년 한일 청구권 협정 제2조 1항의 공통된 내용과 문제점은 무엇인가요?

Q2. 일본군 '위안부' 피해자 할머니의 입장에서 2015년 일본군 '위안부' 합의 내용을 평가해 보세요.

Q3. 2011년 8월 30일 헌법재판소의 위헌 결정 요지에 따르면, 1965년 체결한 한일 청구권 협정으로 일본군 '위안부' 문제가 해결되었는지 여부에 대해 한국과 일본 사이에 해석상의 분쟁이 있는 상태이므로 이를 해결하기 위해 외교적으로 노력을 하지 않은 것은 위헌이다. 이와 같은 결정 요지에 비춰 위의 합의 내용이 갖는 문제점을 쓰세요.

4인으로 구성된 모둠에서 세 가지 질문에 서로 머리를 맞대고 찾아낸 답을 제시하면 다음과 같다.

Q1. 최종적으로(불가역적으로, 완전히) 해결된 것으로 확인했다. 돈으로 문제를 해결하려고 했다.

Q2. 피해자 할머니들의 의사가 반영되지 않았다. 피해자 할머니들이 원하는 내용, 즉 일본 정부의 진정한 사과와 법적 책임 인정이 빠져 있다. 민간 단체가 세운 소녀상의 철거를 요구한 것은 월권이고, 그 요구에 우리 정부가 대응한 것은 부적절하다.

Q3. 1965년 한일 청구권 협정의 해석상의 분쟁이 해결되지 않았음에도 불구하고, 1965년 때처럼 '최종적 및 불가역적으로 해결'에 합의하였기 때문에 또다시 위헌의 소지가 있다.

2015년 합의는 워낙 비판 여론이 거세었기 때문에 학생들은 어렵지 않게 합의 내용의 문제점을 찾아내고 지적하였다. 그 과정에서 학생들은 일본군 '위안부' 문제를 해결하기 위한 재협상이 필요하다는 점을 공감하였다.

5. 반쪽짜리 재협상 시뮬레이션 수업

2015년 합의가 발표되고 나서 국내에서는 정부의 밀실, 졸속, 굴욕적 협상이라는 비판과 원천 무효해야 한다는 여론이 강하게 제기되었다. 결국 문재인 정부의 외교부는 2015년 합의를 들여다보기 위해 장관 직속으로 한일 일본군 '위안부' 피해자 문제 합의 검토 태스크포스를 설치하고, 2017년 12월 27일에 검토 결과를 발표하였다. 그 결과는 주지하는 바와 같다.

2018년 2월 19일, '한국정신대문제대책협의회'와 '일본군 성노예제 문제 해결을 위한 정의기억재단'은 2015년 합의의 후속 조치를 촉구하는 성명을 발표하고 청와대 홈페이지를 통해 국민청원을 시작했다. 청원 제목은 '문재인 정부는 2015 한일 합의에 대한 정부의 기본 처리 방향에 따라 화해치유재단을 하루 빨리 해산하고 10억 엔을 반환해야 합니다'이다.

강경화 외교부 장관은 2018년 2월 26일 스위스 제네바에서 열린 유엔인권이사회 기조연설에서 일본군 '위안부' 문제에 대한 정부의 입장을 국제 사회에 밝혔다. 문제를 해결하려는 노력에서 피해자 중심 접근이 결여돼 있었음을 인정하고, 정부는 피해자들의 상처를 치유하고 존엄과 명예를 회복하기 위해 피해자, 가족, 시민단체와 협력하겠다고 말했다. 하지만 일본은 '재협상은 없다', '합의에 충실해야 한다'는 등 원론적인 입장을 반복하고 있는 상황이기 때문에 재협상의 길은 요원해 보인다.

[읽기 자료4]

협상 일지

1945년	8월 15일	아시아태평양전쟁 종결
1946년 - 1948년	5월 3일 - 11월 12일	극동국제군사재판(도쿄전범재판)
1949년	10월 1일	마오쩌둥, 중화인민공화국 수립 선포
1950년	6월 25일	한국전쟁 발발
1951년	9월 8일	일본과 48개 연합국, 샌프란시스코조약 체결 미국과 일본, 안전보장조약 체결
1951년	10월 20일	한일회담을 위한 제1차 예비회담 개최
1952년	4월 28일	샌프란시스코조약 발효, 연합국의 일본 점령정책 완료
1961년	6월	미국 케네디 대통령, 미일 정상회담에서 이케다 총리에게 한일회담의 빠른 타결 촉구
1962년	8월	미국 케네디 대통령, 한일 교섭의 조기 타결을 촉구하는 친서 발송
1965년	6월 22일	한일 청구권 협정 체결, 한일 국교 정상화
1991년	8월 14일	고(故) 김학순 할머니, 처음으로 일본군 '위안부'였음을 공개 증언
1992년	1월 8일	일본군 '위안부' 문제 해결을 위한 수요집회 시작
1993년	8월 4일	일본 고노 관방장관 담화 발표
2011년	8월 30일	한국 헌법재판소, 일본군 '위안부' 피해자의 개인 청구권 인정
2012년	12월 26일	일본, 아베 신조의 재집권(2007년 제1차 아베 내각 출범, 2014년 제3차 아베 내각 출범)
2014년	4월 16일	제1차 한일 외교부 국장급 협의 개최
2015년	12월 27일	제12차 한일 외교부 국장급 협의 개최
2015년	12월 28일	일본군 '위안부' 문제 해결을 위한 한일 외교 장관 회담 개최

2017년	7월 19일	문재인 정부, 100대 국정 과제 발표 "일본군 '위안부' 문제는 피해자와 국민들이 동의할 수 있는 해결 방안 도출"

마지막 수업에서는 2015년 합의를 재협상하는 모의 학습을 하였다. 학생들은 피해 당사자들이 원하고 정의의 원칙에도 부합한 재협상을 가상으로 경험한다. 다시 말해 인권의 보편적 가치와 국제 사회의 요구에 부응하여 일본군 '위안부' 문제를 외교적으로 해결하기 위한 가상의 외교 협상에 참여한다.

가상의 협상 방식을 활용하는 것은 실제 문제 해결의 과정을 경험할 수 있을 뿐 아니라 의사소통 및 의사결정 능력을 신장시킬 수 있을 것으로 기대하기 때문이다. 물론 협상의 기술이나 술수를 습득하여 협상 전문가를 양성하고자 하는 것은 아니다.

단, 반쪽짜리 재협상 수업이다. 애초의 수업 설계는 4인 모둠에서 두 명씩 각각 한국과 일본의 외교관을 맡아 '협상 준비하기' → '협상 수행하기' → '협상 종결하기' → '협상 후기 나누기' 순으로 진행하는 것이었다. 하지만 몇 차례 수업을 실행한 뒤에 수업의 방향을 수정해야 했다. 그 이유는 크게 두 가지였다.

첫째는 일본군 '위안부' 문제와 같은 역사문제를 일반적인 외교 현안과 같이 주고받기 식의 협상으로 합의를 이끌어 내는 것이 적절하지 못하다는 결론을 내렸다. 자유무역협정(FTA)과 같은 이슈와 달리 과거사 문제는 호혜적인 협상을 통해 해결할 수 있는 성격을 갖는 것이 아니었다는 점을 뒤늦게 깨달았던 것이다.

둘째는 모의 협상 과정에서 한국 측 입장을 맡은 학생들은 유의미한 경험을 한 반면에, 일본 측 입장의 학생들이 제기한 문제 제기와 피드백들을 타당하다고 인정하였고, 그들의 의견을 존중하였다.

> 학생1 선생님, 일본 측의 입장을 대변하는 것이 마음에 걸려요.
> 학생2 "2015년 합의를 성의 있게 이행하라.", "그동안 지속적으로 사과했다."라는 말 말고, 일본 측 입장에서 완전하고 공식적인 사과를 하면 안 될까요?

수정한 수업의 방향은 한국 측 대표의 입장만 모의 학습하는 것이다. 일본군 '위안부' 문제에 관한 일본의 입장과 협상 일지, 한국과 일본이 귀 기울여야 할 국제 사회의 목소리를 담은 읽기 자료를 제시하고, 한국 정부의 입장에서 재협상을 수행하기 위한 준비 과정을 학습하는 것이다.

[읽기 자료5]

한국과 일본이 귀 기울여야 할 국제 사회의 목소리

협상에서 상충되는 이해관계로 합의점을 찾지 못하는 경우가 발생하는 경우가 있다. 이때 원칙에 근거하여 합리적인 대안을 마련하는 것이 필요하다. 일본군 '위안부' 문제를 해결하기 위해 양국 모두에게 적용할 기준으로 국제 사회와 국내의 법규범, 관련 선례, 도덕적 기준 등을 참고한다.

일본의 고노 관방장관 담화(1993년)

"위안소는 당시 군 당국의 요청에 의해 설치된 것이며, 위안소의 설치, 관리 및 일본군 '위안부'의 이송에 관해서는 구 일본군이 직접 혹은 간접적으로 관여했다. 일본군 '위안부'의 모집은 군의 요청을 받은 업자가 주로 이를 담당했는데, 이 경우에도 감언, 강압 등에 의해 본인의 의사에 반하여 모집된 사례가 많았으며, 더욱이 관헌 등이 직접 이에 가담한 일도 있었다는 사실이 분명히 밝혀졌다. … 우리들은 이러한 역사의 진실을 회피하지 않으며 오히려 이것을 역사의 교훈으로 직시해 가겠다. 우리들은 역사연구, 역사교육을 통하여 이러한 문제를 오랫동안 기억하면서 동일한 과오를 결코 반복하지 않는다는 굳은 결의를 다시 한 번 새롭게 표명한다."

UN 인권소위원회,
〈전시 하의 조직적 강간과 성노예, 노예적 취급 관행에 관한 최종 보고서〉
(맥두걸 보고서)(1998년)

"자행된 범죄의 엄청난 규모와 일본군이 이러한 강간 수용소의 설치, 유지 및 규제에 명백하게 관여했기 때문에 위안소에 관여하거나 책임이 있는 일본 관헌들도 동일하게 인도에 반한 범죄로 책임이 있다."

미국 하원 일본군 '위안부' 결의안(2007년)

일본군이 '위안부'로 알려진 여성들을 성노예화한 것에 대해 일본은 명백하고도 모호하지 않은 방식으로 공식 인정하고 사죄하라. … 일본군 '위안부' 문제에 관한 국제 사회의 권고를 따르는 동시에 잔혹한 동 범죄에 대해 현재 · 미래 세대를 교육시켜야 한다.

EU 의회 결의안(2007년)

일본 제국주의 군대가 일본군 '위안부'로 알려진 젊은 여성들을 강제 성노예로 만든 사실에 대한 역사적 · 법적 책임을 확실하고 분명한 방식으로 공식적으로 인정, 사죄, 수용할 것을 일본 정부에 요청한다.

UN 시민적 · 정치적 권리에 관한 인권위원회(2008년)

체약국은 피해자의 대부분이 받아들일 수 있고 그들의 존엄을 회복시킬 수 있는 방법으로 '위안부' 제도에 대한 법적인 책임을 인정하고, 솔직하게 사죄하고, 생존해 있는 가해자를 소추하고, 모든 생존자의 권리로서 적절한 배상을 행하기 위해서 신속하고 효과적인 입법부 및 행정부를 통한 조치를 취하고, 본 문제에 대해서 학생 및 일반 공중을 교육하며, 그와 함께 피해자를 중상하고 혹은 사건을 부정하는 모든 기도에 대해서 반론 및 제재 조치를 취해야 한다.

UN 여성차별철폐위원회(2016년)

위원회는 또한 다음에 대하여 유감스럽다. … '위안부' 문제가 '최종적 및 불가역적으로 해결된' 것이라고 주장하는 대한민국과의 양자 합의의 발표는 피해자 중심의 접근 방법을 완전하게 채택하지 않았다.

UN 고문방지위원회(2017년)

양국 간 이뤄진 합의(2015년 일본군 '위안부' 합의)를 환영하지만, 피해자에 대한 보상과 명예 회복, 진실 규명과 재발 방지 약속 등과 관련해서는 합의가 충분하지 않다.

[읽기 자료6]

일본의 입장

Q. 일본이 원하는 것은 무엇인가?

- 2015년 12월 28일에 '최종적 및 불가역적으로 해결'하기로 합의하였으므로, 한국의 정권이 바뀌어도 2015년의 합의를 성의 있게 이행해야 한다.

Q. 일본은 왜 그것을 원하는가?

- 일본은 이미 1951년 샌프란시스코조약을 통해 전쟁과 식민지 지배에 대한 책임을 다했다. 일본군 '위안부' 문제에 대한 법적 책임도 1965년 한일 청구권 협정에 의해 해결하였다. 한국이 일본의 법적 책임과 배상을 요구하는 것은 샌프란시스코조약을 비롯한 전후 질서와 한일 청구권 협정의 근간을 흔드는 일이다.
- 2015년 합의한 바와 같이 한국에 10억 엔을 주고 '최종적 및 불가역적'인 면죄부를 받고 싶다. 이를 통해 일본군 '위안부' 문제를 마무리하고 싶다.
- 한국은 언제까지 일본의 사과를 요구할 것인가? 그동안 일본은 지속적으로 사과했다.
- 일본은 일본군 '위안부' 동원의 강제성을 인정하지 않는다.
- 일본의 법적 책임을 인정하면 수많은 피해자들의 줄소송이 이어질 것을 우려한다.
- 일본은 도의적 차원에서 한국과 교섭에 응할 뿐이다.
- 일본군 '위안부' 문제에 대한 일본 정부의 공식적인 견해는 1993년에 발표한 고노 담화라고 밝히면서도, 2007년 아베 내각의 출범 이후 고노 담화를 수정하기 위해 노력하고 있다.
- 일본은 최근 미국의 동아시아 정책(아시아 회귀 전략 또는 아시아 재균형 전략)과 미일 동맹 강화에 편승해 헌법을 개정하여 전후 금지되었던 집단 자위권을 확보하고 싶다. 이를 위해 일본은 한국과의 과거사 문제를 정리하고 관계를 개선할 필요가 있다.

[활동지2]

'협상 준비하기'

한국 대표 협상자:

Q1. 한국이 원하는 것은 무엇인가?

- 일본이 분명한 방식으로 반인도적 범죄를 공식 인정하고 진정성 있게 공식 사죄한다.
- 일본이 법적 책임을 명시적으로 인정한다.
- 일본이 피해자 할머니들에게 배상한다.
- 일본은 현재와 미래 세대에게 역사적 사실을 교육한다.

Q2. 한국은 왜 그것을 원하는가?

- 상식적인 수준에서 과거의 잘못을 인정하여 사과하고, 책임을 지는 것은 당연한 일이다.
- 일본이 1965년 한일 청구권 협정으로 완전히, 최종적으로 해결되었다고 주장하지만, 1965년 협정 체결 시 일본군 '위안부' 문제 자체가 전혀 거론되지 않았다는 점에서 일본의 주장은 설득력이 약하다.
- 일본군 '위안부' 문제는 인간의 존엄성에 대한 것이다. 특히 일본 정부가 조직적으로 개입한 여성 인권 유린 문제이다. 이미 국제 사회에서도 인류의 보편적 가치에 반하는 반인도적 범죄로 인정하고 있다. 그럼에도 불구하고 일본 정부는 1993년에 발표했던 고노 담화를 수정하거나 무력화시키려고 한다. 일본은 2015년 합의에서 내놓은 10억 엔을 배상금이 아닌 치유금이라고 밝히면서, 법적 책임을 지지 않고 있다.
- 2015년 합의를 무효화하거나 재협상하는 것이 국가신용에 문제가 있을지라도 국가신용보다는 인간의 존엄성과 주권국가의 시민으로서 갖는 자존감이 중요하다. 각종 여론조사에서 나타난 국내 여론은 재협상 또는 합의의 무효를 요구하고 있다. 한국 정부는 일본 정부가 한국 측의 요구를 거부할 경우 외교 관계의 불편을 감내하더라도, 결의 있게 기존의 합의에 더 이상 구속되지 않겠다고 선언할 수 있다. 이어서 재협상을 통해 헌법의 기본 원리로서 국민주권주의, 국제평화주의를 반영하는 내용을 담은 조약을 체결한다.

– 일본군 '위안부' 문제에 있어서 한국은 일본에 비해 도덕적 우위에 있다.
– 한국에서 반일 감정이 있는 것은 분명하나, 한국 정부는 보통의 일본 국민을 적으로 생각하지 않는다는 메시지를 분명하게 전달할 필요가 있다.
– 피해자들과 국민이 납득할 수 있는 해결 방안이 필요하다.
– 모든 국가의 일차적인 과제는 국가의 생존이며, 나아가 국민의 안전과 행복이다.
– 일본군 '위안부' 문제를 해결하여 일본과 '정의로운' 화해를 한다.

Q3. 한국과 일본이 공통적으로 원하는 것은 무엇인가?
– 한국과 일본 사이에 과거사 문제를 청산하고, 미래지향적인 양국 관계를 복원한다.
– 과거사 문제로 양국 관계가 극단적으로 대립 · 갈등하는 것을 지양하고, 정치 · 경제 · 사회 · 문화 등의 측면에서 긴밀한 우호 관계를 유지한다.
– 인간의 존엄성, 자유와 평등, 인권 존중 등 보편적인 민주주의의 가치를 공유하고 역사의 화해를 원한다.
– 동아시아와 세계의 평화를 원한다.

6. 국제 합의를 민주적으로 통제하기

2015년 합의는 국제 합의가 국민주권주의에 충실할 수 있도록 정부의 국제 합의를 민주적으로 통제할 수 있는 방안과 그 실효성에 대해 생각할 수 있는 거리를 제공하였다. 정부가 체결하는 조약 또는 국제 합의의 과정과 결과를 주권자인 국민과 국회가 민주적으로 견제하거나 통제해야 할 필요성을 실감하게 되었다.

2015년 합의가 발표된 이후 국회에서는 합의의 무효를 확인하고 재협상을 촉구하는 다수의 결의안이 발의되었다. 그러나 결의안은 대통령과 행정부를 기속하지 못하고, 단지 정부에 정치적 부담을 주는 데 머무르는 한계가 있다.

정부의 국제 합의를 민주적으로 통제할 수 있는 실효성 강한 방안은 국회가 입법권을 행사하는 것이다. 조약체결 절차 등을 법률로 규율함으로써 국제 합의에 대한 국회의 민주적 통제를 통해 헌법상 민주적 정당성과 국제법상 정당성을 부여할 수 있다.[15]

예를 들어, 제20대 국회에서 박주민 의원의 대표 발의로 〈조약의 체결 · 비준에 관한 민주적 통제를 위한 법률안〉이 발의되었으나 임기 만료로 폐기된 바 있다. 당시 법률안의 제안 이유는 다음과 같다.

> 세계화의 급속한 전개로 국민의 권리 · 의무와 직결되는 조약의 수가 폭발적으로 증가하였고, … 2015년 말 기준, 우리나라가 체결 · 비준한 전체 조약은 3125건임. 그러나 이 가운데 20.5%에 해당하는 642건이 국회의 동의를 거쳐 체결 · 비준됐음.
>
> … 이에 조약을 체결하는 일반적이고 기본적인 절차를 규정함과 동시에 조약 체결 계획을 수립하여 이를 국회에 보고하도록 하고, 조약 체결 관련 사항을 국민 일반에 예고하게 하는 등 정부가 행하는 조약 체결 과정 전반에 걸쳐 민

15. 정경수, 〈국제 합의의 국내적 정당성과 민주적 통제〉. 《국제법학회논총》 제62권 제11호, 대한국제법학회, 2017, 97~129쪽

> 주주의 원리에 적합하도록 규정해 헌법상 국회의 동의권을 실질적으로 보장하고 절차적 정당성과 투명성을 높여 국민의 권익 증진에 이바지하고자 함.
>
> – 국회 홈페이지

외교는 국민과 함께하여야 한다. 일본군 '위안부' 문제를 다룬 수업을 통해 학생들이 정부의 외교(국제 합의)가 국민주권주의에 충실할 수 있도록 민주적으로 견제 · 통제할 수 있는 역량을 키울 수 있기를 기대한다.

7 나비의 작은 날갯짓을 더하다

평화로운 교실 문화를 조성하기 위하여 교육청의 예산을 지원받고 학년 단위로 '평화 교실'을 운영하고 있다. 지난 몇 해 동안 중학교 3학년 학생들을 대상으로 〈즐겁고 평화로운 교실 만들기 프로젝트〉를 운영하였는데, 그 과정 중 하나로 평화 특강을 진행하였다.

특강은 일본군 '위안부' 문제 해결을 위한 청소년 · 대학생 · 청년 네트워크인 '제주평화나비'의 대표가 일본군 '위안부' 문제 해결을 주제로 진행하였다. 특강을 맡은 김광철 대표는 일본군 '위안부' 문제를 해결하기 위해 제주 지역과 우리나라뿐 아니라 국제 사회와 연대하여 활동한 생생한 사례를 전해 주었다.

학부 후배인 김광철 대표의 소개로 작년 여름 어느 저녁에 한국정신대문제대책협의회 윤미향 상임대표를 초청한 강좌에 참석했다. 강좌가 열린 카페에는 대학생과 부모의 손을 잡고 온 어린이들과 중·고등학교 학생들로 가득했다. 윤미향 상임대표는 '나비의 꿈, 함께 평화'를 주제로 일본군 '위안부' 피해자 할머니들과 함께 걸어온 지난 26년간의 이야기를 들려주었다. 강좌의 마지막 질의응답 시간에는 내가 실행하였던 일본군 '위안부' 문제 해결을 위한 재협상 수업의 사례를 나눌 수 있었다.

진정한 배움은 학생들이 실생활에서 수행으로 나타날 때 이루어진다. 앞으로 시민사회와 연대하여 학생들과 함께 일본군 '위안부' 문제 해결을 위한 수요집회에 참가함으로써 나비의 작은 날갯짓을 더할 수 있는 경험을 제공하고 싶다.

그날이 오기 전에 일본군 '위안부' 문제가 진정으로 완전하게 그리고 최종적으로 해결되어 수요집회의 신기록이 더 이상 갱신되지 않으면 더 좋을 일이다.

3장. 정치 참여 수업

1. 인지를 넘어야 한다

민주공화국의 시민은 타고나는 것이 아니라 형성된다는 점에서 학교교육의 역할은 중요하다. 특히 사회과는 정치 공동체에서 살아가는 민주 시민을 육성하는 본질 교과이고, 정치교육은 사회과의 목적을 달성하는 데 중핵을 이룬다. 사회과의 정치교육을 통해 길러 내고자 하는 인간의 상은 비판적 시민의식을 바탕으로 사회 정의를 실현하기 위해 능동적으로 참여하는 시민이라고 할 수 있다.

사회과의 정치교육에서 참여는 본질적인 것으로, 다음의 표에서 알 수 있듯이, 2015 개정 사회과교육과정에서도 여러 성취기준을 통해 다루고 있다.

2015 개정 사회과교육과정 '정치 참여' 관련 성취기준

학교 급	과목	단원명	성취기준
중	사회	정치 과정과 시민 참여	[9사(일사)04-01] 정치과정의 의미를 이해하고, 정치과정에 참여하는 다양한 정치 주체의 역할을 설명한다.
고	통합 사회	인권 보장과 헌법	[10통사04-02] 인간 존엄성 실현과 인권 보장을 위한 헌법의 역할을 파악하고, 준법 의식과 시민 참여의 필요성에 대해 탐구한다.
	정치와 법	정치 과정과 참여	[12정법03-01] 민주국가의 정치과정을 분석하고, 시민의 정치 참여의 의의와 유형을 탐구한다.
			[12정법03-03] 정당, 이익집단과 시민단체, 언론의 의의와 기능을 이해하고, 이를 통한 시민 참여의 구체적인 방법과 한계를 분석한다.

교사는 수업 안에서 학생들의 정치적 효능감을 높일 수 있는 학습 경험을 다양하게 제공할 필요가 있다. 하지만 시간과 공간의 제약, 청소년의 참정권 제한 등의 이유로 긴 호흡으로 다양한 공간적 스케일에서 실제 경험을 통해 정치에 참여하는 방법을 배우는 것은 쉽지 않다.

정치 참여를 주제로 한 중·고등학교의 정치 수업 또는 교과서 서술 내용을 분석한 선행 연구들이 공통적으로 지적하는 내용이 있다. 정치 참여를 행동(실천)으로 연계하지 못한 채 인지적으로 인식할 뿐이라는 것이다. 굳이 연구 결과를 인용하지 않더라도 정치 참여를 학습 요소로 수업을 해 본 교사들은 쉽게 공감할 만하다.

2. 교과서용 정치가 아니라 실제 정치를 가르치자

그동안 정치교육에서는 ‘실제 정치’가 아니라 ‘교과서용 정치’를 다루면서[16] 민주주의의 원리와 제도 등 이념적인 부분에 주목한 반면 현실 정치의 역동적인 갈등이나 그 해결 과정을 등한시하였다. 생생한 정치교육의 현장이자 공동체의 문제를 평화적으로 해결하였다는 점을 높이 평가받고 있는 2016년 촛불집회를 다루는 것은 살아 있는 정치교육을 위해 필요하다.

국정 농단과 헌정 유린을 저지른 대통령을 탄핵으로 이끈 촛불집회는 광범위한 시민들의 정치 참여를 가능하게 한 시민의식의 발로이자 시민의식을 다시 활성화한 전환점이었다는 평가를 받는다. 일부 시도 교육청에서는 헌법재판소의 대통령 탄핵심판 결정 선고를 생중계한 TV 방송을 학생들이 시청할 수 있도록 권고하는 공문을 학교에 전달하기도 하였다.

사회과가 지향하는 시민상을 고려할 때 지난 촛불집회와 그 과정에서 드러난 시민의 힘을 들여다보는 것은 분명 의미 있는 일이다. 촛불집회 경험을 통해 얻은 시민적 자각을 성찰하고 다듬어서 널리 공유하고 확산하는 데 사회과가 기여할 수 있다.

교사의 세상 보기가 학생들의 사회 인식에 미치는 영향이 크기 때문에, 2016년 겨울과 2017년 봄을 지내는 동안 사회과 교사의 눈

16. 권재원, 〈교실에서 정치가 꽃피게 하라〉, 《민들레》 91호, 민들레출판사, 2014

에 비친 한국의 민주주의를 수업에 어떻게 담아 낼 것인가를 진중하게 고민해야만 했다.

학생들은 진공 속에서 살아가는 존재가 아니다. 그들 역시 2016년 겨울을 지나오면서 주권 의식과 시민의식이 한 차원 더 성숙해졌다. 광장에 나가 촛불을 든 중·고등학생들은 교과서 속 내용과 현실 사이의 괴리에 따른 실망을 참여의 열정으로 승화해 냈다. 촛불집회가 한창이던 당시 학교 교실 안에서는 '교실 밖은 위험해. 하야 하야 순시려'와 같은 풍자가 유행처럼 번져 나갔다. 학교 안에서 '박근혜 정권 퇴진'을 외치는 것이 부담스럽기 때문에 정부를 향한 불만을 우회적으로 표현한 것이다. 대통령 탄핵을 직접적으로 외치며 촛불을 들었던 학교 밖 광장과 학교 교실 안을 비교할 때 어디가 더 안전한 곳인지 돌아봐야 할 일이다.

2019년부터 초등학교 6학년에서 사용할 '사회' 교과서 현장 검토본의 '자유민주주의의 발전과 시민 참여' 단원에는 광화문광장 일대를 가득 매운 촛불집회의 모습을 담은 사진이 실렸다. 교육부는 평화적인 공동체 문제 해결과 시민 참여의 방법으로 최근의 촛불집회 사례를 새 교과서에 추가하였다고 밝혔다. 학습 자료로서의 유용성 등 현장 적합성을 검토한 다음 올 12월에 최종본이 완성된다고 하는데, 어떤 내용으로 촛불집회가 담겨질지 자못 궁금하고 기대된다.

2016년 11월, 3학년 교실 출입문에 시국을 풍자한 작은 벽보가 붙었다.
중학생 눈에 비춰진 대한민국의 모습은 어떠하였을까?

3. 〈청소년의 정치 참여 사용 설명서〉 제작하기

정치 참여를 학습 요소로 다루는 수업에서 다양한 정치 참여의 방법이 무엇인가를 다루지 않을 수는 없다. 다만 참여의 방법을 백화점식으로 나열하여 학생들에게 전달하고 싶지는 않았다. 다음의 활동지에서처럼 시사성이 있는 자료를 제시하고, 학생 스스로가 참여의 방법을 찾아내도록 하였다.

중학교 1학년 학생이나 고등학생 모두 두 개의 물음(Q1, Q2)을 쉽게 해결하였지만, 활동지의 핵심 질문인 세 번째 물음(Q3)을 해결하는 데 어려움을 느끼는 학생들이 있었다. 문제 해결에 도움을 주기 위해 다음과 같은 질문을 덧붙였다.

> "2010년 중앙선거관리위원회에서 선거 캠페인 구호로 '투표로 말하세요'를 내세운 적이 있었어요. 그런데 네티즌들이 그 구호를 '투표로만 말하세요'로 패러디하여 많은 사람들의 이목을 끌었어요. 시민들은 왜 중앙선거관리위원회의 구호에 불만을 느꼈을까요?"

교사의 질문으로 생각을 확장한 학생들은 가장 기본적인 정치 참여 방법인 투표 참여 이외의 참여가 왜 더 필요한가를 생각해 본다. 세 번째 물음에 대한 학생들의 답안을 옮기면 다음과 같다.

> 투표 참여는 자신들의 대표자를 뽑는 것으로, 최소한의

> 정치 참여 욕구를 실현하는 것이다. 국민의 대표 기관인 의회가 제 기능을 다하지 못하고 있기 때문에 시민의 정치 참여로 대의 민주주의를 보완할 수 있다.

정치 참여 수업을 설계하면서 가장 크게 고민했던 지점은 촛불 집회 이후 일상의 민주주의를 좋게 만들기 위해 청소년들이 어떤 방식으로 정치에 참여할 것인가였다. 청소년들의 정치적 의사 표현이나 정치 참여를 가로막는 벽이 굳건한 현실에서, 광장을 밝혔던 촛불을 어떻게 일상으로 가져올 것인가? 그리고 투표 참여로 국한되는 정치 참여의 장(場)을 어떻게 확장할 것인가?

정의로운 정치 공동체일수록 정치 참여를 장려한다. 한국 정치의 최우선 과제는 시민의 정치 참여 확대를 가로막고 있는 제도를 개혁하는 것이다. 특히 '교복 입은 시민'의 정치 참여는 그 한계를 극복하는 것 자체일 수 있다. 학생들은 〈청소년의 정치 참여 사용 설명서〉 제작하기 활동에서 자신들의 정치 참여를 가로막는 벽을 극복하는 그 자체를 정치 참여 활동의 대상으로 삼고 있다. 그들은 자신들의 투표 참여를 가로막고 있는 진입장벽을 낮추는 과제에 각별한 관심을 갖는다.

개별수행
평가지1

<청소년의 정치 참여 사용 설명서> 제작하기1.

정치 참여의 의의와 유형을 분석해 보세요.

※ 다음은 2017년 8월 20일 정부 출범 100일 대국민 보고대회 '대한민국, 대한국민' 중 대통령의 발언 내용이다. 이를 참고하여 다양한 정치 참여 유형(방법)에 대해 함께 생각해 봅시다.

"제 생각에는 이제 우리 국민들은 주권자로서 평소에 정치를 그냥 구경만 하고 있다가 선거 때 한 표를 행사하는 이런 간접 민주주의로는 만족하지 못하고 있다고 생각합니다. 그 결과 우리 정치가 이렇게 낙오되고 낙후됐다고 국민들은 생각하고 계신 것이죠. 그래서 촛불집회처럼 정치가 잘못할 때 직접 촛불을 들어 정치의사를 표시하고, 또 댓글을 달아 의사를 표시하고, 정당의 권리 당원으로 참여하고, 정부의 정책에도 직접 제안하고 그것을 반영해 줄 것을 요구하고 이런 직접 민주주의를 국민들께서 요구하고 있다고 생각합니다. 문재인 정부도 국민들의 집단지성과 함께 나가는 것이 국정을 성공할 수 있는 길이라고 생각합니다. 온라인, 오프라인 가리지 않고 국민들과 끊임없이 소통하는 노력을 계속해 나아가겠습니다."

출처 KTV 국민방송 홈페이지, http://www.ktv.go.kr

Q1. 위의 내용에서 언급한 정치 참여의 유형(방법)을 모두 찾아 보세요.

집회, 집단을 통한 참여, 인터넷을 통한 참여, 선거

Q2. 위의 내용에서 언급한 것 이외에 정치 참여의 유형(방법)을 열거하세요.

선거 또는 투표, 진정이나 청원, 시위 등.

Q3. 투표 참여가 가장 기본적인 정치 참여 유형(방법)으로 여겨지는 이유를 대의 민주주의와 관련하여 설명하세요. 그리고 투표 참여 이외의 참여가 왜 더 필요하고 확대되어야 하는지를 설명하세요.

국민이 대표자가 국가의 중요 정책을 결정할 때, 국민의 뜻을 물어보는 국민 투표에 참여하여 자기의 의사를 나타낼 수 있기 때문이다.

투표 참여 이외의 참여를 통해 국민들의 의견을 통해 불편한 점이나 개선해야 될 점들을 고칠 수 있기 때문이다.

대통령의 발언 내용을 토대로 정치 참여의 의의와 유형을 분석한 결과물이다.

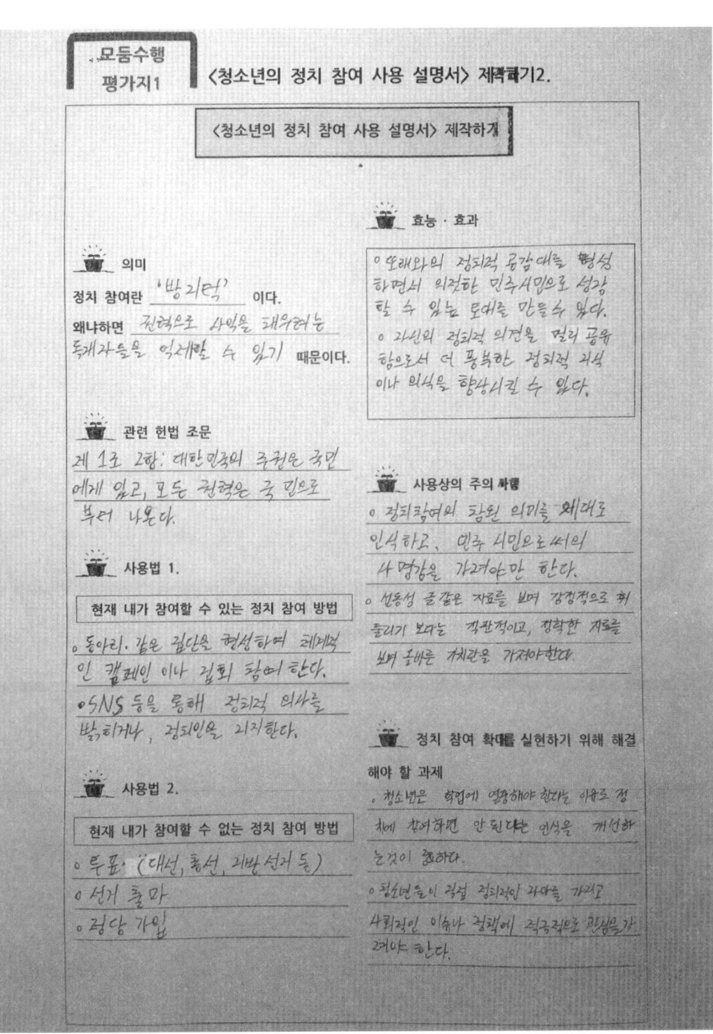

모둠수행 평가지1 〈청소년의 정치 참여 사용 설명서〉 제작하기2.

〈청소년의 정치 참여 사용 설명서〉 제작하기

의미

정치 참여란 '방리력' 이다.

왜냐하면 권력으로 사익을 채우려는 독재자들을 억제할 수 있기 때문이다.

관련 헌법 조문

제 1조 2항: 대한민국의 주권은 국민에게 있고, 모든 권력은 국민으로부터 나온다.

사용법 1.

현재 내가 참여할 수 있는 정치 참여 방법

- 동아리. 같은 집단을 형성하여 체계적인 캠페인 이나 집회 참여 한다.
- SNS 등을 통해 정치적 의사를 밝히거나, 정치인을 지지한다.

사용법 2.

현재 내가 참여할 수 없는 정치 참여 방법

- 투표 (대선, 총선, 지방 선거 등)
- 선거 출마
- 정당 가입

효능 · 효과

- 또래와의 정치적 공감대를 형성하면서 의젓한 민주시민으로 성장할 수 있는 토대를 만들수 있다.
- 자신의 정치적 의견을 널리 공유함으로서 더 풍부한 정치적 지식이나 의식을 향상시킬 수 있다.

사용상의 주의 사항

- 정치참여의 참된 의미를 제대로 인식하고, 민주 시민으로써의 사명감을 가져야만 한다.
- 선동성 글같은 자료를 보며 감정적으로 휘둘리기 보다는 객관적이고, 정확한 자료를 보며 올바른 가치관을 가져야한다.

정치 참여 확대를 실현하기 위해 해결해야 할 과제

- 청소년은 학업에 열중해야 한다는 이유로 정치에 참여하면 안 된다는 인식을 개선하는것이 중요하다.
- 청소년들이 직접 정치적인 자아를 가지고 사회적인 이슈나 정책에 적극적으로 관심을 가져야 한다.

〈청소년의 정치 참여 사용 설명서〉를 제작한 결과물이다.

매년 한 해 동안 한국에서 있었던 일을 상징하는 '올해의 사자성어'를 발표해 온 〈교수신문〉이 대통령 탄핵 소추안을 가결하였던 2016년을 마무리하는 사자성어로 '군주민수(君舟民水)'를 선정했다. '백성은 물, 임금은 배이니 강물의 힘으로 배를 뜨게 하지만 강물이 화가 나면 배를 뒤집을 수도 있다'는 뜻이라고 한다. 이 성어를 추천한 교수는 다음의 설명을 덧붙였다.

> 엄밀히 따지자면, '군주가 배라면 백성은 물이다.'라는 사자성어도 시대착오적인 개념이다. 유가 사상에 입각한 전국시대의 지식인(순자)이 지배자에게 민본주의를 훈수하는 제왕학(帝王學)에서 파생됐기 때문이다.
>
> 민주공화국의 세상에는 더 이상 무조건 존경받아야 하는 군주도 없고 '그 자리에 그냥 가만히 있는' 착하고도 슬픈 백성도 없다. 그러므로 '君舟民水'라는 낡은 사자성어는 현대적으로 새롭게 번역돼야 마땅하다.
>
> —〈2016 올해의 사자성어 '君舟民水'〉, 《교수신문》, 2016. 12. 26

수업을 열면서 교사가 '군주민수'를 한자로 판서하며 그것이 의미하는 바와 2016년에 선정된 이유가 무엇인지를 질문한다. 학생들은 비교적 익숙한 한자를 풀이하며 의미를 설명한다. 선정 이유를 설명하면서는 이른바 '박근혜-최순실 게이트'의 요지를 유창하게 꺼내 놓을 정도이다.

학생들에게 배부한 활동지에는 멈추지 않고 도도히 흘러가는 한국 민주주의의 발전 과정이 담겨 있다. 4 · 19혁명, 5 · 18민주화운동, 6월 민주항쟁, 2016년 촛불집회 등이 그것이다.

4 · 19혁명, 5 · 18민주화운동, 6월 민주항쟁은 그 자체로 한국 민주주의가 이룬 역사이다. 2016년 10월 이후 광장을 밝힌 촛불집회에서도 성숙한 시민의 힘을 보여 줬다. 실제로 박근혜 전 대통령 탄핵 이후 주요 외신은 한목소리로 대규모 촛불집회가 대통령 탄핵을 이끈 주요 동력이었다고 분석하며, 촛불집회에서 나타난 시민의 힘을 높이 평가했다.

학생들은 활동지의 두 번째 물음(Q2)에 답하며 한국 민주주의의 발전 과정에서 나타난 꺼지지 않는 시민의 힘이 무엇인가를 찾아낸다. 그 예시를 옮겨 본다.

- 국민 위에 군림한다면 국민이 결코 용납하지 않는다.
- 분노한 시민들이 직접 행동하였다.
- 세상을 바꿀 수 있다는 자신감을 회복하였다.
- 여러 시민들이 함께 저항했다(목소리를 냈다).
- 대규모 집회를 통해 시민의식을 폭발적으로 표출하였다.
- 평상시 제도를 통해 민주주의가 정상적으로 실천되지 못했기 때문에 발생하였다.

[활동지1]

꺼지지 않는 시민의 힘 찾기

Q1. 다음 사건에서 시민들이 외쳤던 구호나 핵심 주장을 쓰세요.

사건	주장
4.19혁명 (1960)	
5.18민주화운동 (1980)	
6월 민주항쟁 (1987)	
2016년 촛불집회	

Q2. 위 사건들에서 찾아볼 수 있는 공통점을 두 가지만 쓰세요.

Q3. 2016년 촛불집회에서 드러난 시민의 힘이 무엇인지 생각나는 대로 나열하세요. 특히 2016년 12월 9일 국회의 탄핵소추안 가결을 이끌어 내는 데 시민의 힘은 어떻게 표출되었는지를 쓰세요.

다음은 활동지의 세 번째 물음(Q3)에 답한 내용이다.

- 공감의 힘이 있다.
- 헌법의 가치를 확인했다.
- 주권이 자신들에게 있다는 사실을 스스로 보여 주었다.
- 진짜 뉴스와 가짜 뉴스를 구별할 수 있다.
- 폭력적인 방법을 사용하지 않고 헌법에 따라 대통령을 교체하였다.
- SNS로 정보를 교환하거나 정치적 의사를 적극적으로 표현하였다.
- 지역구 국회의원에게 문자나 전화 또는 이메일로 탄핵 청원을 하였다.
- 탄핵을 주저하던 국회에 영향력을 발휘하여 국회의원 234명의 압도적인 찬성으로 탄핵소추안을 가결시켰다.

이어서 대통령 탄핵을 이끌어 낸 주요 동력이었던 시민의 힘을 6컷 만화 그림으로 표현하는 활동을 전개한다. 이때 표현 형식은 만화, 포스터, 카툰, 비주얼 씽킹 등 창의적으로 표현할 수 있는 방법을 학생들이 자유롭게 선택할 수 있도록 안내한다. 여기서 학생들에게 꼭 전해야 할 메시지가 있다. 그림을 잘 그리는 것이 중요한 것이 아니라 자신의 창의적인 생각을 어떻게 표현하느냐가 중요하다는 것이다.

[활동지2]

2016년 말부터 시작하여 대통령 탄핵을 이끌어 낸
촛불집회에서 표출된 시민의 힘을 6컷 만화 그림으로 표현하세요.

제목: 공동체

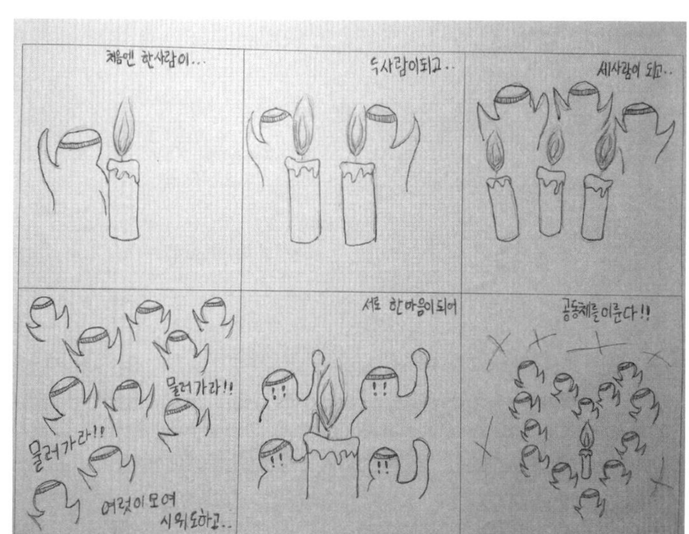

'공동체'라고 명명된 학생의 작품을 소개한다.

만화의 주제를 대통령 탄핵 과정에서 표출된 시민의 힘을 대신하여 한국 민주주의 발전 과정에서 나타난 시민의 힘이나 정치 참여의 의의, 또는 방법 등으로 다양하게 제시할 수도 있다. 다음 작

[활동지3]

4·19혁명, 5·18민주화운동, 6월 민주항쟁, 2016년 촛불집회에서
표출된 시민의 힘을 6컷 만화 그림으로 표현하세요.

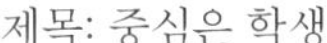

제목: 중심은 학생

품은 한국 민주주의의 발전 과정에서 꺼지지 않는 힘의 중심에 학생들이 있었음을 잘 표현하고 있다.

5. 공감의 힘으로 교실 안에서 촛불 켜기

2017년 3월 10일, 헌법재판소가 탄핵을 인용하여 박근혜 전 대통령이 파면된 날 가장 높은 반응을 보인 트위터 글을 소개한다.

> 유민아! 보고 있니?
> ……
> 아빠가. 국민들이 해냈단다.
> 왜 이렇게 유민이가 보고 싶을까.
> 유민아 아빠 좀 안아 주렴.
> 고맙습니다. 감사합니다. 사랑합니다.

세월호 참사 희생자인 고(故) 김유민 학생의 아버지 김영오 씨의 글이다. 촛불집회 당시 인터넷 빅데이터를 분석하여 민의(民意)를 드러낸 연구에 따르면 그의 글은 4만2077회 리트윗되었고 1만4906건의 마음을 얻었다고 한다.[17] 이와 같이 많은 사람의 공감을 이끌어 낸 힘이 바로 촛불의 불씨였다.

정세훈은 그의 시에서 우리 몸의 중심, 온몸이 움직이는 바로 그곳은 '아픈 곳'이라고 말한다. 그렇다면 한국 사회에서 몸의 중심은 어디인가? 우리 사회에 누군가는 어루만져 주지 않으면 안 될 아픈 곳이 매우 많지만, 어루만져 주기에는 한국의 정치 과정

17. 김학준, 〈빅데이터를 통해 바라본 촛불 민의: 탄핵으로 가는 길, 탄핵 이후의 소망〉, 《황해문화》 95, 새얼문화재단, 2017, 60~75쪽

이 갖는 취약함이 아쉽다. 다음의 글을 읽기 자료로 제시하여 사회적 약자의 이익과 요구가 배제되거나 아니면 온정의 대상으로 여겨지는 이유를 한국의 정치과정에서 나타나는 '산출 지향적 정치'의 특징과 연결하여 이해할 수 있다.

[읽기 자료1]

한국 정치과정의 특징

한국 정당들의 가장 큰 특징은 갈등 혹은 갈등적 사안을 회피하는 대신 추상적인 정책 담론이나 개혁 의제를 설파하는 일을 즐긴다는 점이다. 무엇이 왜 문제인가를 제기하고 또 그와 관련해 갈등적 이해 당사자들 사이에서 합의와 조정을 이끌어 내려고 하기보다, 그들은 "내가 무엇을 해주겠다."는 것을 말하고 그 대가로 지지해 줄 것을 요청하는 게 일반적이다. 정치학에서는 이를 '산출 지향적 정치(output-oriented politics)'라고 부르는데, '사후적 정당성'을 추구했던 권위주의 체제가 대표적인 예라 할 수 있다. 그와는 달리 민주주의는 '투입 지향적 정치(input-oriented politics)'를 특징으로 하고, 그 핵심은 시민의 다원적이고 갈등적인 이익이 자유롭게 표출되고 정치적으로 집약, 조정되는 것에 있다.

… 지금 우리 정치가 … 산출 측면에만 몰두해 말의 성찬이랄까, 실현될 수 없는 아름다운 공약들의 남발이랄까 하는 양상만 볼 수 있을 뿐이다. 이런 정치 체계의 구조와 과정을 지배하는 것은 당연히 언론과 여론조사, 뉴미디어 등 피드백 파워일 수밖에 없는데, 이로 인해 투입 측면이 더욱 위축되는 결과를 낳았다. 정치과정이 체계와 산출 사이에서 여론 동원을 둘러싼 것으로 전락하게 되면, 투입 측면의 활성화를 통해 들어와야 할 사회적 약자들의 이익과 요구는 배제되거나 아니면 온정의 대상이 될 뿐이다. 민주화 이후 지난 30년 동안 사회적 불평등이 과도하게 심화되어

> 비정규직을 포함해 나이 든 시민과 여성, 청년 등이 불이익을 받게 되고, 빈곤층이 급속하게 확대된 것은 이런 정치과정의 구조적 특징이 만들어 낸 필연적 결과라 할 수 있다.
>
> — 최장집 외, 《양손잡이 민주주의》, 후마니타스, 2017

2009 개정 교육과정에 의거한 고등학교 '법과 정치' 교과서의 참여에 대한 서술 내용을 학교, 지역 및 국가, 세계라는 공간적 스케일에 따라 분석한 연구에 따르면, 교과서에서 다양한 공간적 스케일에서 참여할 수 있는 주제와 방법 등을 좀 더 고르게 다룰 필요가 있다. 특히 학교 수준의 참여 내용이 적다는 점은 재고할 필요가 있다.[18]

위의 연구에서 제시한 시사점에 주목하여 학생들이 가정, 학교, 지역, 국가, 세계 등 다양한 공간적 스케일에서 발생하는 이슈 중 본인이 가장 공감하고 문제 해결이 필요하다고 생각하는 것을 선정하여 활동지에 정리한다. 여기서 교사가 공감의 힘을 강조하는 이야기를 덧붙인다.

> "타인을 공감하는 것에는 특별한 힘이 있어요. 공감은 공공의 문제를 외면하지 않는 책임감 혹은 정의감, 그리고 함께 문제를 해결하기 위해 행동하는 출발점이 됩니다. 따라

18. 김민지 · 박선미, 〈'법과 정치' 교과서에 나타난 공간 스케일에 따른 사회 참여 내용 분석〉, 《사회과수업연구》 제4권 제1호, 한국사회과수업학회, 2016, 19~35쪽

[활동지4]

공감의 힘을 바탕으로 교실 안에서 정치 참여를 실천해 보세요

※ 다음의 시(詩)를 읽고, 물음에 함께 생각해 보세요.

몸의 중심은 생각하는 뇌가 아니다
숨 쉬는 폐가 아니다
피 끓는 심장이 아니다
○○ ○!
그곳으로
온몸이 움직인다

– 정세훈, 《몸의 중심》, 삶창, 2016

Q1. 빈 칸 ○○ ○에 들어갈 단어를 생각해 보세요.

Q2. 여러분은 무엇을 공감하고 있나요? 우리 사회에서 빈 칸 ○○ ○에 해당하는 것은 무엇일까요? 가정, 학교, 지역, 국가, 세계의 다양한 수준에서 발생하는 여러 이슈 중 본인이 가장 공감하고 문제 해결이 필요하다고 생각하는 것과 그 이유를 쓰세요.

서 공감은 민주주의를 유지하고 발전시키는 힘을 갖고 있지요."

학생들은 학생자치회 활성화, 안전한 등굣길, 먹을거리 안전에서부터 비정규직 문제, 젠더 폭력 방지, 공익 제보자 보호, 핵 확산 금지, 난민 문제, 일본군 '위안부' 문제 등에 이르기까지 여러 방면의 문제에 공감하고 아파했다.

6. 해시태그(#) 달기 운동에 참여하기

수업 안에서 어렵지 않게 실천할 수 있는 정치 참여 활동을 경험하는 것은 기존의 정치 참여 수업을 보완할 수 있는 현실적인 방법이다. 학생들은 앞에서 본인이 선정한 주제('아픈 곳')에 대한 연관 검색어를 만들어 해시태그(#)를 붙이고, 문제의식을 담은 글을 작성한다.

해시태그는 우물 정(#) 자 뒤에 특정 단어를 붙여 쓰는 것을 일컫는 말로, SNS에서 사용자가 원하는 주제를 쉽고 풍부하게 검색하는 데 도움을 주기 때문에 많이 활용되고 있다. 해시태그 달기 운동은 2016년 말 국회의 국정조사 기간 동안 한 방송국 PD의 제안으로 SNS상에서 확산된 운동이다. 실제 수업에서는 스마트폰을 활용하지 않더라도 활동지에 글쓰기 활동으로 진행함으로써 학생들 간 위화감이나 소외감을 조성하는 것을 방지할 수 있다.

한 학생은 일본군 '위안부' 피해자 할머니들의 고통과 바람을 공감하고, 고령의 할머니들께서 생전에 일본 정부로부터 진실한 사과를 받을 수 있도록 일본군 '위안부' 문제를 조속히 해결하는 것이 필요하다는 자신의 생각을 논리적으로 발표한 데 이어서, 정기 집회가 열리는 매주 수요일마다 개인 SNS에 '#일본군 '위안부'', '#기억하자', '#일본은 사죄하라' 등의 해시태그를 달아 트위터 사용자들로부터 많은 공감을 이끌어 냈다.

중학교 1학년 학생이 작성한 글을 공유한다. 삐뚤삐뚤한 글씨지만, 내용에서는 사고의 깊이와 진정성이 묻어 나는 문제의식을 읽을 수 있었다. 이미 학생들은 타인의 처지에 대한 공감 능력을 키우고 곁을 내주는 정치 공동체를 만드는 주체로 성장하고 있는 듯하다.

#청소년 자살

아픈 곳으로 온몸이 움직이지만 너무 지나치면 상처를 입습니다. 상처를 입은 사람은 시간이 지나 그 고통을 견디지 못해 그 고통을 끝내려 몸은 던집니다.

누군가에게 상처를 주신 적이 있나요? 만약 있다면, 지금이라도 사람의 마음에 상처를 내는 대신 사람의 마음을 따뜻하게 치료해 주는 건 어떤가요? 너무 늦었을지라도 상처를 준 사람에게 찾아가 "미안해." 한마디 하는 건 어떤가요?

혼자 살 수 없는 이 세상에서 혼자 있는 사람에게 손을 내밀어 주는 건 어떤가요?

이제라도 누군가를 돕고 누군가를 안아 줄 수 있는 그런 사람이 됩시다.

3부.
감수성이 숨 쉬는 공감 수업

1장. 감수성 수업

1. 공감받아 보지 못한 교사

학창 시절을 돌이켜 보자. 수업 안에서 혹은 학교라는 공간에서 공감이란 것을 받아 본 적이 있는가? 우리의 성장 과정을 돌아보면 공감이라는 단어가 무색할 정도로 흔적이 없다. '학생'이 아니라 '나'로 봐준 선생님, '인격적으로 존중해 주었던 선생님'이 배움의 과정에 있었을까?

대부분의 교사는 공감이 없는 교실, 공감받지 못한 교실의 상황에서 성장했다. 공감을 받아 보지 못한 교사가 수업 내에서 학생들을 공감하는 것은 어렵고 어색한 일이다. 하지만 교사의 공감 태도는 수업에서 학생과의 관계 성립을 위한 중요한 요소다. 그렇다면 자신은 이러한 공감 능력을 얼마나 잘 갖추고 있는지 생각해 보자. 학생들과의 수많은 관계 속에서 혹시 소통 불가인 교사는 아닌지 말이다. 타인을 얼마나 이해하고 공감하며 지내 왔을까? 학생들이 어떤 상태인지 머리로는 알지만 마음으로 품어 줄 여유는 없는 것이 아닐까.

교사들은 수업에서 '어떻게 하면 잘 가르칠까?', '무엇을 가르칠까?'와 같은 고민을 늘 하고 있다. 이제 '왜 수업에서 삶을 배워야 하는가?', '수업에서 삶을 어떻게 배울 것인가?', '수업에서 공감을 배울 수 있을까?'와 같은 근본적인 물음에 대해서 생각해 봐야 한다.

공감 수업을 통해 타인의 마음을 읽고, 타인과 시선을 맞추고 호흡한다. 그 과정에서 교사와 학생은 공감을 통해 치유됨을 느낀다. 이것이 공감의 힘이다. 공감을 해 주었던 기억으로부터 온전히 누구나 마땅히 공감받아야 한다는 존엄에 이르기까지, 교실 속 배움에서 심도 있게 녹여 낼 수 있다.

공감 수업을 진행하면 학생들이 굉장히 흥미를 보인다. 쉽게 접근할 수 있을 거라는 막연한 기대와 함께 재미있을 것 같다는 생각이 모아져 그대로 교사에게 투영된다. 수업을 통해 진행해 보면 학생들은 더디지만 생각의 실마리를 연결하고 자신의 느낌과 태도를 진실되며 진중하게 말하고 표현한다.

2. 초연결 시대에 진짜 연결은 없다

SNS 관계망이 증가하며 더욱 촘촘해지는 연결 안에서 인간은 부속화됨을 느낀다. 또한 별다른 노력을 하지 않아도 연결되는 장치를 통해서 더욱더 피상적인 연결 관계가 형성된다. 하지만 공감이 없는 연결은 결국 소비 지향적인 연결로 마무리된다. 그러한 연결망에서 휴지기를 갖거나 단절이 된 순간부터는 SNS 공동체로부터 이탈됨을 느낀다. 연결에 대한 압박과 필요성은 증대하는데 진짜 연결은 없는 것과 같다.

특히 교실 속 청소년들에게 이러한 연결망은 스스로 연결되고 공감받고 있다는 착각을 불러일으킨다. 하지만 수업 시간에 "진정한 친구가 있는가?"라는 질문에 학생들은 머뭇거리거나 생각해 보지 않았다고 대답한다. 그만큼 진정성 있는 연결에 대해 생각해 보지 않는 학생들이 많다는 것이다. 따라서 학생들에게 공감은 어떤 것이고, 그것이 중심이 된 연결은 무엇인지 차근차근 알려 줘야 한다.

최근 교실에 등장한 인공지능은 아직 실험적 수준이지만 수업 형태와 교사의 역할에 큰 변화를 가져올 가능성을 보여 준다. 뉴질랜드 고등학교에서는 인공지능 '에이미'가 수학을 가르치고, 일본의 초등학교에는 AI 로봇 '뮤지오'가 아이들의 영어 학습을 돕는다. 미국 초등학교에서는 자폐아동 교육에 인공지능 로봇 '마일로'를 이용하는데, 개개인의 학습 진도에 맞추고 상호작용을 하며 큰 성과를 거두고 있다.[1] 이러한 미래 교실에서 아이들의 사회적, 감성적 성장을 지원하는 역할은 인공지능에게 맡길 수 없다. 앞으로 교사에게 주어진 과제는 사람만이 할 수 있는 역할을 찾는 것이다. 그것이 공감이다.

여느 때처럼 수업을 공개하고 수업 나눔을 하는 과정에서 한 선생님이, “강 선생님은 남학생들의 감수성을 참 잘 녹여 내는 것 같아요. 수업이 예뻐요.”라는 긍정적인 피드백을 해 주었다. ‘감수성 수업’이라는 ‘자기다움’의 수업이 얼굴을 내민 지점이었다. 이제 감수성 수업을 포함한 나만의 사회과 공감 수업에 대해 이야기해 보고자 한다.

공감(Empathy)은 ‘타인의 마음을 이해하고 정서를 공유하는 것’이다. 즉, 공감은 상대방이 느끼는 바에 대해 ‘알고’ 그렇게 느끼는 ‘이유’에 대해서도 알거나 이해하는 것이며(인지적 측면), 어떤 상황에 처한 상대방의 반응을 동일한 방식으로 ‘느끼는 것’(정서적 측면)이다.[2] 인지적 차원의 공감은 타인의 입장과 관점에서 감정 · 태도와 행동을 취해 보려는 지적인 기제로, 공감 과정에 지적인

1. 이재포, 〈부모, 교사 그리고 인공지능〉, 《민들레》 115호, 민들레출판사, 2018

2. 박성희, 《공감학: 어제와 오늘》, 학지사, 2004

추리와 상상력이 필요하다. 반면, 정서적 차원의 공감은 타인에 대한 온정과 연민의 감정으로, 타인의 복지에 관심을 갖는 정서적 반응과 타인의 불행이나 고통으로 인한 자신의 고통 정서와 감정이라 할 수 있다.[3] 따라서 수업에서 '공감'을 강조하기 위해서는 인지적 기능이나 과정과 같은 '인지적 측면'을 '정의적 측면'과 함께 다루어야 한다.

수업에서 '공감'이라는 가치를 구현하기 위한 교사와 학생의 태도는 어떠해야 할까? 배움의 주체인 학생과 교사가 사회를 바라보는 세심한 안목과 영민한 감수성이 필요하다. 교사는 일상에서 학생들과 연결되는 학습 주제를 찾고 학생들의 시선으로 이야기할 수 있어야 한다. 학생은 이를 자연스럽고 능동적으로 받아들이고 자신의 삶 속여 녹여야 한다. 그리고 정서적 공유에 앞서 인지적 판단 및 인지적 수용이 필요하다. 인지적 배움이 없는 정의적 배움은 학생들의 실천을 담보하지 못하기 때문이다.

그렇다면 수업에서 공감이라는 가치를 구현하기 위한 수업 방법은 무엇인가? 필자는 그것을 감수성 수업으로 접근했다. 감수성 수업은 공감 수업으로 가기 위한 구체적 수업 장면이다.

'인권 감수성', '젠더 감수성', '평화 감수성' 등 사회학적으로 많은 용어가 출현하고 있다. 감수성의 사전적 의미는 '외부 세계의 자극을 받아들이고 느끼는 성질'이다. 그중 인권 감수성에 대해

3.권남희, 〈청소년의 부모관련변인, 인지적 공감, 정서적 공감과 친사회행동 간의 구조적 인과관계 분석〉, 순천향대학교 박사학위논문, 2017

이야기해 보면 다음과 같다.

- 예민함: 사회문제와 일상에 대한 예민함이라고 말할 수 있다.
- 공감: 타인의 입장을 이해하고 감정이입을 할 수 있는 능력이다. 이와 같은 공감 능력을 통해 타인의 감정과 생각을 온전히 이해할 줄 아는 것이다.
- 일상적 감각의 틀 깨기: 차이를 인정하고 차별과 구분할 줄 아는 능력을 말한다.

그리고 감수성 수업은 시뮬레이션 수업 방법과 밀접한 관계를 갖는다. 감수성 수업에 시뮬레이션을 접합한 이유는 다음과 같다. 성취기준에 적합한 내용을 수업 내에서 공감적 상황으로 녹여 내려면 실제적 생활 장면이 적절하게 전환되어야 한다. 시뮬레이션은 현실적 상황을 실증적으로 보여 주기 위하여 고안해 낸 유용한 교수-학습 방법으로 학습을 위한 게임, 롤플레잉, 비유적 행동을 포함한다. 학생이 직접 체험하고 경험하면서 스스로 느끼고 배움으로 성장하는 수업 방법인 점에서, 핵심 내용을 심도 있게 가르치도록 한다는 2015 개정 교육과정의 방향과도 적합하다.

느끼고 공감하면 적극적인 태도가 형성되며 잠재적 실천력이 높아진다. 따라서 잠재적 실천력을 내면화하기 위해서 학생들이 느끼고 공유하는 배움이 선결되어야 한다는 것이다. 수업 시간을 통해 공감하는 경험을 발현하게 하고 사회과교육의 목표인 인간의 행동

의지, 실천력을 높이자.

4 온전한 사회 구성원으로 성장하려면

4차 산업혁명의 도래로 학교 현장과 학계에서는 수업에서의 기능적 측면과 환경적 측면에 집중하고 있다. 다시 말해 '교육이 새로운 변화에 어떻게 하면 효율적으로 접근할까?'라는 고민에 빠져 있다는 것이다. 학교에서 효율성의 강조는 수업에서 측정 가능한 수치를 담아내는 것을 추구하게 되어 삶을 대하는 태도와 공감과 같은 정말 중요하지만 측정 불가능한 교육적 가치와 개인적 역량들이 모두 사소한 것으로 치부하게 된다. 효율성이라는 환상에서 깨어나 삶의 근원이 되는 자신의 내면을 접근해 보고 타인과 사회에 대해 공감해야 한다. 자신의 느낌과 타인의 느낌에 다가가기 위해 직접 해 보거나 직접 느껴 보는 것은 작위적일지라도 대단한 위력을 갖는다. 또한 우리의 청소년들이 편견 없이 온전한 사회 구성원으로 성장하기 위해서는 감수성이 살아 있고 생각이 유연하고 더 다채로운 사람들과의 정서적 만남이 필요하다. 편견 없는 사회 구성원으로 성장하려면 공감이 실천으로 연결되어야 한다. 학생들은 배움의 과정을 통해 '잠재적 실천력'을 내면화한다.

'공감'이 '실천'으로 연결되기 위해서는

- 학생들의 시선으로 '일상에서의 연결'이 중요하며
- '인지적 배움과 정의적 배움'이 함께 이루어져야 하며
- 문학적 표현 방식을 활용하여 학생들의 삶 전반에서 연결되고 연결 지어져야 한다.

공감 능력을 구체적으로 발현하기 위해 감수성과 시뮬레이션을 접목한 '사회과 공감 수업'이라는 주제로 '나를 공감하기-[일탈행동과 자작시 쓰기 수업]'과 '타인과 사회를 공감하기-[인권 감수성 수업]'을 소개한다.

2장. 나를 공감하기
[일탈행동과 자작시 쓰기 수업]

1. 배움의 욕구가 사라진 수업 시간

고등학교 2학년, 수리공학 과정에서 사회 · 문화 수업은 꽤 힘든 여정이다. 교사에게는 일주일에 1차시인 사회 · 문화 과목은 수업과 평가를 준비하는 데 부담감과 피곤함이 있고 과목의 위치가 모호할 때가 있다. 반면, 학생들에게 사회 · 문화 과목에 대한 좌표는 분명하다. 수리공학 과정이기 때문에 중요한 과목이 아니라는 것, 입시와 연계되지 않고 수능에도 나오지 않는 과목이라는 것이다. 아이들에겐 배움에 대한 욕구는커녕 수업 시간에 자습을 열망하는 눈빛이 가득하다.

소수 몇몇, 내신이 필요한 상위권 아이들은 요점이 정리된 강의노트와 변별이 확실히 되어야 하는 시험문제가 전부인 것이다. 이런 수업의 경우 과목에 대한 개념이 정리되어 있는 유인물과 시험에 나옴직한 문제들을 추려서 인쇄를 해 주는 것이 일반적이다. 사무적이고 행정 지원가의 느낌을 지울 수 없다. 다시 말해 나의 수업에 주체적 배움은 없었다. 체육 시간이나 에너지를 많이 요하는 과목의 다음 시간에 배치되면 아이들은 숙면을 위한 시간으로 보내는 경우도 많았다. 가끔 그런 아이들의 모습에서 헛웃음이 나올 때도 있지만 대체로 이해되는 부분도 있었던 터라 학생들에게 책임을 전가하고 싶지는 않았다.

다만 경험적으로 과목이 처한 현실을 잘 알고 있었기에 수업 준비에 앞서 많은 생각이 필요했고, 수업에 대한 흥미와 호감도를 높이기 위한 수업설계에 많은 시간을 할애했다. 고민이 많았다.

이 과정에서 문득 이런 생각이 들었다. 수리공학 과정 학생들에게 '사회' 교과의 의미는 무엇일까? 사회과는 사회생활에 필요한 지식과 기능을 익혀 이를 토대로 사회현상을 인식하고, 민주사회의 구성원에게 요구되는 가치와 태도를 지님으로써 민주시민으로서의 자질을 갖추도록 하는 교과이다.

사회의 구성원으로 성장하고 학교에서 그 토대가 되는 자질을 배워 나감에 수리공학 과정 학생들도 예외는 없어야 한다. 교사는 수업을 준비하고 재구성하는 것에, 학생은 수업에 참여하고 생각하는 것에 적극성이 필요했다. 즉, 개념이 정리되어 있는 노트와 기계적으로 문제를 푸는 것이 아닌, 충분히 생각해 보고 고민해 보는 수업 시간이어야 한다.

2. 아이들의 배움이라는 본능

학기 초인 3월은 학생들과 많은 연습이 필요했다. 학기 초 대부분의 시간을 사회 · 문화 과목이 중요한 이유, 입시라는 이유로 과목의 가치를 재단하지 않기 등의 내용으로 설득과 설명을 했다. 그리고 학생들에게 사회 · 문화 과목을 배워 가는 과정에서 바라는 것들을 진솔하게 써 보는 시간을 가졌다. 의외로 아이들은 수업에서 배움의 열망이 가득했다. 그러나 조금 더 중요한 과목에 집중, 혹은 선택하는 데에도 많은 에너지가 필요하고, 그것에 집중하다 보니 사회 · 문화 과목에 소홀할 수밖에 없다는 의견도 있었다.

입시와 성적에의 피로도가 높은 아이들의 상황과 상태를 인정하고 수업에서 '과목의 본질'에 '흥미'라는 원동력을 넣었다. 그렇게 진행되면서 수업은 학생들에게 쉬어 가는 시간과 더불어 생각하는 시간, 소통하는 시간으로 수용되고 있었다. 나쁘지 않았다. 그런데 시간이 지날수록 수업에 탄력이 사라지고 스스로도 에너지가 없음을 인식했다. 입시라는 무게를 견디고 있는 학생들과 입시라는 무거움을 뛰어넘어 보자던 교사, 학기 초 합의된 부분을 지켜 내려는 교사와 학생들 모두가 지쳐 갔다. 2학기에 접어들자 그 모습이 분명하게 나타났다. 성적 스트레스와 진로에 대한 고민이 학생들을 내몰고 있었다. 아이들의 모습이 흔들렸다.

수업을 준비하며 작성했던 〈성찰 일기〉를 공개해 본다.

2학년 수리공학 과정 사회 · 문화 과목을 전담하며 수업에 대한 재구성이 절실했다. 시험을 봐야 했기 때문에 교과 지식 · 기능적인 측면도 단단히 챙겨야 했고, 뿐만 아니라 진로와 연계되는 과목이 아니었기에 재미와 흥미도 매우 중요했다. 특히, 2학년 2학기가 되자 아이들의 입시 성적에 대한 부담으로 지치는 모습이 보였다. 그 시점에서 '일탈행동 의미와 형성 원인'이라는 주제로 수업을 준비하게 되었고 아이들을 이해하고, 공감해 주고 싶었다. 그런 마음으로 수업을 준비하게 되었다.

– 2016. 9. 15, 〈성찰 일기〉 중

학기 초 나와 약속했던 부분을 지키려고 노력했던 학생들, 성적 스트레스와 진로에 대한 고민을 묵묵히 짊어지고 가는 아이들에게 '애썼다'라는 표현을 해 주었다. 때마침 '개인과 사회구조'라는 단원의 '일탈행동의 개념과 형성 원인'이라는 주제를 준비하며 고민이 많았다. 매해 '일탈행동의 개념과 형성 원인'을 가르치며 지식과 개념 설명에 주력했었다. 하던 대로 했으면 되었을 부분임에도 무엇인가 되짚고 싶은 열망이 생겼다.

'통즉불통(通卽不通)', 허준의 《동의보감》에 나오 글귀다 "막힌 것을 통하게 해 주면 아픈 것이 없어지며, 막혀서 통하지 않으면 통증이 생긴다."는 의미이다. 이렇게 신체 건강에 대한 이야기로 시작되지만 삶에서의 연결이 중요함을 담아내는 명언이기도 하다. 인간관계에서는 불통이 마음의 통증으로 자리 잡게 된다. 이 지점에서 늘 우리는 타인을 의식하고 타인과의 연결의 부재에 신경을 쓴다. 하지만 통(通)의 시작은 자기 자신으로부터 시작된다. 자기 자신을 보듬고 온전히 이해해야 타인을 이해하고 공감할 수 있다. 이러한 생각과 일탈행동이라는 주제를 엮어 내고 싶었다. 그래서 일탈행동을 고백하면서 자신을 돌아보는 자기 성찰, 자기 소통의 시간을 주고 이를 공감적으로 표현하도록 유도했다. "우리는 흔히 사람들의 선한 마음에 이끌린다고 생각하지만 사실은 진정한 인간의 모습에 이끌린다."는 말처럼 학생들의 일상생활 모습과 수업의 한 장면을 연결했다.

궁금했다.
- 누구나 경험하는 '일탈', 학생들에겐 어떤 의미일까?
- 일탈행동을 하고 난 후 누가 생각이 날까?

학생들의 마음을 읽어 주고 싶었다.
- 과거의 일탈행동이 후회로만 남았을까?
- 어떤 울림은 없었을까?

〈일탈행동과 자작시 쓰기〉 수업 과정안

단원명	2. 개인과 사회구조	차시	2 ~ 3
성취기준	[12사문02-04] 개인과 사회구조의 관계 속에서 발생하는 일탈행동을 다양한 관점에서 분석한다.		
교과역량	비판적 사고력, 창의적 사고력, 문제 해결력 및 의사결정 능력		

차시	핵심 질문	교수-학습 활동	평가 활동
1	일탈행동은 무엇인가?	‣ 성취기준을 확인하기 ‣ 일탈행동의 의미를 환기시키기 [협력 학습] 자신의 일탈행동 고백하기 ‣ 진솔한 분위기의 교실 분위기, 모둠 분위기로 조성하고 자신의 일탈행동에 대해서 이야기하고, 타인의 일탈행동 고백을 들으며 소통하기 ‣ 왜 그러한 일탈행동을 했을까? 이유에 대해서 생각하기	[관점] 진솔하게 자신의 일탈행동을 고백하였는가?
2	일탈행동은 어떻게 형성되는가?	‣ 지난 시간에 활동한 부분들에 대해서 다시 감정이입 하기 [협력 학습] 모둠별 일탈행동 고백 활동과 일탈행동 형성 원인을 연결하여 탐구하기 ‣ 학생들의 일탈행동의 원인을 같은 범주끼리 유목화하기 ‣ 일탈행동 형성 원인과 유목화한 것을 매칭하여 모둠별로 일탈행동의 형성 원인에 대한 이론에 접근하기	[관점] 같은 원인으로 유목화하였는가? [방법] 자기 평가, 교사 관찰 평가
3	일탈행동을 하고 난 후 어떤 울림이 있었는가?	‣ 일탈행동에 대한 자작시를 창작하고 감정이입 하기 [협력 학습] 자작시 창작하기 ‣ 학생들이 창작시를 같이 읽고 공감하며 가장 인상 깊은 구절에 접근해 보기 ‣ 일탈행동을의 할 당시의 심정이 어땠는가? 누가 생각이 날까?라는 핵심 발문으로 자신을 성찰하게 하기	[관점] 일탈행동을 소재로 하여 진솔하게 시를 창작하였는가? [방법] 교사 관찰 평가

정의적 수업의 전개도

학생들의 일상에서 수업 소재 찾기		인지적 배움과 정의적 배움의 연결		문학적 표현 방식
친구들의 일탈행동을 통해 나를 공감하기	▷	일탈행동의 의미, 일탈행동의 형성 원인을 개인별·모둠별로 파악하는 탐구활동 + 일탈행동을 한 후의 생각, 느낌 공유하기 일탈행동을 하고 난 후 누가 생각이 나는지 진솔하게 느껴 보기	▷	'시(詩)' 창작하기 + 친구의 시를 읽고 공감 경험을 한 후 자신을 성찰하기

4. 그때 나는 왜 일탈행동을 했을까?

일탈행동의 개념을 숙지하고 일탈행동을 각자의 삶과 연결하는 작업이다. 먼저 '일탈행동은 무엇인가?' 라는 질문을 던지고 '자신의 일탈행동을 고백'해 보기로 한다. 학생들의 이야기를 듣기 전에 교사가 자신의 일탈행동을 진솔하게 고백한 후 진행하면 교실 안 분위기가 편안해진다.

> 교사 선생님은 중학생 때 친구들과 슈퍼에 들어가서 껌을 훔친 적이 있어요. 여자 친구들끼리는 연대의식이 매우 강하지요. 돌아가며 훔치는데 나만 안 할 수 없더라고요. 훔

치고 나서 얼마나 죄책감에 시달렸는지. 부모님 뵙기가 미안했던 기억이 납니다.

학생들 오… 선생님도요?(학생들 안도의 웃음)

교사의 일탈행동 고백은 학생들이 주제에 접근하는 데 주저함을 없애 주는 작용을 한다. 다시 한 번 교실 안이 안전함을 알려주고 모둠별로 서로의 일탈행동에 대해서 이야기하는 시간을 갖는다. 친구들의 경험을 듣고 자신의 경험을 이야기하다 보면 다양한 분위기가 연출된다. 이때 수업의 호감도가 높아진다. 결국 아이들이 가장 궁금한 대상은 자신이고 자신의 이야기를 하고 싶어 한다는 것을 알 수 있다. 이후 포스트잇에 각자의 일탈행동을 기록하게 하고, 두 번째 질문으로 연결한다.

교사 왜 그러한 일탈행동을 했을까?

학생1 담배를 피워 봤어요. 친구가 피우니 따라 피우게 되었어요.

학생2 오토바이 타고 질주했어요. 연합고사가 끝나고 마땅히 할 것이 없었어요. 혼란스럽기도 하고….

학생3 가출을 했습니다. 부모님이 큰형이랑 자꾸 비교하면서 저를 질타하시고, 전 무엇을 해도 안 된다며 나무라셨습니다.

학생4 시험성적을 올리고 싶어서 친구의 답지를 보고 성적을 올린 경험이 있습니다.

2018년 4월 17일 공개 수업 중, 학생들이 수행 과제를 협력적으로 진행하고 있다.

두 번째 질문에서 학생들은 많은 생각을 한다. 별다른 이유가 없을 것 같았지만 생각해 보니 이유가 있었다. 그 상황과 이유에 대해서 다시 심도 있게 생각해 보는 시간을 갖는다. 이야기를 나누는 과정에서 유쾌한 웃음소리와 웃는 표정들이 나타난다.

이야기가 무르익으면 이어 정리를 하고, 각자 포스트잇에 일탈행동과 일탈행동의 원인을 적어서 칠판에 붙인다. 그 후 비슷한 원인끼리 유목화 과정을 거치면 심도 있는 토의가 진행된다. 이렇게 유목화한 것을 토대로 일탈형성 이론과 대응시키는 작업을 한다.

교사 학생1의 경우 친구 따라 담배를 피웠다고 했는데 이는 어떤 일탈형성 이론으로 설명될 수 있을까요?

학생들 차별교제이론이요.

교사 왜 그렇게 생각하나요?

학생5 일탈행동도 사회화 과정에서 학습된다는 이론이 차별교제이론인데요. 저의 일탈행동은 친구를 따라 한 것이고 그 과정에서 도덕적 저항감이 이완되어 일탈행동을 더 쉽게 배우게 된 것 같습니다.

교사 학생4는 어떤 일탈형성 이론으로 설명할 수 있을까요?

학생들 머튼의 아노미이론입니다.

교사 왜 그렇게 생각하나요? 말해 볼 학생 있나요?

학생6 사람들이 많이 지향하는 문화적 목표인 좋은 성적을 달성하기 위한 제도적 수단이 불충분하여 괴리되는 상태가 발생하였고, 이를 뛰어넘기 위해 일탈행동을 일으켰다고 생각합니다.

학생들은 일탈형성 이론에 대해서 스스로 탐구하는 시간을 갖는다. 자신이 경험을 이론과 접합시키는 학습 경험을 통해 배움으로 영글게 된다.

5. 우리들의 뜨거운 고백

학생들에게 자작시를 써 보자고 제안하면 아이들은 사회 시간에 무슨 시를 쓰냐는 표정으로 의아해한다. 한편으로는 이내 곧

안도감을 느끼는 것을 볼 수 있다. 국어 시간이 아니니 문법적으로나 소재적으로 편안하게 접근할 수 있다는 안도감일 것이라는 추측을 해 본다.

〈지식채널ⓔ〉에서 방영한 〈우리들의 뜨거운 고백〉이라는 동영상을 같이 시청한다. 동영상에서는 특성화 고교를 다니는 학생들의 시가 소개되어 있다. 이 영상을 통해 '우리도 진심을 담아낸다면 쓸 수 있겠구나.' 라는 동기를 부여해 준다. 학생들의 감성을 울리는 음악 몇 곡을 준비해서 잔잔하게 틀어주는 것도 좋은 방법이다. 시간 제한의 기능뿐 아니라 감정 몰입에 도움을 준다.

자작시를 본격적으로 작성하기 전에 먼저 다른 반의 수행 결과를 보여 주며 공감을 유도한다. 친구들의 시를 읽고 가장 인상 깊은 시의 구절을 적어 보는 활동을 한다. 친구의 시를 통해 상황과 감정을 공감할 수 있고 '나도 시를 구상하고 지을 수 있겠구나.'라는 자신감을 높여 주기 위한 장치이다. 이 지점에서 교사와 학생, 학생과 학생들의 상호작용이 활발하면 수행 결과물이 잘 나온다.

아이들의 내면은 뜨거웠다. 교직에 있는 동안 이렇게 많은 고백을 받은 적이 있을까 싶을 정도로 큰 울림과 감동이 있었던 수업이었다. 무뚝뚝하고 담담하게만 보였던 학생들의 내면에는 인간 본연의 모습이 숨겨져 있었다.

학생들의 시 중 울림이 많았던 몇 편을 공개한다. 특히 〈근시〉라는 시는 학생들에게도, 교사들에게도 큰 울림이 있었던 작품이다. 특별한 미사여구가 없어도 진실한 마음이 전해진다.

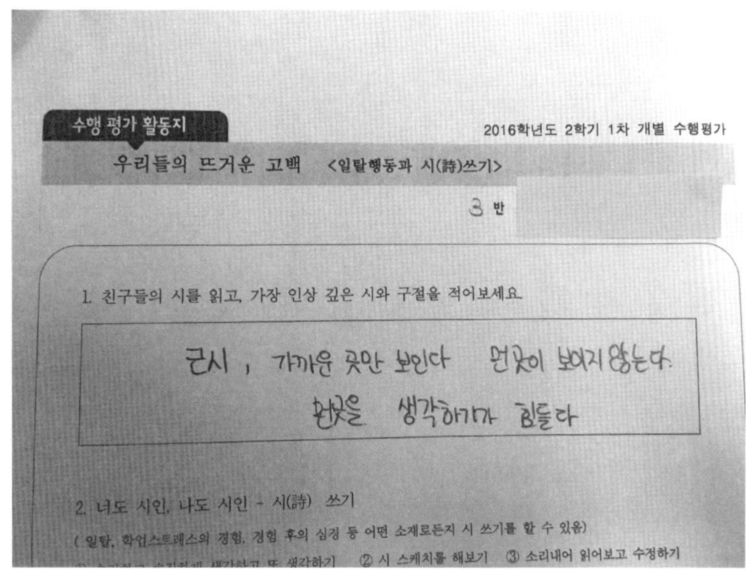

수행 평가 활동지

2016학년도 2학기 1차 개별 수행평가

우리들의 뜨거운 고백 <일탈행동과 시(詩)쓰기>

3 반

1. 친구들의 시를 읽고, 가장 인상 깊은 시와 구절을 적어보세요.

근시, 가까운 곳만 보인다 먼곳이 보이지 않는다.
먼곳을 생각하기가 힘들다

2. 너도 시인, 나도 시인 - 시(詩) 쓰기

(일탈, 학업스트레스의 경험, 경험 후의 심정 등 어떤 소재로든지 시 쓰기를 할 수 있음)

② 시 스케치를 해보기 ③ 소리내어 읽어보고 수정하기

다른 반 친구가 작업한 시를 감상하여
인상 깊은 시의 구절을 적어 보는 수행 과제 중 일부이다.

수업이 끝나고 조용히 학생을 불러서 이야기를 해 보았다. 시를 읽고 감동받았다는 느낌을 전하자 무신경한 반응 속에서 머리를 긁적이며 "감사합니다."라는 한마디를 남기고 쭈뼛쭈뼛 교실로 들어간다. 학생들의 감수성을 더 많이 두드려 주고 존중해 줘야겠다.

또한 아이들의 시 안에서 재기발랄하고 엉뚱한 모습도 볼 수 있는 기회였다. 〈9시 23분〉이라는 시가 대표적인 예이다.

우리들의 뜨거운 고백 <일탈행동과 시(詩)쓰기>

11 반 19 번 이름: [illegible]

1. 친구들의 시를 읽고, 가장 인상 깊은 시와 구절을 적어보세요.

도덕에서 벗어난 것처럼 무엇을 해야 할지 모르겠다.

2. 너도 시인, 나도 시인 - 시(詩) 쓰기

(일탈, 학업스트레스의 경험, 경험 후의 심정 등 어떤 소재로든지 시 쓰기를 할 수 있음)

① 솔직하고 담백하게 생각하고 또 생각하기　② 시 스케치를 해보기　③ 소리내어 읽어보고 수정하기

일상

매일 아침 학교에서 [illegible] 없다
공부를 열심히 하자고 다짐하고, 스톱워치로
공부한 시간을 잰다
1교시, 2교시, 3교시 … 시간이 지나서
스톱워치를 보면 공부한 시간은 별로 변하지 않는다.

자습시간에 정신 집중하고 수학 책을 피고
집중해서 공부한다. 스톱워치의 시간은 빠르게
올라가는데 [illegible] 별로 변하지 않는다.

하교 후 집에 가는 길 버스에서 오늘 무엇을
했는지 생각해본다
하루 종일 한 것이 없다는 생각이 떠올라서
후회하게 된다.

2. 너도 시인, 나도 시인 - 시(詩) 쓰기

(일탈, 학업스트레스의 경험, 경험 후의 심정 등 어떤 소재로든지 시 쓰기를 할 수 있음)

① 솔직하고 담백하게 생각하고 또 생각하기　② 시 스케치를 해보기　③ 소리내어 읽어보고 수정하기

근시

친구가 묻는다
"담교시 머냐!"
나는 대답한다
"국어"
친구가 묻는다
"점심 머 나오냐!"
나는 대답한다
"[illegible] 제육볶음"
친구가 묻는다
"우리 수능 언제였지?"
잘 모르겠다
"글쎄다"
엄마가 묻는다
"대학 생각해 놓은 것 있니?"
잘 모르겠다
"... [illegible]?"

어쩌면 나는 근시인 것 같다
가까운 곳만 보인다
먼 곳이 보이지 않는다
먼 곳을 생각하기가 힘들다.

'일탈행동과 형성 원인'을 주제로 한 수업 중 자작시 쓰기를 수행하였다.

9시 23분

2학년 이○○

책상 위에 문제집을 가득 쌓고
핸드폰을 확인한다
7시 25분.
30분부터 해야지

시계를 본다
8시 5분
15분부터 해야지

시계를 본다
8시 37분
9시부터 해야겠다

9시 23분
ㅋ
ㅋㅋ
ㅋㅋㅋ

왜 살지

"일탈행동을 하고 난 후 누가 생각날까?"라는 질문에 학생들은 기다렸다는 듯이 어머니와 아버지 등 주로 가족 중 누군가를 떠올렸다. 그리고 시를 통해 자신들의 내면을 쏟아 냈다.

아버지의 등

2학년 이○○

고개를 숙이신다
어깨가 축 처져 등이 초라해 보인다
예전에는 아버지의 든든한
꽉 찬 등만 보며 따라갔었는데
지금은 볼 수 없다
지금은 안 보려고 한다
등에 담긴 나의 불효들이
그대로 나를 괴롭힌다

어머니

2학년 김○○

어머니 얼굴에는 많다
근심, 걱정, 행복…

나에게 어머니는 피난처 같다
나의 고민, 불행, 잘못을
가려 주는…
힘든 상황에서도
나에게 미소를 지어 주시는
어머니는

나에게
제일 아름다우신 분이다.

표현하지 않고 표현할 줄 모르는 무덤덤한 학생들이라고 생각했다. 어쩌면 표현할 수 있는 기회가 없었던 건 아니었을까. 교실 속에서, 수업에서 이런 아이들의 감정을 놓치며 수업을 했던 것은 아닐까. 학생들의 내면을 열어 보고 공감하고 서로의 글썽이는 눈들과 마주한 순간, 모든 것이 정화된 느낌이었다. 나 자신은 교사 효능감을, 학생들은 관계와 배움에 대한 신뢰와 자기 존중감이 형성되었음이 틀림없었다.

학급당 마흔 명 정도의 여섯 개 반을 진행하면서 240여 편의 시를 만났다. 작품을 읽고 학생들의 마음을 마주하며 타인을 이해하고 공감하는 직업이 교사라는 것을 다시 한 번 느끼게 되었다. 학생들끼리의 연결, 학생들과 교사의 연결이 단단해지자 이후부터 수업이 다시 탄력적으로 진행되었다.

6. 시들에 주어가 없으신가요?

2017년도 하계 통합사회 선도교원 연수 5기(대구)에서 선생님들께 감수성 시뮬레이션을 소개했다. 그때 강의를 듣고 선생님들께서 많은 질문을 해 주었다. 가장 인상 깊었던 질문 중 하나가 "시에 조예가 깊으신가요?"였다. 답은 이러했다. '시'라는 분야에 대해서 조예가 깊지 않다. 다만 아이들의 심정과 느낌을 표현하는 것에 '시'라는 방법을 사용한 것이다. 랩 가사 쓰기, 작사하기 등 다양한 표현 방법이 있지만 '시'가 주는 풍미와 진정성을 따라가기엔 부족하다고 생각했다. 학생들에게 적합한 문학적 표현 방식을 수업에서 사용하는 것은 매우 중요하다.

나의 강의를 듣고 수업에서의 영감을 얻은 대구의 한 선생님께서 같은 주제(일탈행동)로 수업을 진행한 후 며칠 뒤 이메일을 보내 주셨다.

> 선생님의 수업에서 많은 감동을 받았습니다. 저는 같은 주제를 '랩 만들기'로 엮어 진행해보았습니다. 일탈행동과 랩 만들기를 엮어 보니 선생님과 같은 울림과 감동이 약했습니다. 아무래도 '랩'이라는 표현 방식은 불만과 비판정신을 표출하는 부분이 크기 때문에 그랬던 것 같습니다.

학생들에게 '시'라는 문학적 표현 방법이 덜 친근하게 다가올 수도 있다. 하지만 교실 안에서 '자작시' 활동이 실천되면 학생들의 함축적이고 가치 지향적인 부분이 자연스럽게 도드라진다.

앞의 강의에서 국어 과목과 사회 과목을 융합하여 엮은 수업인지를 묻는 선생님들도 있었다. 국어와 사회를 융합해도 좋은 수업 주제이지만 국어 과목이 반영되면 학생들은 시의 형식과 표현 기법 등에 집중하여 자기를 돌아보는 성찰적 내용이 약해질 우려도 있다. 확실한 것은 교사의 수업 철학에 기반하여 교과목의 본질적 성격을 잘 살려 내면 된다. 수업에는 교사의 직관력과 추진력 그리고 진심이 중요하다.

2017년도 동계 통합사회 선도교원 연수 5기(부산)에서의 강의 후 한 선생님의 피드백이 인상 깊었다.

> 우리는 보통 일탈행동과 원인이라는 주제에서 학생들에게 일탈하지 마라, 일탈행동은 나쁜 것이니 미리 예방하자 등의 메시지를 주고 이론적 설명으로 끝났던 수업 주제였는데…. 진짜 잘 살려 내셨네요. 시를 어떻게 일탈행동과 엮을 수 있었나요? 정말 재미있고 감동적이에요.

7. 배움의 시너지 효과

일탈행동과 자작시 쓰기 수업에서 많은 감화를 받고 같은 학교 내 교사 성찰 학습공동체 선생님들과 수업 경험을 공유했다. 이에 자신감을 얻은 국어 선생님은 같은 맥락으로 시와 관련한 배움을 진행하셨다. 또한 연구회 선생님들과도 공유하는 자리가 있었다. 그중 크게 영감을 얻은 김홍탁 선생님은 이를 학년 단위 프로젝트로 풀어 냈다. 일부를 소개한다.

‘詩詩한 청춘’ 공모전 안내문

2017년 즐겁고 평화로운 3학년 교실 만들기 프로젝트

중학교 3학년은 인생의 분기점에 서 있는 시기로 고등학교 진학을 앞두고 있기 때문에 성적과 입시 경쟁 등으로 상당히 긴장되고 스트레스를 많이 받습니다. 동시에 많은 추억을 남길 수 있는 학창 시절입니다. 학업으로 몸과 마음이 지친 3학년 학생들에게 자신과 주위의 친구들을 돌아볼 수 있는 여유롭고 평화로운 마음을 가질 수 있도록 소소한 추억거리를 만들고자 합니다. 경쟁이라는 관계가 가득하여 삭막할 수 있는 교실에서 생활하는 학생들의 몸과 마음에 여유가 있을 때 교우 관계에도 비로소 평화가 깃들 틈이 있다고 생각합니다.

mission 1. ‘詩詩한 청춘’ 공모전

봄 봄 ~ 봄 봄이 왔 ~ 네요. 왠지 모르게 마음이 살짝 설레지 않나요, 요즘? 살랑이는 봄바람에 학교 앞마당에 핀 벚꽃 잎이 흩날린 날도 눈 깜짝할 사이에 지나가 버릴지 모릅니다. 열여섯 살의 찰나 같은 봄을 오래오래 기억할 수 있기를 바랍니다.

돌이켜 보면 학창 시절 우리들은 누구나 시인이었습니다. 3학년 학생 여러분! 좋아하는 시 몇 편쯤 외울 줄 알고, 노트 한 귀퉁이나 책 한 켠에 자작시 몇 줄쯤 부끄러움 없이 끄적일 줄 아는 청춘이었으면 좋겠습니다. 그래서 〈‘詩詩한 청춘’ 공모전〉을 준비했습니다. 3학년 학생 여러분들의 많은 관심과 적극적인 참여를 부탁드립니다.

- 공모 내용: ‘3학년’, ‘공부’, ‘야자’, ‘친구’, ‘고등학교’ 주제로 자작시 쓰기
- 접수 기간: 2017. 4. 13~4. 28

- 중략 -

배움으로 성장하고 배움의 에너지로 주변에 씨앗을 뿌린다. 이러한 과정이 참 좋다. 서로의 연결이 교사와 학생 그리고 학교를 영글어지게 만든다.

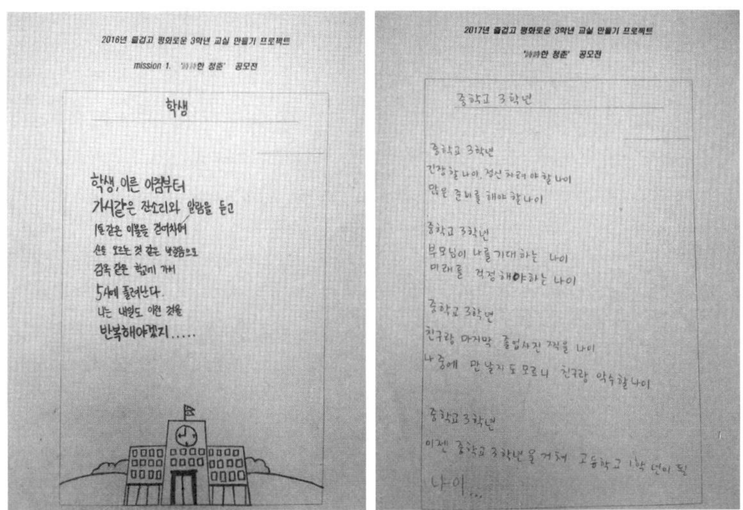

중학교 3학년, 열여섯 살 청춘은 누구나 시인이 된다.

고민을 하지 않는 순간, 수업은 멈춘다. 생각하지 않고 살아도 살아지는 것처럼 수업도 마찬가지다. 수업을 삶의 한 장면이라 생각하고 끊임없이 고민해야 한다.

3장. 타인과 사회를 공감하기 [인권 감수성 수업]

1. 학생들이 어떤 삶을 살아가면 좋을까?

학교는 작은 사회다. 학교는 학생들을 균형적인 사고를 가진 사회 구성원으로 성장시켜야 한다. 그럼에도 불구하고 환경적으로 그러한 상황적 구성이 되지 않아 안타까움을 느낀다. 내 경우에도 그러하다. 오랜 역사와 전통이 있는 사립 남자 고등학교이며 절대적으로, 상대적으로 남교사가 많은 학교다. 1300명이 넘는 남학생, 학생들이 바라보는 학교의 상황은 그리 균형적이지 않다. 학생들은 3년 동안의 학교생활에서 의도하지는 않았지만 여러 부분에서 불균형을 배우는 것은 아닐지 걱정되었다. 다시 말해, '여성과 같은 사회적 소수자를 배려하고 균형적인 사회 구성원으로 성장할 수 있을까?' 하는 의문이 들었다. 사회 교사라는 책임감으로

법과 정치 수업에서 '인권'이라는 주제로 꼭 한 번 짚어 줘야겠다라는 생각을 했다.

최근 학교생활 전반에서 학생들의 진로만을 향해 쫓아가는 분위기가 더 심화되었다. 예를 들어 수업 중 적극적이고 긍정적으로 배움에 정진하는 학생이 있으면 좋은 피드백을 하며 재차 묻는 질문이 있다. "그래, 너의 진로 희망은 뭐야?"라는 아주 일반적이고 핵심적인 질문이다. 대학입시 방향이 학생부종합전형으로 바뀌면서 의식적으로 학생들의 진로 희망을 알고 적극적으로 학교생활기록부를 작성해 주자는 게 요즘 교사들의 기본 생각이다. 나 역시 수많은 아이들의 학교생활기록부를 쓰며 학생들의 진로 희망을 알고 있다는 것에 묘한 자긍심도 느꼈고 개별적 특성을 작성하는 데에도 큰 도움이 되었던 것이 사실이다. 직업과 진로에 대한 고민은 역력한 듯 보였다. 그러나 교사도 학생도 거기에서 멈춘 것 같다. 직업과 진로를 뛰어넘어 '학생들이 살아갈 삶의 태도'에 대해 고민할 기회는 주지 않았던 것 같다.

2. 타인과 함께 슬퍼하고 기뻐할 수 있는 감수성

학생들은 선의의 경쟁 속에서 입시라는 큰 산을 넘어야 하는 부담감을 느낀다. 친구의 성과 위에 자신이 서야만 꿈을 펼칠 수 있는 사회가 되었다. 이상적인 사회는 나와 직접적으로 관계가 없는 타인의 고통에 대해서도 민감하고, 정직하고 굳건하게 살아온 사람들이 그들의 자존을 지킬 수 없을 때 그 슬픔에 분노하고 같이 행동할 수 있는 사회다.[4] 이러한 부분들을 수업 내에서 녹여 내어야 한다는 책임감이 생겼다.

일반적으로 대한민국헌법 제11조의 평등권에 대한 설명은 이론적인 설명과 적절한 예시로 쉽게 지나가는 부분이다. 일상적으로 수업을 준비하던 중 〈지식채널ⓔ〉에서 방영한 〈푸른 눈, 갈색 눈〉이란 동영상을 봤다. 내용은 이러했다.

〈푸른 눈, 갈색 눈〉(제인 엘리엇의 실험)

> 교사는 초등학교 3학년인 백인 아이들 스물여덟 명이 모인 교실에서 아이들에게 물었다. "얘들아, 흑인이 된다는 것은 어떤 느낌일까? 그건 아마 경험해 보지 않으면 알 수 없을 거야. 한 번 경험해 보지 않을래?"
>
> 선생님의 다정한 권유에 아이들은 당연히 "예."라고 답했다. 엘리엇 선생님은 칠판에 피부색을 구성하는 색소인 '멜라닌(Melanin)'을 적고 아이들에게 말했다.
>
> "멜라닌이라는 색소가 몸에 있는데, 이 멜라닌이 눈, 머리카락, 피부의 색을 결정하는 거야. 그런데 실은 이 색소가 더 많은 사람이 더 똑똑하고 현명한 사람이야. 여러분의 눈을 보면 갈색과 파란색, 두 가지 색의 눈동자가 있지? 갈색 눈을 가진 사람이 멜라닌 색소가 더 많은 거지. 더 똑똑하고

4. 김승섭, 《아픔이 길이 되려면》, 동아시아, 2017

> 더 우월한 사람이지."
>
> 그리고 '우월한' 갈색 눈을 가진 아이들에게만 몇몇 특권을 부여한다. 심지어 갈색 눈을 가진 아이들은 파란 눈을 가진 아이들과 놀면 안 된다는 규칙도 생겼다. 이와 같은 규칙 몇 가지가 시행되고 며칠이 지나지 않아 아이들은 빠르게 변화했다. "너는 열등한 아이니까 우리에게 사과해야 해."
>
> 인종차별이 인간의 삶을 어떻게 바꾸는지 무서울 만큼 명확히 보여 준 이 실험은 미국 전역에서 화제가 되었다. 실험은 거기서 끝나지 않는다. 실험이 시작되고 일주일이 지나서 엘리엇 선생님이 말했다. "얘들아, 선생님이 확인해 보니까 우월한 사람들은 갈색 눈이 아니라 파란 눈을 가지고 있었어요. 규칙을 바꾸도록 하자."
>
> 두 집단의 위치는 역전되고 갈색 눈을 가진 아이들에게 부여됐던 특권이 고스란히 파란 눈의 아이들에게 전달됐다. 그런데 신기한 현상이 나타난다. 한 번 피해자의 경험을 가진 파란 눈의 아이들은 '우월한' 집단이 되어서도 '열등한' 갈색 눈의 아이들에게 훨씬 더 너그러웠다.

영상을 접하고 교사가 차별을 경험하게 한다는 지점에서 매우 당혹스러웠다. 하지만 실험이 중요한 교육이 될 수 있음을 알았다. '사회적 소수자가 되어 본 경험이 있는 사람들은 자신에게 주어진 특별한 권리에 대해 더욱 조심할 줄 안다는 것'이다. 이 부분을 '인권'이라는 학습 주제와 연결했고 교실에서 수업 장면으로 조

5. 윌리엄 피터스, 《푸른 눈, 갈색 눈》, 김희경 옮김, 한겨레출판사, 2012

심스럽게 녹여 냈다. 단지 인종차별이라는 실험을 떠나 일상에서 벌어지는 차별적 상황에 대한 장면을 정지 화면으로 바라보고, 사회적 문제인 소수자의 차별로 연결하고 확장시켰다.

교육부에서 발간한《2015 통합사회 교수 · 학습 및 평가자료》에 실렸던 인권 감수성 수업과 관련한 나의 수업 철학의 일부를 재구성하여 엮어 보았다.

먼저 '인권'이라는 학습 주제에서 가장 중요한 개념인 사회적 소수자에 대한 차별적 상황을 일상생활에서 느낄 수 있도록 한다. '손들어 게임'으로 사회적 소수자의 개념을 적실히하고 '언어로 말하는 차별 이야기'를 통해 차별에 대한 태도와 감정을 느낀다. 이를 확장하여 일상생활에서의 차별적 단어와 대상을 연상해 보고, 이를 모둠별로 〈차별의 꽃〉 제작 학습을 통해 차별을 위계화시켜 볼 수 있게 한다. 또한 차별이 왜 발생하는지에 대한 연속적 발문을 통해 깊이 있는 사고를 유도한다.[6]

이후 차별적 상황에 대한 민감도를 높이기 위해 일상생활에서 마주하는 차별적 상황들을 소재로 제시하고, 이러한 차별적 상황을 실체화하고 자연스럽게 공감을 유도할 수 있도록 인권 감수성(모의 역할극) 수업을 선택하였다. 직접 시나리오 작업을 하고 재연하면서 차별적 상황에 대한 막연한 감정이 공감적 이해를 통해 자연스럽게 전환될 수 있도록 유도했다. 차별적 상황과 마주했을

6. 2015 개정 교육과정 핵심교원 연수 자료집 중 김재준 수석님의 발표 자료를 활용하여 구성했다.

때 느끼는 감정과 느낌을 솔직하게 말할 수 있는 교실 분위기 및 학교 분위기로의 전환도 유도했다. 주의해야 할 것은, 시나리오 작업과 재연 과정에서 교사의 개입을 줄이고 학생들 스스로 감정과 느낌을 찾아갈 수 있도록 안내하는 것이다. 재연 후에는 충분히 감정과 느낌들에 대해 깊이 있게 공감해 주는 교사와 학생들의 태도가 필요하다. 이를 통해 학생들이 차별에 대한 자신의 시선을 객관화하고 잠재적 실천력을 키울 수 있도록 했다.

인권 감수성 수업 과정안

단원명		4. 인권 보장과 헌법	차시	3~5
성취 기준		[10통사04-03] 사회적 소수자의 개념을 알고 차별에 대한 감수성을 신장하여 국내 인권문제와 세계 인권문제에 관심을 가질 수 있는 역량을 기른다. [법1232] 기본권의 의무와 종류를 내용에 따라 분류하여 이해하고, 헌법에 규정된 기본권 제한의 조건과 한계를 설명할 수 있다.		
교과 역량		비판적 사고력, 문제 해결력 및 의사결정 능력, 공동체적 역량 자기 존중 및 대인관계 능력, 공동체적 역량		
차시	핵심 질문	교수-학습 활동	평가 활동	
1~2	사회적 소수자는 어떤 차별을 받고 있는가?	‣ '누가 사회적 소수자인가?'에 대해 교사가 파워포인트로 제작하여 '손들어 게임' 진행하기 (*실제 사회적 소수자가 노출되어 낙인이 찍힐 수 있는 점을 조심하고 파워포인트에 들어갈 수 있는 개념은 '다문화가정', '여성', '노인', '지방 출신 사회인', '외국인 노동자' 등 개별적으로 접근해 봄		

1~2	사회적 소수자는 어떤 차별을 받고 있는가?	[제작 수업] 〈차별의 꽃〉 만들기 ‣ EBS 〈지식채널ⓔ〉의 〈차별의 발견〉 시청 후 일상생활에서의 차별을 발견하고 마주하기 ‣ 일상생활에서 차별받는 주제로 문제 제기를 하여 학생들 스스로 생각할 수 있는 시간을 줌 ‣ 모둠별로 〈차별의 꽃〉 제작함. 이를 통해 사회적 소수자가 누구이고 왜 차별을 받는지에 대해 생각해 볼 수 있는 기회를 가짐 ‣ 〈차별의 꽃〉으로 사회적 소수자를 파악하고 연속적 질문체로 접근하며 차별에 대한 원인을 심도 있게 접근함	(관점) 〈차별의 꽃〉 제작을 통해 사회적 소수자를 파악했는가? (평가) 교사 관찰 평가, 자기 평가
3~5	일상에서 경험하는 차별적 상황은 무엇인가?	[감수성 수업] 시나리오 작업 및 재연을 통해 감수성 수업을 발현함. ‣ EBS 〈지식채널ⓔ〉의 〈너 그거 알아?〉 시청 후 청소년 노동권에 대한 문제 제기 및 동기 유발을 함 ‣ 인권 감수성 수업: 청소년 노동, 외모, 지역, 학력 등 국내의 차별 사례를 찾아보고 '한 컷 시나리오' 작성함. 간단한 대본 리딩 후 이를 실감나게 시연해 봄 ‣ 시나리오 작업 후 역할극 실행 ‣ 시연 후 시연한 학생들의 진솔한 느낌과 시연을 지켜본 학생들의 진솔한 느낌과 정서를 공유함	(관점) 시나리오 및 역할극 작업을 통해 인권에 대한 감수성이 신장되었는가? (평가) 교사 관찰 평가, 자기 평가

정의적 수업 전개도

학생들의
일상 삶에서
수업 소재 찾기

일상에서의 차별적
상황 접근하기

▷

인지적 배움과
정의적 배움의 연결

사회적 소수자의 개념,
차별이 발생하는 이유,
헌법 조문과 연결 짓기

\+

차별적 상황에 대한 연극을 보며
실제 상황으로 연결하고
공감하기

▷

문학적
표현 방식 활용

시나리오 작성 및
재연하기

\+

그림책 수업

1 '손들어 게임'과 '언어로 말하는 차별 이야기'

대한민국헌법 제11조 "모든 국민은 법 앞에 평등하다. 누구든지 성별, 종교 또는 사회적 신분에 의하여 차별을 받지 아니 한다."라는 조항을 설명하고 확장하여 사회적 소수자의 개념을 알아보는 시간이다.

'손들어 게임'과 '언어로 말하는 차별 이야기'라는 시뮬레이션으로 진행하였다. 먼저 '손들어 게임'은 사회적 소수자의 개념을 게임의 형태로 알아 가는 과정이다. 모든 상황에서 나도 소수자가 될 수 있음을 느끼며 사회적 소수자에 대한 개념을 명확하게 할 수 있다. 더 나아가 사회적 약자와 사회적 소수자의 개념을 가시적으로 보여 줄 수 있는 적확성도 가지고 있다.

손을 올린 상태에서 준비된 슬라이드에 해당되는 사람이 손을 내린다. 여성, 장애인, 이주노동자 등 개념을 순차적으로 제시하며 손을 내리고 올리는 과정에서 사회적 소수자의 개념을 알 뿐 아니라 내가 사회적 소수자가 될 수도 있다는 사실을 몸짓으로 경험한다. 손을 들고 내림은 학생들이 교실 안에서 빈번하게 자기의 의사를 표현하는 방법 중 하나이다. 이를 사회적 소수자와 연결 지어 개념을 제시해 주면 쉽게 접근하면서도 누구나 사회적 소수자가 될 수 있다는 생각을 하게 된다. 슬라이드가 넘어가면서 손이 내려진 교실 속 상황을 마주했을 때의 표정은 놀라움을 숨길 수 없다.

교사 (교사와 학생 모두 손을 들고 있다.) 첫 번째 어떤 단어가 나올까요? '이주노동자'군요, '이주노동자'이거나 '이주노동자'의 자녀가 여기 이 자리에 있나요?

학생들 (일동 침묵) … (웃음)

교사 다음 단어를 볼게요. '여성'이 나왔습니다.

아, 선생님이 내려야겠네요.

학생들 (소란스러운 교실 분위기가 연출된다.) 아….

교사 사회적 소수자가 가까이에 있었군요. 세상의 절반이 여성인데 교실 속에서 선생님만 여자라 더 부각이 되네요. 그렇다면 사회적 소수자는 수적으로 적은 것을 의미할까요?

학생1 아니요. 세상의 반이 여성이잖아요. 아닌 것 같아요.

교사 맞아요. 사회적 소수자의 개념에 대해서 말해 볼 학생 있나요?

손들어 게임에서 사용할 슬라이드를 제작하기 전 각 반 담임 선생님들을 통해 학생들의 정보를 미리 확인하는 것이 중요하다. 수업의 소재가 됨으로써 상처를 받는 학생이 없도록 주의해야 한다. 간단한 게임이지만 이를 통해 많은 이야기가 오고갈 수 있다. 이때 교사의 발문과 태도가 매우 중요하다. 교사가 일부러 오개념을 넣어 두고 개념을 명확하게 설명해 주는 것도 좋은 방법이다. 예를 들면 다음과 같다.

교사 (교사와 학생 모두 손을 들고 있다.) 세 번째 어떤 단어가 나올까요? '학생'이군요. 모두 손을 내리고 있네요?

학생들 (모두 손을 내린다.)

교사 모두 손을 내렸네요. 자, 학생은 사회적 소수자일까요?

학생들 (아니요, 맞아요 등 의견이 분분하다.)

교사 네. 학생은 사회적 약자는 맞지만 사회적 소수자는 아니에요. 여기서 두 개념은 분명히 다릅니다.

손들어 게임을 진행하는 장면과 화면에 제시되었던 파워포인트 자료

여성

노인

흑인

이주노동자

북한 이탈 주민

다문화가정 자녀

두 번째는 '언어로 말하는 차별 이야기'다.'손들어 게임'이 사회적 소수자의 개념을 '인지'하는 수업이라면 '언어로 말하는 차별 이야기'는 사회적 소수자의 감정을 '공감'하는 시뮬레이션이다.

교실에서 자원 학생 두세 명을 선정하여 교실 앞에 앉게 하고 교사는 자원 학생 뒤로 슬라이드를 보여 준다. 자원 학생들은 슬라이드에서 어떤 단어가 나올지 모른다. 나머지 학급 구성원들은 슬라이드 속 사회적 소수자를 보면서 일상적으로 내뱉는 말을 자연스럽게 해 보도록 한다. 자원 학생이 소수이고 대다수의 학생이 바라보고 있는 상황은 사회적 소수자의 요건 중 '권력적 열세', '영향력이 적음'을 표현한다. 사회에서는 이런 상황이 사회적 소수자의 상황임을 환기시켜 준다.

('이주노동자'라는 슬라이드가 공개된다. 아이들은 술렁대기 시작한다.)

교사 (먼저 교사가 제시해도 좋다) 너 어느 나라에서 왔니?

학생1 고향으로 가라….

학생2 밥맛 떨어진다.

학생3 너희들 때문에 우리 일자리가 줄어들잖아.

교사 자, 뒤에 나와 있는 사회적 소수자는 누구일까요?

자원 학생 '이주노동자'입니다.

('여성'이라는 슬라이드가 공개된다. 아이들은 한 번의 훈련만으로도 조금의 주저함 없이 이야기를 한다.)

학생1 예뻐요(웃음).

학생2 못생겼어요.

학생3 뚱뚱해요(일동 웃음).

학생4 오늘 급식은 굶지요. 살 빼야겠네요(웃음).

자원 학생 … (얼굴이 빨개진다)

아이들이 하는 이야기를 듣고 자원 학생이 누구인지 알아맞히는 게임이다. 여기서 가장 중요한 점은 학생들은 슬라이드에 나와 있는 사회적 소수자와 자원 학생을 동일시하여 이야기해야 하고, 시뮬레이션이 끝나면 자원 학생은 그러한 말을 들었을 때의 기분을 솔직하게 반 친구들에게 전달해 주는 것이다.

결국, 학생들은 사회에서 사회적 소수자와 마주쳤을 때 한 번쯤은 들었을 생각, 한 번쯤은 이야기했을 법한 것을 표출했고, 자원 학생은 사람들이 일상적으로 말하는 차별적 대화를 듣게 된 것이다. 이러한 상황을 조금 각색해서 수업으로 엮은 것이다. 실제 자원 학생 두 명에게 솔직한 느낌을 이야기해 달라고 했다.

> 아까 '이주노동자' 슬라이드가 나올 때는 그래도 괜찮았었는데, '여자' 슬라이드가 나오자 아이들이 하는 말들을 듣고 나도 모르게 옷매무새와 앉은 자세부터 확인하게 되더라고요. 사회에서 여자를 대상으로 하는 시선을 간접적으로나마 느껴 보았네요. 기분이 정말 좋지 않았습니다.

> '여성'을 이야기할 때 학생들이 외모, 신체적인 것들에 대해서만 피드백을 하더라고요. 그때 정말 깜짝 놀랐습니다. (이미 얼굴이 빨개져 화가 난 상태) 태어나서 이렇게 자괴감에 빠진 적이 없었어요. 순간 너무 화가 나서 받아칠 뻔했는데 참았습니다. 이건 진짜 느껴 봐야 해요.

자원 학생들은 솔직하게 자신들이 느낀 점을 이야기해 주었다. '언어로 말하는 차별 이야기'는 자원 학생이 학생의 눈으로, 입으로 잘 설명해 줘야 한다. 그래야만 일상에서의 차별적 상황들에 대한 느낌이 교실 속 학생들에게 전이된다.

4. 〈차별의 꽃〉[7] 제작 수업

'손들어 게임'과 '언어로 말하는 차별 이야기'로 워밍업을 한 상태다. 이제 학생들은 〈차별의 꽃〉 제작 학습에 참여한다. 일상생활에서 어떤 경우에 차별을 경험하는지 생각해 보게 한다. 앞서 활동한 내용을 토대로 학생들은 여성, 지역, 인종 등 분명하게 차별의 지점을 포착한다. 이를 확장시켜 각 항목별로 중앙에서 가까운 곳은 이득(혜택)을 받는 사람을 적어 넣게 하고, 중앙에서 먼 곳은 가장 불이익을 받는 사람을 적게 한다.

예를 들어 인종이라는 항목에서 인종 때문에 가장 이득을 보는 사람이 '백인'이라면 중앙에서 가장 가까운 칸에 적고, 불이익을 가장 많이 받는 사람이 '흑인'이라면 중앙에서 제일 먼 꽃잎 부분에 적는다. 이를 통해 차별에도 위계가 있음을 가시적으로 파악하게 한다. 〈차별의 꽃〉은 아이들의 유창함을 발휘하여 별, 나무 등 다양한 형식으로 표현할 수 있다.

학생들이 작업한 〈차별의 꽃〉 결과물이다.

7. 전국사회교사모임, 《땅콩선생 드디어 인권교육하다》, 우리교육, 2003

〈차별의 꽃〉 제작 수업은 학생들이 집중하며 활기찬 분위기 속에서 원활히 진행된다. 제작 수업이 끝나면 연속적 질문체의 활동으로 연결한다. '차이가 차별을 만드는가?', '차이가 차별을 어떻게 만드는가?', '사회적 소수자는 왜 차별을 받는가?'라는 질문들이다. 질문을 해결하기 위해 모둠별로 이야기를 나눈다. 학생들의 심도 있는 생각은 여기서 시작된다.

[활동지1]

· 차이와 차별은 다른가?
차이는 다름에서 오는 것이고 차별은 편견에서 오는 것이다.

· 차이가 어떻게 차별을 만드는가?
차이를 그대로 인정하지 않고, 사회적으로 권력을 가진 자들이 차이를 위계화시켜 차별이 발생한다고 생각한다.

· 사회적 소수자는 왜 차별받는가?
사회적 지배층에 의해 차이가 위계화되어
그 차제로 가치를 인정받지 못하고 차별을 받는다.
지배층의 기득권을 유지하기 위해 차별은 재생산된다.

모둠별 제작 수업과 '연속적 질문체'를 진행한 후에 갤러리 워크(Gallery Walk)를 통해서 생각을 공유하고 조정하는 과정을 갖는다. 갤러리 워크란 미술관이나 박물관에서 안내자의 해설을 들으며 전시물을 감상하는 것과 같이 진행되는 학습방법이다. 설명이, 제안이, 칭찬이, 지적이 등 역할을 배분하여 긴장감 있게 진행하며 배움을 나누고 서로에게 도움을 주는 활동이다. 다른 모둠의 활동내용을 파악하기에 유용하며 자신이 속한 모둠 활동을 객관화하는 데에도 도움을 준다.

학생들은 일상생활에서 차별적 상황들에 대한 경험을 진술하게 발표한다. 그리고 제시된 상황과 일상을 접목하여 모둠별 한 컷 시나리오를 작성한다. 한 컷 시나리오 작성에 들어갈 요소는 차별받는 사람, 차별하는 사람, 방관하는 사람이다. 이 역할이 필수적으로 등장해야 함을 안내하고 역할 배분을 균형적으로 할 수 있도록 유도한다. 차별적 상황을 각색하여 시나리오에 녹여 내고 간단한 대본 리딩 작업을 수행한다. 각자의 역할에 감정이입을 하고 차별적 상황을 재연한다. 시연할 때의 유의점은 연기하는 모둠원

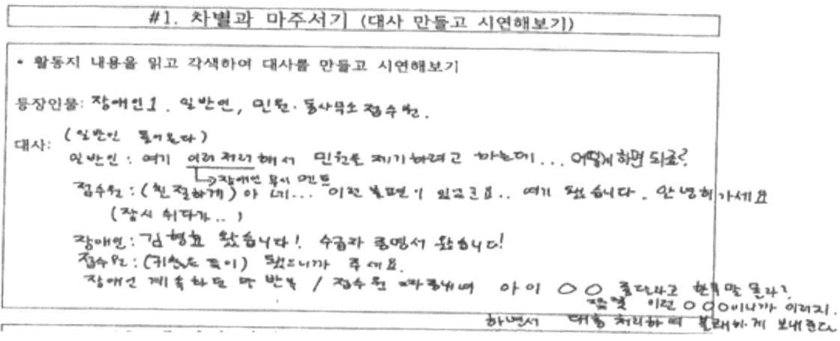

#1. 차별과 마주서기 (대사 만들고 시연해보기)

• 활동지 내용을 읽고 각색하여 대사를 만들고 시연해보기

등장인물: 장애인1, 일반인, 민원·동사무소 접수원.

대사:

일반인 : 여기 어러 처리 해서 민원을 제기 하려고 하는데... 어떻게 하면 되죠?

접수원 : (친절하게) 아 네... 이런 불편이 있으시군요.. 여기 적으시면 됩니다. 안녕히 가세요

장애인 : 김형효 왔습니다! 수급자 증명서 왔습니다!

접수원 : (귀찮은 듯이) 됐으니까 주세요.

장애인 계속 하던 말 반복 / 접수원 짜증내며 아이 ○○

'장애인 차별'이라는 주제의 한 컷 시나리오 작업 결과물이다.

들은 실감나게 몰입하여 연기하고 지켜보는 이들은 차별적 상황에 집중한다.

장애인 차별이라는 주제로 주도적으로 시나리오를 썼던 한 학생의 피드백 중 일부를 옮겨 왔다.

> 예전에 장애인 시설에서 봉사한 것을 생각하면서 대본을 썼다. 평소 주변 사람들의 시선에서 볼 수 있는 딱딱한 시선에 주목하여 차별 내용을 깊이 고민했다. 이런 고민들이 쌓여 갈수록 장애인에 대해 큰 미안함을 느꼈다. 분명 연극에서 차별을 당함을 느꼈음에도 장애인들의 마음 한편이 얼마나 더 아플지 온전히 헤아릴 수 없었을뿐더러, 그것을 모르는 사람들이 우리나라에 너무 많음을 느꼈기 때문이었다. 이 교육을 받으면서 장애인에 대한 따뜻한 시선을 바라볼 수 있게 하는 교육 콘텐츠 개발이 시급함을 느꼈고, 학교 내에서 장애인 포용하기 캠페인을 적극 운영해 보는 방안이 필요함을 절실하게 알게 되었다.

재연 후 차별받는 사람, 차별하는 사람, 방관하는 사람들을 연기하며 느꼈던 감정과 태도를 이야기한다. 제시된 활동지에 모둠 활동에서 느꼈던 감정을 작성하고 진솔하게 이야기를 나눈다. 직접 시나리오 작업을 하고 재연하면서 차별적 상황에 대한 감정의 막연함이 공감적 이해를 통해 자연스럽게 의식을 전환시킬 수 있도록 유도한다.

#3. <차별>과 관련한 배움을 통해 각자 느낌 점을 솔직하게 적어보세요.

	내가 장애인(정신지체) 역할을 했을때 '차별받는 그 장애인은 그 차별'을 느낄까에 대한 깊은 생각을 하게 되었다. 만약 그들이 차별받고 있음을 그들이 느끼지 못한다면 더 아픈 현실이 될 수 있다는 생각에 안타까움을 느꼈다.
	차별을 하는 입장에서 나는 차별을 안하는 줄 알았지만 무의식적으로 나도 차별을 하는 것을 느꼈다 이번 수업으로 다시 한번 돌아보게 되었다
	웃긴 부분을 강조하려고 좀 더 오버해서 과격적으로 대사도 쓰고 연기도 했지만 (주제 부각을 위함이기도 하다.) 웃기긴 한데 웃으면 안될것같은 기분이 양심에서부터 올라왔다. 유익한 시간이다

인권 감수성 수업을 통해 변화된 가치 · 태도를 서술해 보았다.

6. 타인을 이해한다는 것은

> 차별이 다른 사람에게 얼마나 큰 상처가 되는지 실감할 수 있게 되었고, 앞으로는 차별을 불러일으키는 말과 행동을 삼가야겠다고 생각했다.

한 학생이 기록한 피드백의 일부이다. 학생뿐 아니라 내가 수업을 통해 놀랐던 것은 차별이 우리의 무의식 속에서 자행되고 있다는 것이다. 아이들은 차별적 상황이 어떤 것인지, 내가 하는 행동이 차별인지조차 인지하고 있지 않았다. 학생들은 친구들의 차별 상황 재연을 보며 자신의 삶과 상황에 투영시키고 자신을 성찰한다.

연극을 하며 관리인의 모습이 나의 모습은 아니었는지 반성하게 되었고, 평소 우리의 시선이 잘못되었다는 것을 알았다.

이러한 과정에서 학생들은 일상생활에서 발생하는 차별적 상황에 대한 민감성을 키우고, 차별에 대한 자신의 시선을 객관화하여 잠재적 실천력을 키울 수 있게 된다.

#2. 내 안의 차별 발견하기 (시연후 느낀점 공감하기)

가) 활동지 내용을 읽고, 무슨 일이 일어나고 있는지 이야기해 본다.

㉠ 내용을 읽고 어떤 생각이나 느낌이 들었나요?

몸이 불편해서 많이 힘들텐데 속상하고 기분이 아쉬울 것 같고 정신 장애의 경우 차별 받는 줄 모르고 그저 해맑게 웃는 모습이 떠오르는데 매우 미안하고 안타까웠다.

나) 이야기 속 차별상황의 문제점과 차별이 일어나는 맥락을 발견한다.

㉠ 이야기에서 일어난 일이 차별이라고 생각하나요?

차별이다. 장애라는 이유로 장애인을 부당하게 대우하고 있기 때문이다.

㉡ 왜 이런 일이 일어났다고 생각하나요?

차이를 인정하지 않는 태도, 장애인에 대해 여전히 지속되는 편견이 이러한 차별을 유발한다.

다) 자기 생활 속 차별상황을 발견하고 자신의 역할을 고민해본다.

㉠ 내가 만약 이야기의 주인공이라면 어떤 생각이나 행동을 할까요?

일반인이라면 되도록 장애인 무시 멘트를 줄이고 접수원이라면 차별없이 인내와 존중으로 장애인을 대하며 업무도 정상인들에 친절하게 처리해줄 것이다. 장애인이라면 정신지체라는 점에서 천진난만하게 행동하며 상황을 어느정도 눈치볼 것 같다.

한 컷 시나리오 작업과 모둠별 재연 활동을 마친 후 느낀 점을 서술해 보았다.

인권 감수성 수업을 참관한 연구회 선생님들의 피드백을 옮기면 다음과 같다.

교사1 수업 초반에 이루어지던 손들어 게임 내용이 적절했던 것 같다. 자칫 민감하게 받아들일 수 있었던 부분들이 있었는데, 담임샘의 협조를 얻어 사전 조사를 했다고 하니 준비를 잘하신 것 같다. 차별이 이루어지는 상황에서 피해자의 입장에서 느껴 보도록 시연했던 기획이 좋았다. 수업 끝에 학생이 직접 동화를 읽었던 장면도 인상 깊었다. 한편 상황을 아이들의 사례를 이용하여 직접 만드는 것은 어떨까 하는 생각이 들었다. 또한 차별 뒤에 숨겨진 구조적인 권력 문제를 다루는 것도 좋겠다. 다시 한 번 오현고등학교 학생들의 모습이 참 좋았다.

교사2 살구색 영상을 탐라중에서 근무할 때 보여 주었던 적이 있는데, 학습내용과 적절하게 잘 연결이 되어 좋았다. 그 때에는 '어린 것들이 감히!'라고 얘기하던 학생도 있었다. 학교, 교실 상황 속에서 감성적, 감정적인 교육이 이루어져야 한다는 생각이 들었다. 그래서 학생들과 위안부 팔찌를 구매하는 것을 논의한 적도 있었다.

교사3 작년 공개 수업 때보다 훨씬 밝아진 분위기였다. 차별이라는 것을 다룰 때, 무엇보다 충분한 감수성을 바탕으로 공감하는 것이 중요하다고 생각되는데, 수업 내내 그걸 충분히 느낄 수 있어서 좋았다. 특히 살색, 연주황을 다룬 영상에서는 그동안 문제라고 느끼지 못할 수 있는 부분을 다룬 것으로 인권적인 감수성을 함양하는 좋은 자료였다. 연극이라는 요소로 낯선 상황과의 만남이 이루어졌는데, 신선한 시도였고 아이들의 창의력을 엿볼 수 있는 좋은 기회라고 생각한다.

7. 내게는 소리를 듣지 못하는 여동생이 있습니다

감정을 많이 쏟고 학생들의 공감과 소통이 많았던 배움이 끝나면 그 수업에 대한 나만의 답례 수업을 한다. 나의 느낌을 진솔하게 말하기도 하고 때로는 수업을 통해 말하고자 했던 주제가 투영된 매체를 통해 학생들과 같이 느낀다. 인권 감수성 수업에서 아이들은 내가 의도했던 것보다 더 많이 느끼고 공감해 주었다. 그래서 마지막은 교사와 학생 모두 공감할 수 있는 그림책 한 편을 소개하며 끝맺음을 했다.

내게는 소리를 듣지 못하는 여동생이 있습니다

– J. W. 피터슨

내게는 소리를 듣지 못하는 동생이 있습니다.
내 동생은 특별하지요. 그런 동생은 그리 흔하지 않답니다.
내 동생은 피아노를 칠 줄 알아요.
우릉우릉 울리는 느낌을 좋아하지요.
하지만 노래는 못 부른답니다.
소리를 들을 수 없으니까요.
내 친구들은 동생 얘기를 물어 보곤 해요.

"소리를 못 들으면 귀가 아프니?"
"아니."
나는 대답해요.

"귀는 안 아파.
하지만 사람들이 이해해 주지 않을 때
마음이 아프단다."

내게는 소리를 듣지 못하는 동생이 있습니다.[8]

재밌고 명랑한 학생에게 부탁해서 그림책을 읽게 한다. 슬라이드에 적힌 글을 꾹꾹 읽어 내려가다 보면 학생들 사이로 절제된 침묵의 분위기가 흐를 때도 있다. 그림책을 다 읽고 나면 특별한 피드백을 하지 않아도 여운이 남는다.

인권 감수성 수업을 통해 공감의 장이 된 교실 속에서 그림책 낭독은 즐겁다. 그림책 수업은 편견이 없는 유년 시절로 돌아가게 하는 힘을 가지고 있다. 과거를 돌아보며 학생들도 교사도 순수했던 그 시절을 회상하며 지금의 자신을 성찰할 수 있다. 그러한 과정이 과거로의 연결, 현재의 성찰 그리고 배움으로 연결되는 것이다.

그림책 수업에 참관한 한 선생님의 피드백이 눈길을 끈다.

> 동화책을 학생 한 명의 소리로 읽는 것이 무척 몰입이 되었다. 간단한 수업 장치로 이렇게 큰 감동을 줄 수 있다는 점을 알게 되었다.

8.J. W. 피터슨, 《내게는 소리를 듣지 못하는 여동생이 있습니다》, 김서정 옮김, 중앙출판사, 2004

8. 잠재적인 실천력을 기대하며

지금 당장 아이들의 행동이 바뀌기를 기대하는 것은 아니다. 이러한 수업을 계기로 관련 책을 심도 읽게 읽어 보거나 사회적 소수자에 대해 무심코 생각했던 일상을 돌아보고 자신의 언행에 주의 를 기울이고 신중하게 생각하는 계기가 되었다면 그것이 가장 큰 얻음이라 생각한다.

수업에 감명을 받았다면서 이런 이야기를 들려준 학생도 있었다.

> "인권 감수성 수업을 배우며 인권에 관심을 갖게 되었어요. '인권'이라는 주제로 한 달에 한 번 모여 토론 및 토의 활동을 하고 싶습니다. 특히 학교에서의 학생 인권도 면밀하게 다루어 봤으면 합니다. 'peace ohyun(오현인권프로젝트)'라는 자율 동아리를 만들어 온라인, 오프라인으로 소통하고 싶어요. 선생님께서 자율 동아리 담당 선생님을 맡아 주셨으면 해요."

학생은 정중하게 부탁했고 나는 흔쾌히 제안을 받아들였다. 그리고 학생들의 동아리 활동을 지켜보았다. 아이들은 5월부터 12월까지 '그달의 인권'이라는 주제로 온라인 토론을 진행했다. 또한 자신들이 관심을 갖고 있는 학생 인권에 대한 주제로 '우리 학교, 학교 교칙에 대한 문제점과 대안점'이라는 주제로 심도 있는 토론을 펼쳤다. 그 과정에서 우리 학교의 교칙이 현실과 동떨어진 부분을 지적하고 문제점과 대안점을 찾아냈다. 교장 선생님과의 만남을 추진하며 자신들의 의견을 적극적으로 피력했다. 그 시절, 학생들도 교사인 나도 가슴 뛰는 즐거움을 느꼈다. 학생들이 사회에 나가면 더 큰 울림이 있는 활동으로 결실을 맺기를 기대한다.

다음은 포항에서 일어난 지진으로 2018학년도 수학능력시험(수능)이 일주일 연기되어 마지막 날 자습을 주고 그동안의 수업을 돌이켜보며 작성한 〈성찰 일기〉 중 일부이다.

> 지금, 여기는 불과 수능이 24시간 남짓한 교실이다. 3년 동안 나에게 사회 교과를 같이 배우며 성장한 아이들이 사회로 나가기 하루 전 상황이라는 것이다. 과연 아이들은 내 수업을 얼마나 공감했을까, 어떻게 삶에서 엮어 나갈까 매우 기대되며 염려되는 부분도 있다. 학교라는 작은 사회에서 경험하고 소통했던 가치들이 그들의 삶에서 잘 발현되기를 기대해 본다. 그리고 그들의 삶에서 위험한 순간에 작지만 작은 움직임이었던 수업 순간을 되새기며 온전하고 균형적인 사회 구성원으로 성장하길 바란다.
>
> – 2017. 11. 22, 〈성찰 일기〉 중에서

4장. 감수성 수업과 평가

감수성 수업과 평가는 또 다른 배움이며 성장의 과정이다. 특히 정의적 영역에 대한 평가는 자아 효능감과 자존감을 높여 주는 영역이다. 다음은 수업 시간에 이루어진 일탈행동과 자작시 쓰기에 대한 과정중심평가 중 일부이다.

시계

2학년 박○○

책상 위에 걸린
우식하게 설린
시계가 있다.

초침이 움직이는 소리와 함께
내 펜과 영혼이 움직인다.
그것도 잠시 초침이 방망이가
내 마음을 두드리고
자아의 거울 속 현실을 비춘다.
공부는 왜 하는가
내 펜은 초침에서 시침이 되고
공부라는 것에 얽매여 잃어버린
모든 것을 향해 시계가 비웃어 버린다.

볼펜의 건전지가 다 돼 버릴 때면
D-DAY까지의 시간 속 건전지도
멈추면 좋겠지만 그렇지 않는다.

중간, 기말, 수능이라는 세 가지가
초침, 시침, 숫자가 되어
내 방 안 나를 감시하는 장소가 되어 버린다.

시간아 멈춰라….

아버지의 등

2학년 이○○

고개를 숙이신다.
어깨가 축 처져
등이 초라해 보인다.

예전에는 든든할 정도로
꽉 찬 등만 보며
따라갔었는데
지금은 볼 수 없다.
지금은 안 보려고 한다.

일탈행동을 하고 난 후 누가 생각이 날까?, 일탈행동을 하고 난 후 기분은 어떨까? 하는 물음으로 자작시 활동을 진행했다. 이러한 궁금증을 시작으로 수업설계와 평가 설계가 이루어졌고 학생들의 자작시가 완성되었다.

위의 수행평가 과제물은 같은 학급에서 나온 것이다. 누구의 시가 공감되는지 생각해 보자. 〈시계〉라는 작품과 〈아버지의 등〉이라는 작품에서 일탈행동과 관련한 자아 성찰적인 태도와 접근, 소재의 공감성이라는 기준을 좀 더 만족시킨 것은 〈아버지의 등〉이라는 작품이다. 〈시계〉를 쓴 친구는 학교에서 학업성취도가 매우 뛰어난 학생이며, 〈아버지의 등〉을 쓴 학생은 학업성취도가 낮으며 배움에 대한 의욕과 성취가 떨어지는 학생이다.

학교에서 이루어지는 평가라는 것에 대한 학생들의 일반적인 생각은 이렇다. 먼저 지필고사는 학업성취도가 높은 아이들끼리의 경쟁이라고 생각한다. 또한 학업성취도가 높은 아이들의 수행평가는 대부분 만점이나 높은 성취율을 보인다는 것이다. 즉, 지필고사와 수행평가에서 학업성취도가 낮은 아이들은 평가의 소외를 경험한다. 하지만 정의적 영역에서의 평가는 학업성취도가 낮은 아이들에게도 공평한 기회가 주어질 뿐더러 결과적으로도 높은 성취도를 보일 수 있는 가능성이 크다는 것이다. 또한 평가를 하는 과정에서도 교실 속 분위기는 평가의 삭막함보다 따뜻함이 발현된다. 수업 중 정의적 영역에 대한 평가가 이루어질 때 비슷한 결과가 나왔던 경험은 조금 더 있다.

눈

2학년 ○○○

오랜만에 엄마와 단둘이 밥을 먹는다.
항상 공부하라는 엄마의 잔소리가 들리지 않는다.
어째서 아무 말도 안 하는지 고개를 들어보니
엄마의 눈엔 미안함이 가득하다
미안할 게 없는 우리 엄마
괜히 죄송스러워 고개를 숙여 밥을 먹는다.

제목 없음

2학년 ○○○

혼란스러웠다.
갑자기 혼란으로 모든 게 두렵고 무서웠다.
현실을 피해 도망치며 스스로를 혼자로 내몰았다.
방황했고 그럴수록 점점 내 자신이 싫었다.
그렇게 시간이 지나 상처에 새살이 돋아나오듯
나도 점차 제자리로 돌아가는 중이다.
하지만 현실은 여전히 차가울 것이고

이제는 도망가지 않으려 한다.
실수와 실패는 나에게 한층 더 깊어질 수 있는
경험과 교훈을 주었고
나는 이제 새롭게 시작하려 한다.

위 시는 한 학생이 동일한 시간에 작성한 것이다. 이 학생은 학교에 적응을 못해 힘들게 버티는 중이었다. 특히 일주일에 한 번인 사회·문화 수업 시간에는 더욱 보기 힘든 아이였는데 일탈행동과 관련한 수업이 진행되던 2주일 내내 꼭 자리에 앉아 수업을 들었다. 위의 시 두 편도 20분 안에 작성하여 제출했다. 그 후 이 수업 뒤로 다시 학교 나오는 것에 어려움을 토로하였다. 두 편의 작품을 읽으며 학생이 정말 '할 말이 많았구나.', '많이 힘들구나.'를 느끼며 마음이 참 아팠다. 그리고 자작시 활동이 끝나고 반 전체에 피드백을 해 주는 자리에서 지은이를 익명으로 하여 작품을 소개해 주며 나의 느낌을 진솔하게 아이들에게 전해 주었다. 아이들은 스스로 자신의 내면을 열어 보고 자신의 뜨거운 마음과 마주했다. 여느 평가에서처럼 평가의 소외를 경험하지는 않았을 거라 생각한다.

2. 그래도 변별은 해야 하지 않을까?

교사들은 경험적으로, 관성적으로 '평가'라는 영역에서 '변별'이라는 프레임에 갇혀 사는 건 아닐까 생각해 본다. 평가의 기능 중 분류 및 선발의 기능을 충족하기 위해 변별력이라는 척도를 당위적으로 해석하는 건 아닐까 하는 의문이 든다. 조금 더 솔직하게 말하자면 나는 그동안 '꼭 변별해야 하는가?'라는 강한 의문으로 정의적 영역에 대한 과정중심평가를 진행해 왔다. 일종의 반발심 비슷한 맥락이었다.

학생들은 1년 동안 배운 과목들에 대해서 학기당 두 번의 지필고사와 두세 번의 수행평가를 본다. 수많은 평가를 치러야 하고 그 과정에서 변별된다. 이미 변별할 수 있는 기제는 높은 비율을 충당하고 있다. 따라서 정의적 영역에 대한 평가의 경우 교사와 학생이 꼭 변별될 필요는 없다는 생각과 함께 수행과정을 즐기며 한다는 생각으로 진행한다면 평가받는 느낌을 줄일 수 있을 뿐 아니라 배움의 과정 전반에 큰 시너지 효과가 생긴다. 즉, 평가는 학생을 돕는 평가가 되어야 한다.

이를 표로 제시하면 다음과 같다.

2학년 사회 · 문화 평가계획 (2016년)

평가 종류	지필평가	수행평가		총점
반영 비율	70%	30%		
방법	선다형	서술형 평가 (문화비평지 만들기)	일탈행동과 자작시 쓰기	100
배점 (반영 비율)	100 70%	100 20%	100 10%	100%

항목을 보면 변별되는 기제가 대부분이다. 즉, 정의적 영역에 대한 평가가 변별되지 않았다고 해서 1년간의 배움의 과정에 강력한 역효과는 없다고 생각한다. 반면에 일탈행동과 자작시 쓰기와 같은 정의적 영역에 대한 수업과 평가가 이뤄질 경우 '자아 효능감'의 증가와 같은 강력한 교육적 효과는 크다. 그래서 올해엔 수행평가 비중과 정의적 영역에 대한 비중을 늘렸다.

올해 평가 계획은 다음과 같다.

2학년 사회 · 문화 평가계획 (2018)

평가 종류	지필 평가	수행 평가			총점
반영 비율	35%	65%			
방법	선다형	서술형 평가		수업 중 정의적 영역에의 평가 (수업 주제+정의적 요소 추출)	100
		서술형 평가 (문화비평지 만들기)	수업 기록 (유의미한 배움)		
배점 (반영비율)	100 35%	100 25%	100 10%	100 30%	100 100%

3. 정의적 영역을 나타내기 위한 수업과 평가가 되려면

정의적 영역을 나타내기 위한 수업과 평가가 되려면 성취기준을 문해하고 학습 주제를 정한 후 관련된 정의적 요소를 추출하여 수업 과정에 접합해야 한다. 앞서 설명한 일탈행동과 자작시 쓰기 활동, 인권 감수성 수업에 대해서 이야기해 보면 다음과 같다. 일탈행동과 형성 원인의 성취기준은 '[12사문02-04] 개인과 사회 구조의 관계 속에서 발생하는 일탈행동을 다양한 관점에서 분석한다.'이다. 일탈행동의 개념과 일탈행동의 형성 원인에 대해서 분석하고 탐구하는 단원으로 정의적 영역의 성취기준은 서술되지 않았지만 성취기준을 확장하여 정의적 영역을 담아 내고 싶었다. 그래서 '일탈행동과 자작시 쓰기 활동'이라는 주제를 정하게 되었고, 활동내용에서 '자아 성찰', '자아 효능감', '공감 능력'을 추출하여 이를 표현하기 위해 문학적 표현 방식으로 나타내고자 했다. 학습자 개인의 경험을 담은 시는 자아를 형성하고 성찰하게 하며 다른 사람들의 삶을 공감하게 한다. 다양한 경험과 상상력의 기회를 부여하므로 공감 능력이 향상될 수 있다.

인권 감수성 수업의 성취기준은 '[10통사 04-03] 사회적 소수자의 개념을 알고 차별에 대한 감수성을 신장하여 국내 인권문제와 세계 인권문제에 관심을 가질 수 있는 역량을 기른다.'이다. 이러한 성취기준을 문해하는 과정에서 사회적 소수자의 개념을 현실적 상황에 비추어 실제감 있게 수업하고 싶었고, 무엇보다도 학생들의 실천력을 신장시켜 주고 싶었다. 따라서 '인권 감수성 수업'이라는 주제를 정하였고, 활동내용에서 '인권 존중', '관용과 타협의 정신', '사회 정의의 실현' 등의 정의적 요소를 추출하여 이를 수업 과정에 녹여 냈다.

4. 평가의 꽃은 피드백이다

평가의 꽃은 '피드백'이라고 생각한다. 피드백은 학생들이 평가문항 또는 수행 과제에 대해 기억하고 있는 시기에 제공하는 것이 좋다. 따라서 평가한 지 2주 이상 지난 후에 주어지는 피드백은 효과가 줄어든다. 또한 '결과'보다는 '과정'에 대한 피드백에 집중하는 것이 좋고, 학생의 학습과 성장을 돕기 위해서는 구체적인 성취기준과 관련된 인지적 측면의 피드백 외에도 학습 흥미나 동기, 효능감, 자신감 등을 긍정적으로 신장시킬 수 있는 정의적 측면의 피드백 또한 중요하다.

수행평가가 끝난 후 학급 단위로 학생들의 쓴 시를 공유하면서 공감 능력의 각 요소를 자극할 수 있다. 인지적 공감 능력을 통해 내용에 대한 이해가 돈독해지며 오래 기억할 수 있게 되고, 정서적 공감능력을 통해 시에 담긴 장면을 각자의 경험을 바탕으로 떠올리며 성찰하여 실천적 공감 능력으로 발전할 수 있게 된다. 익명으로 시를 공개하고 음독하는 과정에서 공감대가 형성되며 자아 효능감이 신장되는 성장을 경험하게 된다.

교사 이 시를 함께 읽어 볼까요? 읽어 볼 학생 자원해 주세요.

학생

근시

2학년 ○○○

친구가 묻는다.
“담 교시 뭐냐?”
나는 대답한다
“국어”
친구가 묻는다.
“점심 뭐 나오냐”
나는 대답한다
“쭈꾸미 제육볶음”
친구가 묻는다
“우리 수능 언제지?”
잘 모르겠다.
“글쎄다.”
“대학 생각해 둔 데 있어?”
잘 모르겠다.
“기공 쪽?”
아무래도 나는 근시인 것 같다.
가까운 곳만 보인다.
먼곳이 보이지 않는다.
먼곳을 생각하기가 힘들다.

교사 선생님은 정말 울림이 컸어요. 학업 성적과 진로에서 혼란스럽고 힘들죠? 선생님도 학창 시절을 생각하면 진로와 성적 사이에서 방황을 많이 했던 거 같아요. 그래도 이렇게 시를 쓰지는 못했어요. 이렇게 마음을 열어 주어서 너무 고마워요. 초반부의 유쾌함 속에서 후반부의 진중함까지, '근시'라는 제목도 많이 감동받았어요.

또한 인권 감수성 수업을 통해 과정중심평가를 진행할 때에도 〈차별의 꽃〉 제작 수업과 '모의 역할극'을 실행하는 과정에서 즉시 피드백을 할 수 있다. 학생들이 정성을 쏟는 과정을 지켜봐 주고 긍정적으로 피드백을 하면 교과에 대한 학습 동기와 학습 태도 전반에 좋은 영향을 끼치게 된다.

5. 2015 개정 교육과정과 정의적 영역에 대한 평가

2015 개정 교육과정은 미래사회에 대비한 핵심 역량을 선정하고 이를 교과의 본질과 연계하여 교과 역량으로 구체화했다. 따라서 교과 역량이 평가에서 잘 발현되도록 수업과 평가에서 적극적으로 재구성해야 한다. 2015 개정 사회과교육과정에서의 평가의 방향은 교과 역량을 반영한 평가, 학습의 과정을 중시하는 평가, 서술형과 논술형 평가 및 수행평가의 확대, 인지적 능력과 정의적 능력의 균형 있는 평가, 성취기준 특성에 부합하는 다양한 방법을

활용한 평가이다. 정의적 영역에 대한 평가는 이러한 평가의 방향에 적합하며 적극적으로 활용되고 적용되면 학생들의 성장에 도움이 될 것이다. 특히 평가에서 가장 핵심이 되는 것은 역량에 대한 평가다. 역량은 본질상 지식, 기능, 가치, 태도 등을 망라한 포괄적, 복합적인 성격을 가지며 실천적 능력을 말한다. 이와 같은 특성상 역량을 평가하기 위해서는 평가의 패러다임이나 평가 방식에서 큰 변화가 뒤따라야 한다. 무엇보다 종전처럼 인지적 영역에 국한된 평가가 아니라 정의적 영역과 심동적 영역을 아우르는 종합적, 전인적 평가가 시도되어야 한다. 즉, 평가가 단순히 학습자의 성취를 가늠하고 상대적인 우열을 가리는 데서 벗어나 학습자의 전인적 성장을 위한 하나의 과정으로 이해되어야 한다는 것이다.

아무리 인지적 능력이 뛰어나고 학습 가능성을 갖춘 학습자라도 공부와 학습에 대해 부정적 태도와 가치를 갖는다면 자신의 능력과 가능성을 제대로 발현할 수 없다는 것이 이제 보편적인 상식이 되고 있다.

결국 역량에 대한 평가는 기존의 인지적 영역에 대한 평가와 더불어 지금까지 걷지 않았던 정의적 영역까지 지평을 넓혀 갈 필요가 있다는 것을 함의한다. 바로 이러한 맥락에서 2015 개정 교육과정은 교육과정 문서상에서도 정의적 영역의 평가를 인지적 영역과 균형 있게 추구해야 한다는 것을 처음으로 밝히고 있다는 점에 특별히 유의할 필요가 있다. 그만큼 심동적, 정의적 영역에 대한 평가의 갈증이 커지고 있는 상황이다.

감수성 수업을 통해 정의적 영역의 평가와 인지적 영역에서 평가의 균형을 맞추고 간극을 좁히는 마중물의 수업과 평가가 되기를 바란다.

6. 루브릭[10]의 활용과 세부 능력 및 특기사항의 기록

평가의 피로도도 그렇지만, 요즘 교사들에게 '살생부'라는 우스갯소리가 푸념처럼 나오듯 학교생활기록부의 기록에 대한 교사들의 피로도는 어마어마하다. 방학 때 꼬박 하루 8시간씩 써 내려가도 끝이 보이지 않는다는 말을 종종 듣는다. 이처럼 학교생활기록부를 작성해야 하는 학기말과 방학 시간이 무척 고되다. 올해에는 과목별 세부 능력 및 특기 사항에 대한 기록을 위해 학기 초 평가 계획을 세울 때 미리 수행평가에 대한 채점 기준표(루브릭)를 만들었다.

루브릭은 국가 교육과정 성취기준에 도달한 정도를 상중하로 나누어 진술한 평가기준과 학교 여건, 학습자의 수준, 수행 과제물을 고려하여 개발한 교사 수준의 채점 기준이다. 수행 과제를

9. 박은아 외, 《2015 개정 교육과정에 따른 고등학교 사회과 평가기준 개발 연구》, 한국교육과정평가원 연구보고서, 2017

10. 임은진 외, 《사회과 활동 중심 수업과 과정 중심 평가》, 교육과학사, 2017

제시하며 미리 루브릭으로 채점 기준을 공지한다. 이 과정에서 학생들의 성취수준을 끌어 올릴 수 있었다. 즉, 제공된 루브릭을 통해 학생들은 수행 과제에 대한 이해와 선택의 폭이 넓어지는 효과가 있었다. 교사는 평가의 일관성과 신뢰성을 확보하게 되고, 수업 과정에서 진단과 피드백을 구체적으로 할 수 있다는 장점이 있다.

특히 루브릭 활용은 세부 능력 및 특기 사항을 기록하는 데 큰 도움이 되었다. 수행 과제 활동에 대해 사실을 기반으로 작성할 수 있어 기록에 대한 부풀림을 방지할 수 있으며, 학생들의 특징을 개별화, 위계화시켜 작성할 수 있다. 즉, 세부 능력 및 특기 사항 기록을 보고 학생의 성취수준을 진단할 수 있다는 것이다.

지필평가의 선다형 문항에서 정답과 오답지 개발에 기울이는 노력 이상으로 수행평가 계획과 루브릭 개발에 더욱 신중하고 면밀하게 접근해야 한다. 질 좋은 루브릭의 조건은 첫째, 중요한 수행결과를 모두 포함하는가? 둘째, 이해하기 쉬운 용어로 진술되어 있는가? 셋째, 성취수준 진술이 질적으로 구분되는가? 넷째, 적용과 실행이 가능한가?이다. 이러한 조건을 담아내어 좋은 루브릭을 제시한다면 정의적 영역을 평가하는 데 따른 거부감을 줄일 수 있을 것이다.

다음은 일탈행동과 자작시 쓰기 활동의 루브릭이다. 그리고 이것을 세부 능력 및 특기 사항에 위계화시켜 기록해 보았다.

〈일탈행동과 자작시 쓰기〉 루브릭

평가 요소		수준 3	수준 2	수준 1
개별평가	자기성찰	자신의 일탈행동에 대해서 성찰하고 자작시로 연결하여 작성하였고 지금의 심정으로 이해하려는 태도가 보인다.	자신의 일탈행동에 대해서 성찰하고 자작시로 연결하여 작성하였다.	자작시에 자신의 일탈행동에 대해서 서술하였다.
	소재의 공감성	일탈행동을 하고 난 후의 심정, 생각나는 사람, 상황이 잘 드러나 있다.	일탈행동을 하고 난 후의 심정, 상황이 드러나 있다.	일탈행동을 하고 난 후의 상황이 드러나 있다.
모둠평가	일탈행동 고백하기	진솔하고 성찰적 분위기에서 일탈행동에 대한 경험을 이야기하고 서로 소통하였고 공감하였다.	진솔하고 성찰적 분위기에서 일탈행동에 대한 경험을 이야기하고 소통하였다.	진솔한 분위기에서 일탈행동에 대한 경험을 이야기하였고 다소 장난스러운 분위기가 연출되기도 하였다.
	원인의 유목화와 형성이론으로의 연결	일탈행동의 원인을 유목화하였고 형성이론에 알맞게 대응시키고 그 이유를 설명하였다.	일탈행동의 원인을 유목화하였고 형성이론에 대응시켰다. 대응시킨 이유에 대한 설명이 다소 부족하였다.	일탈행동의 원인을 유목화하였다. 일탈행동을 형성이론에 대응시키려고 노력하였다.

루브릭과 세부 능력 및 특기사항을 연결하면 다음과 같다.

[상] 수준
〈근시〉에서 일탈행동을 하고 난 후의 상황과 심정을 솔직하게 녹여냈고, 자신의 일탈행동에 대해 성찰하고 지금의 심정으로 이해하려는 태도가 훌륭함.

진솔하고 성찰적 분위기로 모둠원들이 솔직하게 일탈행동을 고백할 수 있는 분위기를 자연스럽게 연출하였고, 모둠에서 소통의 매개가 되어 많은 이야기를 나누고 공감함.

[중] 수준
〈9시 25분〉이라는 자작시를 통해 일탈행동에 대한 상황을 재치있게 표현하였고, 일탈행동을 할 당시의 심정이 솔직하게 드러남.
진솔하고 성찰적 분위기로 모둠원들이 솔직하게 일탈행동을 고백할 수 있는 분위기를 자연스럽게 연출하였고, 모둠원들이 소통함.

[하] 수준
〈시험〉이라는 자작시를 통해 일탈행동과 상황에 대해 서술함. 진솔한 분위기에서 일탈행동에 대한 경험을 이야기하였고 때로는 다소 장난스러운 분위기가 연출되기도 함.

이러한 일련의 과정이 정의적 영역에 대한 교육과정-수업-평가-기록 일체화의 흐름이다.

인권 감수성 수업에서는 사회적 소수자에 대한 역할극을 통한 공감 수업을 통해서 '인권 존중', '관용과 타협의 정신', '사회정의의 실현'[11] 이라는 정의적 요소를 추출할 수 있다. 요소를 추출하고 이를 반영하기 위한 평가 요소와 평가지표는 다음과 같다.

11. 길현주, 〈사회과 정의적 영역 교육에 대한 비판적 고찰: 2007 개정 사회과교육과정을 중심으로〉, 《시민교육연구》, 한국사회과교육학회, 2011, 1~23쪽

〈인권 감수성 수업〉 루브릭

평가 요소	상	중	하
시나리오 내용 및 형식	일상생활에서 경험하는 차별적 상황을 적절하게 제시하고 상황에서 차별적 장치(차별받는 자 차별하는 자, 방관자)의 설정을 잘함.	일상생활에서 경험하는 차별적 상황을 적절하게 제시함.	일상생활에서 경험한 차별적 상황을 제시함.
시나리오 작업 시 모둠 활동 태도	역할 배분할 때 모둠원의 기호를 수용하고 조화롭게 결정함. 시나리오 작업을 하며 조화롭게 리드해 나가고 모둠원의 참여를 진작시켜 활동을 원할히 함.	역할 배분할 때 자신의 역할을 주도적으로 결정함. 시나리오 작업을 하며 조화롭게 참여하였고 모둠원과 소통하고 활동함.	역할 배분할 때 자신의 역할을 수동적으로 수용함. 시나리오 작업을 하며 수동적으로 참여함.
모의 역할극 시연	자신의 역할에 감정이입을 잘하고 대본을 보지 않고 자연스럽게 연기함.	자신의 역할에 대해 대본을 숙지하며 연기함.	자신의 역할을 연기함(연기하는 과정에서 장난스러움이 연출되기도 함)
모의 역할극 (인권존중, 공감)	다른 친구들의 재연 과정을 보고 '사회적 소수자'에 대한 편견과 차별에 대해 문제를 공감하고 인권이 존중되지 않음을 진정성 있게 공감함.	다른 친구들의 재연 과정을 보고 '사회적 소수자'에 대한 편견과 차별에 대해 문제를 공감함.	다른 모둠이 재연할 때 경청함(경청 과정에서 장난스러운 반응을 하기도 함).

변별, 분류의 기능에 충실하기 위한 평가보다 배움의 또 다른 형태로 발현되는 평가가 되었으면 좋겠다. 배움의 과정에서 머리와 마음으로 확장하고 일방적 소통에서 상호 배움으로 관계를 넓혀 가야 한다. 수업이 삶의 한 장면을 아우르는 폭넓은 교육이 되어야 한다.

정의적 영역에 대한 수업과 평가는 인지적 영역에 대한 수업과 평가의 대체가 아니라 확장을 의미한다. 정의적 영역에 대한 평가의 확장은 배움의 여백을 채운다. 이를 통해 학생들은 자기 효능감과 자존감이 높아진다. 자기 효능감은 실로 대단한 위력을 갖고 있다. 빠르면 초등학교 저학년부터 경험했을 법한 인지적 평가에 대한 무기력감과 상실감은 학생들이 배움으로 진입하는 데 큰 장애가 된다. 하지만 정의적 요소를 담아낸 주제 수업에서 자기 효능감을 경험한 학생들은 다음을 위한 준비와 잠재적 에너지가 충전된다. 분명 중요한 영향을 준다. 수업 중 이 부분을 두드리자. 학생들에게는 자기 효능감과 더불어 성장의 밑거름을, 교사는 교사 효능감을, 교실은 모두의 배움을 일으키는 좋은 흐름이 있는 공간이 된다.

4부.
함께 배우고 실천하는 전문적 학습공동체

1장. 학교,
전문적 학습공동체로 체질을 바꾸자

학교에서 교사가 자신의 맡은 행정 업무를 잘 수행하고, 담임하고 있는 반 학생들이 문제를 일으키지 않는 한 그 교사는 매우 유능하다고 여겨진다. 거기다가 학교 관리자의 마음까지 헤아린다면 더더욱 유능하다고 할 수 있다.

학교 일과의 대부분을 차지하는 수업은 교사 개개인의 사생활이며, 거기서 이루어지는 공공 서비스로서 수업의 질은 교사의 양심, 열정, 시행착오에 의존할 뿐, 학교나 관련 기관으로부터 별다른 지원이나 자극이 없다.

– 《수업평가 매뉴얼: 사회과 수업평가 기준》 중에서[1]

벌써 10년도 더 지난 글이지만 지금의 학교 현실에서도 크게 공감을 받을 만한 내용을 담고 있다. 공감의 지점은 아직도 많은 학

1. 임찬빈 외, 《수업평가 매뉴얼: 사회과 수업평가 기준》, 한국교육과정평가원 연구자료, 2006

교에서는 행정 업무가 교사의 주요 업무라는 것이다. 학교 현장에서 교사가 수업을 가장 우선시하지 못하는 이유는 교사가 맡아야 할 역할 중 수업과 행정 업무를 비교하면 쉽게 알 수 있다.

수업은 교실이라는 독립된 공간에서 이루어지기 때문에 그 행위가 쉽게 드러나지 않는다. 교실 문을 열고 수업을 들여다보는 일은 대부분의 학교에서 아직 일상적이지 않다. 또한 수업으로 기대하는 바가 구현되기까지는 짧지 않은 시간이 요구된다. 반면에 행정 업무는 업무관리시스템에서 업무 담당자와 관리자를 구분하여 라인을 설정하고 결재를 받는 데서 알 수 있듯이, 업무 내용이 가시적으로 드러나고 단기간에 결과가 나타나는 경우가 많다.

그러다 보니 수업보다 행정 업무를 우선하여 처리하는 행태를 쉽게 찾아볼 수 있으며, 일부 교사는 수업보다 행정 업무에서 효능감을 찾기도 한다. 수업을 대충 하는 교사는 용서해도 행정 업무를 대충 하는 교사에게는 엄격하고 적대적인 분위기가 아직도 학교 안에 남아 있다.

행정 업무 중심의 학교문화 속에서는 교사 전문성의 핵심이라고 할 수 있는 수업보다 행정 업무나 조직 안에서의 인간관계 등에 초점을 맞춰 교사를 평가하여 왔다. 그리하여 교사의 수업 전문성을 온전하게 평가하기 힘든 상황이다.

그동안 대한민국의 공교육에서는 혁신학교를 비롯하여 교육의 본질에 다가서기 위한 크고 작은 변화의 흐름이 이어져 오고 있다. 그럼에도 현재 일부 혁신학교를 제외하고는 대부분의 학교 현장에서 교사가 수업과 생활교육에 온전히 집중하지 못하는 것을 부정하기 힘들다.

교사의 전문성을 신장하고 수업을 개선하기 위해서는 그것이 가능한 학교 풍토와 문화가 갖추어져야 한다. 다시 말해 행정 업무 중심의 학교 조직을 교육과정 중심으로 재구조화해야 한다. 이를 위한 돌파구로 최근 주목받고 있는 것이 전문적 학습공동체(Professional Learning Community)이다.

우리보다 앞서 외국에서는 표준화된 대량생산 체제로 효율성을 극대화하는 '공장 같은 학교(Factory Model of School)'를 타파하고 학교를 배움의 장으로 다시 세우기 위한 노력의 일환으로 전문적 학습공동체를 주목하여 왔다. 전문적 학습공동체는 다양한 형태로 구현되고 있는 교사학습공동체의 대표적인 것이다. 전문적 학습공동체란 교사 학습에 대한 공동체적 접근을 특징으로 하며, 교사의 전문성 신장은 물론 궁극적으로는 학생의 배움을 증진하기 위해 비판적으로 탐구하고 협력적으로 실천하며 배우는 교사들의 결속체이다.[2]

최근 들어 전국 시도 교육청에서 전문적 학습공동체 운영을 정책적으로 지원하고 있다. 전문적 학습공동체, 교원 학습공동체, 교사학습공동체, 학교(수업) 혁신 교원동아리 등 다양한 명칭을 사용하고 있으나 용어에 따른 차이는 크지 않다. 한편, 교육부는

2. 서경혜, 《교사학습공동체》, 학지사, 2015

2016년부터 '수업탐구 교사공동체' 사업을 운영하고 있는데, 교육부의 예산을 받은 각 시도 교육청에서 전문적 학습공동체를 선정하여 지원하고 있다.

경기도교육청은 혁신학교 이전부터 학교 안팎에서 학습공동체를 운영하는 교사들의 자발성에 주목하고, 이를 정책적으로 지원하여 그 활성화를 촉진하여 왔다. 경기도교육청에서는 전문적 학습공동체를 '교원들이 동료성을 바탕으로 함께 수업을 개발(공동 연구)하고, 함께 실천(공동 실천)하며, 교육활동에 대하여 대화하고 협의하는 과정에서 함께 성장(집단 성장)하는' 학습 조직이라고 정의하고 있다. 쉽게 말하면 동료 교사들이 자발적으로 모여 협력적인 학습을 통해 좋은 수업(교육)을 연구하고 실천함으로써 함께 성장하는 공동체이다.

그동안 교사의 전문성을 강화하기 위한 접근법들은 개별적인 교사의 역량이나 전문성에 초점을 두면서 개인주의와 같은 고질적인 교직 문화를 개선하는 데 한계가 있었다. 즉, 개별 교사의 전문성은 높아졌으나 교사 집단 및 학교의 역량이나 전문성을 담보하기가 어려웠다. 전문적 학습공동체는 이와 같은 전통적인 교사 교육의 한계를 극복하는 대안으로 평가받고 있다.

교사 학습에 대한 연구들은 교사들이 동료 교사와 공동체를 형성하여 협력적으로 전문성을 향상시키고자 하는 노력이 긍정적인 효과를 발휘하고 있다고 말한다.

전문가들은 미래의 학교에서도 교사가 동료들과 수업을 고민하

고 실천할 때 성장할 수 있으며, 그것은 전문적 학습공동체를 통해 비로소 가능하다고 주장한다.[4]

최근 10여 년간 국내에서 수행된 전문적 학습공동체에 관한 연구를 분석한 바에 따르면, 많은 교사가 자신의 참여 여부와 관계없이 전문적 학습공동체가 유용한 것으로 인식하고 있으며, 전문적 학습공동체에 참여함으로써 다양한 측면에서 성장을 경험했음을 보여 준다. 예를 들면 정체성의 형성, 교사 효능감 또는 리더십 발달, 교직관의 변화, 교과 교육학 지식 및 실천적 지식 발달 등 교사의 전문성을 함양하는 데 전문적 학습공동체가 기여하고 있다.[5]

이제 행정 업무 중심의 관료적이고 고립적인 시스템과 문화가 가득한 학교를 전문적 학습공동체로 탈바꿈하기 위한 노력을 기울이는 데 힘을 모을 때이다. 학교가 자생적인 힘을 갖고 스스로 혁신하여 교육의 본질에 다가서는 길은 학교 스스로 전문적 학습공동체로 변모할 때 시작된다. 그 길은 틀림없이 지난한 과정이 될 것이므로 정교하고 장기적인 접근 방법이 필요하다.

3. 서경혜, 〈교사 학습에 대한 공동체적 접근〉, 《교육과학연구》 제44집 제3호, 이화여자대학교 교육과학연구소, 2013, 161~191쪽
4. 곽영순, 〈교사학습공동체의 발달단계 탐색〉, 《교육과정평가연구》 제18권 제2호, 한국교육과정평가원, 2015, 83~104쪽
5. 고연주 외, 〈교사학습공동체 관련 국내 연구동향 분석: 주제분석법을 활용하여〉, 《학습자중심교과교육연구》 제17권 제4호, 학습자중심교과교육학회, 2017, 429~457쪽

2장. 학교 밖 전문적 학습공동체 실천 경험: 사회과좋은수업연구회

1. 결핍으로 시작하게 되다

있어야 할 것이 모자라거나 없는 것을 결핍이라고 부른다. 교사를 꿈꾸던 사범대학 학부 시절부터 임용 후에 이르기까지 한결같이 마음속 깊은 곳에 결핍이 자리하고 있었다. 바로 사회과 교사들로 구성된 공동체와의 연계이다.

예비 교사 시절에는 현장 교사들과의 연계를 갈구하였다. 교사의 역량이 교원 양성 과정보다는 임용 후 학교 현장에서 높아진다 하더라도, 다양한 경로로 현장의 정보나 사례를 만남으로써 양성 과정의 현장성을 더하고 싶었다. 하지만 4학년이 되어 교육 실습을 가기 전까지 학교 현장, 특히 교실 수업은 상상 속 미지의 세계와 같았다. 여전히 교원 양성기관의 현장성을 재고해야 한다는 목소리가 높아 교원 양성기관과 시도 교육청의 협치가 요구된다.

교사가 된 이후에는 예비 교사 때보다 더욱 사회과 교사들과의 네트워크를 갈망하게 되었다. 교사는 교사가 되는 순간부터 외롭기 때문이다. 본인이 맡은 교과의 새학기 진도 및 평가 계획은 어떻게 세워야 하는지, 활동지는 어떻게 제작하는지, 담임 학급의 운영은 어떻게 할 것인지 등 당장 새내기 교사에게 부여된 과업을 수행하려 들면 막막하고 외롭기 짝이 없다. 긴 세월 수많은 교사가 무수히 반복한 과업이지만 현장에서 축적된 경험이나 노하우를 시원하게 전해 주는 동료를 찾기는 여간 어려운 일이 아니다.

교직 경력이 늘어난다고 동료 교사와의 연대가 자연스럽게 강해지는 것은 아니다. 이는 무엇보다도 교직 문화가 갖는 개인주의적 특성[6]에 기인한다. 교무실 책상마다 쳐 놓은 칸막이처럼 교사들은 수업을 포함한 자신의 교육 활동에 대해 다른 누군가가 간섭하는 것을 거부하고, 본인도 다른 교사의 교육 활동에 간섭하지 않으려고 한다.

초등학교와 달리 전공을 중심으로 교과를 지도하는 중·고등학교에서 동일한 교과 전공 교사들이 공동체를 구성하여 학습하는 것은 교사의 전문성을 실제적으로 신장하는 데 기여할 뿐 아니라 당장 오늘과 내일의 수업을 준비하는 데 도움을 주고받을 수 있다.

6. 로티, 《교직사회》, 양서원, 2017

아쉽게도 지역 단위 교과교육연구회의 경우 교사의 수업 전문성을 신장할 수 있는 창구가 되지 못한 채 교육청으로부터 지원받은 예산으로 몇 가지 사업을 운영하는 것이 주된 활동이었다. 아울러 사회과의 영역 중 역사나 지리의 경우에는 교과 전공별로 학습공동체가 조직되어 비교적 활발하게 운영되고 있으나, 일반사회 영역을 중심으로 한 학습공동체는 없었다. 이와 같은 두 가지 상황은 비단 제주 지역뿐 아니라 어느 시도의 경우도 마찬가지일 것으로 짐작된다.

때로는 결핍이 성장의 원동력이 된다. 있어야 할 것이 없다면 새롭게 만들면 될 일이다. 사회과좋은수업연구회(이하 연구회)는 그렇게 탄생했다. 다음은 연구회를 처음 조직할 당시를 회상한 내용의 일부이다.

> 초임 때 '법과 사회' 과목을 가르치는 데 너무 어렵더라고. 그런데 물어 볼 데가 없는 거야. 교과 내용과 관련하여 심화된 것을 물어 볼 조언자가 없어서 당시 법과대학 교수님을 찾아갔어. 그때 정말 외로움을 느꼈지. 일반사회교육 전공은 학부 때도 그렇고, 민주주의를 배워서 그런지 스스로가 알아서 잘하는 분위기잖아. 분명 일반사회과의 특성이 있는 것 같아.
>
> 교직에 처음 왔을 때는 이상과 현실이 너무 다른 거야. 정말 내가 다 알아서 해야 하더라고. 쉽게 물어 보기도 어렵고, 학교 안에 축적된 뭔가 부재한 상황이 당황스럽기까지 했어.

우리가 이렇게 모여 무엇인가를 전문적으로 함께하는 것이 나는 정말 좋았어. 앞으로도 우리 연구회가 교사 동아리가 아니라 전문적 학습공동체의 방향으로 나아갔으면 좋겠어. 좀 더 심도 있게 공부를 하면서 우리의 전문성을 키우고 싶어. 그리고 앞으로 계속 학교로 올 신규 사회과 선생님들이 우리와 함께 활동을 하든 말든 간에 우리가 누적한 경험과 자료들을 공유하면서 그들이 헤매지 않았으면 좋겠어. 내가 너무 헤매었기 때문에.

– 2017. 10. 7, 〈사회과좋은수업연구회 녹취록〉 중에서

연구회는 2015년 1월 각기 다른 학교에서 근무하는 중·고등학교 사회과 교사 중 사회과교육(일반사회교육)을 전공한 교사들에 의해 자생적으로 만들어졌다. 연구회가 만들어질 수 있었던 요인은 동일한 결핍을 느끼고, 그로부터 탈출하고자 하는 에너지를 갖고 있는 교사들이 자발적으로 모였기 때문이다.

다음은 연구회를 조직하고 한 달 뒤에 작성한 글의 일부로, 당시 설레었던 마음과 연구회에 거는 기대가 느껴진다. 2018년 현재 4년째 연구회에 참여하고 있는데, 이따금 이 글을 읽으며 초심을 잊지 않으려고 노력한다.

우선 수업 개선을 위한 학습공동체가 조직되어 개선을 위한 노력을 함께 실행할 수 있어서 굉장히 설렙니다. 비록 우리의 시작은 미약할 수 있으나 교실 수업에서 나타날 변화들은 결코 작지 않겠지요. … 앞으로 생활에 바빠 이 모임이

> 부담이 될 수 있겠지만, 우리 생활의 핵심적인 것 중에 하나가 교육, 교사라는 자리이니깐 힘을 내기로 합시다.
>
> – 2015. 2. 16, 〈성찰 일기〉 중에서

2. 동료성을 구축하다

전문적 학습공동체가 동료성의 학교문화를 칭하는 용어가 될 만큼, 동료성은 전문적 학습공동체를 형성하고 유지하는 데 주요한 기반이자 결과물이다. 인간의 본능은 혼자가 아니라 '함께'하는 것에 바탕을 두고 있어 '함께'의 가치는 큰 힘을 갖는다.[7] 교사 개인의 힘만으로는 학교 혁신 또는 수업 혁신을 실천하기가 쉽지 않다. 동료 교사와 집단지성을 발현하면 교사 개인뿐 아니라 수업과 교실, 그리고 학교를 변화시킬 수 있다. 이러한 생각을 담아 우리 학교 신문에 실었던 글의 일부를 소개한다.

> 2015년도에 학교 안팎으로 두 개의 학습공동체에서 활동하였다. 하나는 학교 안 학습공동체로, 교육청에서 백만 원의 예산을 지원받아 한 학기 동안 네 분의 선생님과 함께 운영했던 수업 나눔 교사 동아리이다. 또 하나는 다른 학교 사회과 선생님 네 분과 사회과좋은수업연구회를 조직하여 1년 동안 한 달에 한 번씩 꾸미지 않은 일상의 수업을 공개하

7. 김현수, 《교사상처》, 에듀니티, 2014

고 나누는 것이다.

두 곳에서의 활동을 통해, 교사를 성장시키는 가장 강력한 동력은 바로 동료라는 것을 체득하였다. 수업을 설계하고 실행하는 과정에서 겪는 어려움이나 아픔에 대해 '나만 그런 것이 아니었구나.'라는 공감과 위로로 동료성이 구축되는 경험을 하였다. 비단 수업뿐만 아니라 학교 생활에서 겪는 고민을 동료 교사와 함께 지속적으로 나눔으로써 수업과 교실, 나아가 학교가 시나브로 바뀔 수 있다는 믿음이 생겼다.

– 2016. 2. 5, 〈흔들리며 피는 꽃, 수업에 대하여〉 중에서

연구회에 참여하는 구성원들은 전문적 학습공동체를 통해 전문가로서 연대하며 동료성을 구축하고 있다. 2015년 처음 연구회를 구성할 때 함께한 교사들은 서로 연령이 비슷하고 지역의 같은 대학교 같은 학과에서 함께 생활했다. 교사 임용 이후에도 지속적으로 만남과 관계를 이어 오면서 학교와 수업에 대한 고민을 자연스럽게 공유하여 왔다. 이러한 과정으로 구성원 간에 신뢰와 친밀한 관계 맺음이 형성된 상태였다. 따라서 동료성을 구축하는 데 별 어려움이 없었다.

그러나 연구회에 참여하는 교사의 수가 한두 명씩 늘어나면서 내면에 갖고 있는 생각과 마음을 안전하게 나눌 수 있는 공동체를 만드는 노력들이 필요했다. 사실 노력이란 게 대단한 것은 아니다. 먼저 수업을 비롯하여 학교 생활에서 겪는 고민을 함께 편안하게 나눌 수 있는 수용적이고 우호적인 분위기를 조성하는 것이

중요하다. 교사라면 누구나 갖고 있을 법한 아픈 마음에 서로 반창고 하나를 붙여 줄 수 있는 따뜻한 공동체를 만들어야 한다. 나아가 협력적 의사소통을 위한 의사진행 과정을 마련하고, 연령과 경력으로 권위를 내세우지 않고 수평적인 관계를 맺기 위해 의식적으로 노력하고, 집단지성의 힘으로 통찰력을 얻고자 하였다.

무엇보다도 새로 함께하는 연구회의 구성원들과 연구회의 비전과 가치, 운영 목표 등을 충분히 협의하고 이를 정확하게 인지하여 내면화하는 작업이 필요하다. 이는 전문적 학습공동체의 구성원들을 진정한 참여자로 만들 수 있는 지름길이다.

2017년을 시작하면서 연구회에 가족이 한 명 늘었다. 신규 회원과 수업 공개 및 수업 나눔을 함께하기 이전에 연구회의 비전과 가치 등을 공유하기 위한 일종의 수업 나눔 연수의 시간을 가졌다. 이때 제작하였던 자료의 일부를 소개한다.

수업 성찰과 나눔의 질 관리를 위하여

돌아보니 어느덧 연구회가 3년 차에 들어서고, 회원이 여덟 명으로 늘어났다. 연구회는 전문적 학습공동체로 성장하는 중이다. 연구회의 핵심 활동이라고 할 수 있는 수업 공개와 그에 따른 수업 성찰 및 나눔의 질을 높이기 위해 몇 가지를 함께 생각해 보자.

– 2017. 5. 30, 〈사회과좋은수업연구회 협의록〉 중에서

여기서 '몇 가지'란 좋은 수업이란 무엇인가, 수업 성찰과 나눔은 어떠한 과정으로 진행하는가, 수업에서 교사는 무엇을 바라보아야 할 것인가, 수업 나눔에서는 어떻게 말해야 할 것인가, 어떻게 수업 나눔의 질을 높일 것인가와 같은 성찰적 질문을 말한다.

3. 좋은 사회과 수업이란?

전문적 학습공동체의 정착과 활성화를 위해서는 구성원 간 비전과 가치 등을 충분히 협의하고 이를 정확하게 인지하는 것이 필요하다. 연구회의 이름은 전문적 학습공동체로서 갖는 비전과 가치 등을 드러내는 역할을 하기 때문에, 이름 짓기(naming) 과정은 연구회의 정체성을 설정하는 작업이다. 우리 연구회는 그 이름에서 알 수 있듯이 좋은 사회과 수업을 실행하고 싶은 열망을 함께 해결하는 장이다.

그렇다면 좋은 수업이란 무엇인가? 좋은 수업이 무엇인가는 본질적으로 논쟁적인 문제이다. '좋은(good)'이란 말 자체가 매우 상대적인 의미를 갖고 있어 좋은 수업의 의미는 다의적이다. 교사나 학생들의 주관적 기준에 의해 각양각색으로 논의될 수 있는 측면도 강하다. 연구회가 존재하는 한 좋은 수업의 지향점에 대한 고민은 계속하여 깊어질 것이다.

결론적으로 좋은 수업이란 무엇인가라는 물음에 하나의 전형으로 획일화하여 답할 수는 없다. 다만 최근 몇 년 동안 나타난 수업 혁신의 다양한 움직임들에서 공통적으로 관찰되는 특징을 살펴보는 것은 그 물음에 답을 찾는 데 유의미하다.

연구회에서는 협력학습, 협동학습, 배움의 공동체, 거꾸로 교실, 하브루타, 토의 · 토론 학습, 프로젝트 학습 등의 철학이나 실행 사례를 비판적으로 성찰하여 궁극적으로 사회과다운 사회 수업을 지향하고 있다.

특히 일본식 학교 개혁 운동인 사토 마나부의 '배움의 공동체'나 경기도교육청의 '배움 중심 수업'에서 추구하는 수업의 지향점을 공유하는 움직임이 확산되면서 형성된, 이른바 학생 배움 중심 수업 담론을 주목하여 왔다.

'배움의 공동체'가 배움의 불쏘시개였고, 경기도교육청은 그 부지깽이로 '배움 중심 수업'을 창안[8] 한 셈이기 때문에, '배움 중심 수업'의 곳곳에서 사토 마나부의 '배움의 공동체'의 그림자가 강하게 묻어난다. 장곡중학교 등으로 대표되는 경기도교육청의 혁신학교운동은 '배움의 공동체'와 다소 우연한 결합을 통해 한국 공교육 혁신 운동의 중요한 모델로 확산[9] 되고 있음을 부인할 수 없다.

혁신학교로 지정된 초기에 학교 안 전문적 학습공동체를 구성한 경험을 기록한 글[10] 에 따르면, 수업 혁신을 위한 방안으로서 '배움의 공동체'에 쉽게 합의하였다는 것을 알 수 있다.

혁신학교 논의를 처음 시작한 2010년 하반기에 삼정중학교가 혁신학교 준비를 위해 주로 벤치마킹한 학교가 장곡중이고 텍스트도 《수업이 바뀌면 학교가 바뀐다》 중심이어서 논의의 통일성과 추진력 마련이 상대적으로 수월하였다. 즉 학교를 혁신한다는 것은 대략 수업을 혁신한다는 의미였고 그 방법은 배움의 공동체로 쉽게 합의되었다. 다른 논란은 별로 없었고 단지 그것을 추진할지 말지만 결정하면 되는 상황이었다.

연구회에서는 학생 배움 중심의 수업 담론을 비판적으로 고찰하여 그 담론 자체가 갖는 취약함에도 유의하고 있다. 예를 들면, 수업에서 학생의 참여(활동)가 배움 그 자체로 대체될 수 있는가, 참여(활동)를 배움과 어떻게 연결할 것인가, 학생이 배우는지 그 '여부'보다는 '무엇'을 배우는지에 어떻게 주의를 기울일 것인가 등이다.[11]

8. 윤양수 외, 《교사들의 필리버스터》, 살림터, 2016
9. 이혁규, 《한국의 교육 생태계》, 교육공동체벗, 2015
10. 황필아 외, 〈교사학습공동체를 통한 학교 교육과정 편성 · 운영 역량 강화 세미나〉, 한국교육과정평가원 연구자료, 2015
11. 김선영, 〈비판적으로 고찰한 수업 담론의 흐름과 방향〉, 《교육철학》 제38권 제4호, 한국교육철학회, 2016, 33~55쪽

좋은 수업이 무엇인가를 말하고, 좋은 수업을 실행하기 이전에 답을 해야 할 질문이 있다. 바로 수업을 어떻게 바라볼 것인가이다. 동일한 수업도 서로 다른 눈으로 관찰하면 교사들이 수업에서 관찰하는 내용이 달라질 수 있다.

그동안 학교 현장에서는 목표 지향적 틀이 주도하는 수업 보기가 만연해 있었다. 목표 지향적 수업관은 타일러(R.W.Tyler)의 관점을 토대로 한 것으로, 학습 경험과 목표가 얼마나 일치되게 실행되느냐를 기준으로 좋은 수업을 평가한다.[12]

오랫동안 우리나라 학교 현장에서 활용되어 온 좋은 수업의 지표는 공개 수업참관록의 평정척(예: 5점 척도)이다. 수업평정 척도에 의한 양적분석 방법 역시 목표 지향적 수업 보기로 다량의 수업을 평가하거나 분석하는 데 편의성을 제공[13]하지만, 실제 수업 상황을 온전하게 바라보는 데는 한계가 있다.

그렇다면 어떤 눈으로 수업을 바라볼 것인가? 좋은 사회과 수업을 지향하는 연구회에서는 수업을 어떤 눈으로 바라볼 것인가라는 질문에 많은 고민을 하여 왔다. 다음의 〈성찰 일기〉에도 그 흔적이 담겨 있다.

12. 류현종, 〈학교 현장 사회과 수업 담론에서 수업 비평의 기능〉, 《사회과교육연구》 제11권 제2호, 한국사회교과교육학회, 2004, 99~122쪽

13. 홍미화, 〈초등 사회과 수업 전문성 재탐색〉, 《학습자중심교과교육연구》 제10권 제3호, 학습자중심교과교육학회, 2010, 599~618쪽

우리가 수업을 관찰한 후 나눈 이야기들의 내용이 실행된 수업에서 주목하여 보아야 할 여러 가지 것들을 온전히 담고 있는가에 대해 아쉬움이 있었다. 앞으로는 우리가 수업을 구체적으로 어떻게 바라볼 것인가에 대해 먼저 정리하고, 이를 토대로 이야기를 나눈다면 수업에 대한 풍부한 이야기를 할 수 있을 것으로 기대한다. 이를 위해 수업을 관찰하고 기록하는 방법에 대한 탐색이 필요하다.

– 2015. 3. 17, 〈성찰 일기〉 중에서

수업을 관찰하는 궁극적인 목적이 수업의 질을 개선하고 교사의 전문성 신장을 지원하는 것이라면 수업을 평가의 대상으로서가 아니라 이해의 대상으로 바라보는 관점이 필요하다.[14]

오랫동안 학교 현장을 지배해 온 목표 지향적 수업관을 벗어나, 수업을 평가의 대상으로 보는 관점에서 이해의 관점으로 바라보고 나누는 것이 필요하다. 이와 같이 관점을 전환하는 것은 동료성을 만들어 내는 데도 중요한 일이다.

수업을 이해의 대상으로 본다는 것이 의미하는 바를 탁월하게 풀어 쓴 글이 있어 소개한다. 좋은교사 수업코칭연구소 소장으로 있는 이규철 선생님의 저서 《수업코칭》에 담겨 있다.

수업을 이해의 대상으로 보는 관점에서는 수업이 진행되

14. 허수미, 〈수업 비평 경험을 통한 사회과 교사의 수업 이해 양상 변화〉, 《사회과수업연구》 제1권 제2호, 한국사회과수업학회, 2013, 19~38쪽

는 동안 보이는 교사의 외면이 아니라 과거의 경험으로서 개인사와 내면의 문제를 들여다보는 것이다. … 교사가 왜 그 단원을 선택했는지, 이번 수업을 하면서 학생들에게 어떤 배움이 일어나기를 바라는지, 학생들을 어떻게 생각하는지, 그리고 배움이 일어난다는 의미는 교사에게 무엇을 생각하게 하는지 등에 대해 알고 싶은 마음이 필요하다.

교사의 삶은 수업의 실존적 배경이다. 한 사람의 인생관, 세계관, 철학관이 모두 수업에서 묻어나기 때문이다. … 교과서 내용이 동일하다고 해도 똑같은 수업을 하는 교사는 없다. … 왜냐하면 수업을 하는 교사의 삶이 제각각 다르기 때문이고, 그런 삶의 양식이 수업에 배어 나오기 때문이다. 삶은 이해의 대상이지 평가의 대상이 될 수 없듯이, 수업도 이해의 대상이지 평가의 대상이 될 수 없다.

… 그러므로 잘한 수업, 못한 수업이 있는 것이 아니라 이해받는 수업, 이해받지 못한 수업이 있을 뿐이다. … 수업을 하는 교사는 이해를 받는 대상이 돼서 심리적인 안전지대가 형성되어 자신의 수업을 평안한 마음으로 다른 이에게 보여 줄 수 있는 마음의 여유를 지니게 된다.[15]

15. 이규철, 《수업코칭》, 맘에드림, 2016

5. 리마인드(remind) 수업 실연

경기도교육청의 종단연구에 따르면, 시간과 공간의 제약, 연수 학점 미반영 등으로 학교 밖 전문적 학습공동체의 연수 참여율은 학교 안보다 낮지만, 학교 밖에서의 참여가 교사의 전문성 신장에 더 많은 도움이 된다.[16] 특히 동 교과 단위로 운영되는 학교 밖 전문적 학습공동체는 교사의 수업 전문성을 높이는 데 효과적이다.

좋은 사회과 수업을 일상적으로 실행할 수 있는 수업 전문성을 함양하기 위한 노력의 첫걸음으로 우리 연구회는 2015년 1월과 2월 방학 기간에 강의식을 벗어나 학생의 배움이 일어날 수 있는 수업을 디자인하여 연구회 구성원들 앞에서 실연해 보았다. 주지하다시피 강의식 수업은 나름의 의의와 필요성이 있지만, 흔히 수업 혁신을 말할 때 교사의 일방적인 강의식 수업은 지양해야 할 것으로 여겨진다.

수업 실연을 준비하는 과정에서 한국협동학습연구회에서 시리즈로 발간한 《협동학습》을 함께 구매하여 수업 디자인에 참고하였다. 연구회에서 좋은 수업의 모델로 '협동학습'을 특정한 것은 아니다. 협동학습이든 협력학습이든 또는 모둠학습이든 개념을 엄밀하게 구분하지 않고 학생들이 협력하여 과제를 해결해야 하는 학습 경험을 담은 수업을 실연하고자 했다.

16. 강흥수 외, 《통계로 보는 교육정책 연구》, 경기도교육연구원 연구보고서, 2016

첫 수업 실연은 제주대학교 사범대학 사회교육과 강의실에서 진행하였다. 그곳은 예비 교사 시절 어색한 말투와 몸짓으로 볼이 빨개질 정도로 긴장했던 수업 실연의 기억이 묻어 있고, 교사가 되고 싶은 간절한 마음이 켜켜이 쌓인 곳이다. 현직 교사가 사회과 교사의 요람에서 수업 실연을 한 경험은 새내기 교사로 다시 태어나는 것과 같았다.

'기본권의 제한'을 주제로 에피소드를 활용한 의사결정 수업, '문화의 속성'을 집단 탐구한 수업, '사형제도'를 둘러싼 토론 수업, '기본권의 내용'을 팀별 토너먼트 게임으로 정리한 수업 등 다양하게 실연되었다.

2015년 2월 수업 실연을 준비하며 작성한 글의 일부를 소개한다.

보상 중심 협동학습을 준비하며

학생의 입장에서 체감하기에 암기 위주의 학습 내용이 많은 단원을 정리하는 데 적합하다고 판단하였다. 왜냐하면 TGT 수업은 게임이라는 형식을 이용하고 보상을 중심으로 고안된 수업 모형으로, 주로 외적 동기를 강화하는 데 주안점을 두어 학습자의 학습 의욕을 고취하는 데 탁월한 효과가 있기 때문이다. 또한 TGT 수업에서 핵심이라고 할 수 있는 토너먼트 게임 단계에서 제시되는 문항의 내용이 주로 앞서 학습한 내용에 대한 것이기 때문에, 인지적 측면의 학습목표가 강조된다. 보통 단원의 내용을 복습하여 정리하기 위한 차시에서 스피드 퀴즈나 골든벨을 많이 하기도 하는데, 이러한 방법보다 TGT 모형을 활용하는 것이 무임승차 없이 모두가 참여하는 수업을 만드는 데 효과적이다. 또한 TGT 모형은 절차가 복잡하지 않고, 사회과에도 쉽게 적용이 가능하다.

… 그동안 공개 수업을 위해 수업을 준비한 것처럼 무엇을 보여 주기 위한 수업이 되지 않도록 수업을 설계하고 실행해야 한다. 협동학습을 가능한 쉽게 적용할 수 있도록 해야 한다. 이를 위해 이론적으로 개발된 수업 모형을 수업 현장에 적절하게 변형해야 할 필요가 있다. 즉 학교급, 학교의 학업성취도 수준, 학급당 학생 수와 같은 학교 현장의 상황뿐만 아니라 모형이 갖는 제한점까지도 고려하여 협동학습 모형을 수업에 변형하여 적용해야 한다. 이와 같은 작업이 선행될 때 교실 수업에서 협동학습의 효과가 극대화될 것이며, 교사와 학생의 부담을 줄일 수 있고, 결국 일상적으로 협동학습을 실천할 수 있다.

… 그렇다면 협동학습을 실제 수업에서 효과적이고 실행 가능할 수 있도록 변형하기 위해서는 어떻게 해야 할까? 가장 좋은 방법은 수업을 실행하면서 수정하는 것이 아닐까? 지금 우리가 하고 있는 모임에서처럼, 수업을 실행하고 교사가 반성적으로 성찰하여 다음 수업을 실행하는 것이다. … 아무쪼록 집단지성을 발휘하여 서로 다른 교실 상황에서 적용 가능할 수 있는 협동학습을 설계하여 실행할 수 있는 능력을 키워 보자.

– 2015. 2. 16, 〈성찰 일기〉 중에서

6. 일상의 수업을 공개하다

깨어 있는 시민이 민주주의를 이끌어 가듯이, 깨어 있는 교사가 좋은 수업을 이끌어 낼 수 있다. 교사가 깨어 있다는 것이 의미하는 바는 교사가 학생과 수업 그리고 교사 자신을 반성하고 성찰한다는 것이다.

반성과 성찰은 교사에게 배움이 일어나는 과정으로, 교사로서의 성장과 교사의 수업 개선을 위한 가장 중요한 계기이자 유능한 조언자이다. 그 과정에서 교사는 수업 전문가로 성장한다. 성장의 출발점이 반성과 성찰인 셈이다.

'풀꽃'과 같은 타자도 '자세히' 그리고 '오래 보아야' 고스란히 이해할 수 있다. 하물며 자기 자신을 반성적으로 돌아보는 것이 어디 쉬운 일이겠는가? 무엇인가를 혁신한다는 것은 거창한 것에서 시작하는 것이 아니다. 너무도 익숙해져서 자연스럽게 느껴지는 것들을 다르게 보고 낯설게 보는 데서 출발한다.

그동안 연구회는 교실의 문을 열고, 동료와 함께 자신의 수업을 반성적으로 성찰하는 수업 공개와 수업 나눔을 진행하여 왔다. 그리고 수업을 공개할 때마다 수업자가 반성적 성찰을 담은 글을 쓰고 공유하고 있다.

이른바 〈성찰 일기〉는 교사 자신의 내면을 들여다보는 창이 된다. 교사가 자신의 내면을 들여다보는 일은 수업을 개선하기 위해서 우선적으로 해야 할 일이다. 교사가 수업에서 흔들리는 이유는 수업 기술을 연마하지 못해서가 아니라 '학생들에 대한 두려움', '교직에 대한 불만', '교사로서의 소명 의식 부족', '교사 자신에 대한 자존감 결여' 등 교사의 내면적 요인에서부터 시작[17]되므로, 교사의 내면을 성찰하고 세워야 한다.

교사의 내면을 성찰하는 글쓰기는 결코 쉬운 일이 아니다. 무엇보다 나를 들여다보는 것이 어색하고 불편하기 때문이다. 수업을 디자인하고 공개하는 것보다 〈성찰 일기〉를 작성하는 고통이 더 크지만, 내면을 바로 세우는 글쓰기가 교사를 한 걸음 성장시키는 발판이 될 수 있을 것으로 기대하며 지금도 계속 기록하고 있다. 그동안 내가 작성했던 〈성찰 일기〉의 제목들을 나열하면 다음과 같다.

- 보상 중심 협동학습을 준비하며
- 내가 실행한 일상의 사회과 수업을 돌아보며
- 10월 2일 실행할 사회과 수업 디자인에 대하여
- 자기 객관화의 힘으로 살펴본 나의 사회과 수업에서 반복적으로 나타난 특징들
- 교과의 본질을 추구하는 배움, 교과서를 뛰어넘기

다음은 연구회의 핵심 활동인 수업 공개 및 수업 나눔을 개최할

17. 김태현, 《교사, 수업에서 나를 만나다》, 좋은교사, 2012

때 각 학교에 발송했던 공문의 일부이다.

〈수업 공개 및 수업 나눔〉 공문 양식

제목 사회과좋은수업연구회 수업 공개 및 수업 나눔 개최

1. 귀 학교의 무궁한 발전을 기원합니다.

2. 꾸미지 않은 일상의 수업을 공개하고, 학생들의 배움이 어떻게 이루어지는가를 중심으로 수업을 관찰하여 교수-학습 과정의 질을 높이기 위해 사회과좋은수업연구회를 조직하였습니다.

3. 본 연구회에서 아래와 같이 수업 공개 및 수업 나눔을 개최합니다. 소속 교사들이 참여할 수 있도록 협조해 주시기 바랍니다.

그동안 학교 현장에서 공개 수업은 '보여 주기 식의 쇼', '짜고 치는 고스톱', '사전에 연습을 마친 연극' 등으로 치부되어 왔다. 교사의 입장에서 수업을 공개하는 일은 자신의 모든 것을 드러내는 것과 같이 부담스럽게 느껴진다. 오죽하면 수업 공개를 장기기증에 비유하는 말까지 나왔겠는가. 더욱이 일상으로 하고 있는, 꾸미지 않은 수업을 공개하는 것은 용기마저 필요한 일인지도 모른다.

내가 연구회에서 공개하여 나누었던 수업은 100% 날것으로서의 수업은 아니다. 공개한 수업을 성찰한 일기에는 솔직한 고백이 소심하게 담겨져 있다.

꾸미지 않은 일상의 수업보다 살짝(?) 디자인한 이번 수업의 주제는 3학년 사회 9단원 중 '기본권의 종류와 내용'이다.

– 2015. 10. 2, 〈성찰 일기〉 중에서

일상적인 수업을 공개한다는 것은 수업 혁신을 위한 단계들 중 마지막 단계에 도달한 것으로 볼 수 있다[18]고 할 만큼 쉽지 않지만, 지향해야 할 지점이라는 것은 분명하다. 그리고 일상 수업을 공개하고 나눈다는 것은 평소에 자신의 수업을 스스로 들여다보고, 있는 그대로의 모습을 드러내어 동료 교사와 함께 해결하기 위한 노력의 일환이다. 다음은 일상 수업의 고민을 담은 〈성찰 일기〉 내용의 일부이다.

일상의 3반 학생들을 묘사하자면, 참 흥이 많다. 올해 3학년 여학생들은 지나치게 흥이 넘치고 적극적이다. 적극적인 면모의 예를 들자면, 9단원 첫 차시에 '대한민국헌법' 전문(前文)을 읽으면서, 대한민국을 살아가는 시민으로서 이 문장 하나 정도는 외울 수 있어야 하지 않겠냐는 말을 내가 했고, 다 외우면 문화상품권을 선물로 주겠다고 했는데, 그날 오후에 3반 여학생들이 떼로 몰려와서 전문을 다 외웠으니 확인해 주라고 요구했다. 실제로 한 명의 학생은 단 한 번의 주저함도 없이 전문을 읊어 깜짝 놀랐다. 그리고 추석

18. 김태은 외, 〈창의 융합형 인재 양성을 위한 수업 혁신 지원 방안〉, 한국교육과정평가원 연구보고서, 2016

연휴가 끝나고 바로 다음 날 또다시 떼로 몰려와서 전문을 토해 내고 갔다. 이날 또 한 명의 문상 당첨자가 나왔다.

내가 헌법 전문을 외워 보라고 한 이유는 두 가지였다. 첫째는 헌법에 대해 보다 관심을 갖게 하기 위해서이다. 둘째는 학부 시절에 〈헌법개론〉 강의를 담당하셨던 교수님께서 강의 첫날 헌법 전문을 읊으며, 사회과 교사가 이 명문장 하나 정도를 외워서 이야기할 수 있었으면 좋겠다는 말씀이 생각나서이다. 학생들에게 고백했지만 나는 전문을 외우지 못한다. 외우려고도 안 했다. 그런데 3반 애들은 미친 듯이 외우려고 기를 쓰고 있다. 심지어 오늘은 헌법 제1장 총강까지 다 외웠다고 찾아온 학생들이 있어서 적당히 말리고 돌려보냈다.

이렇게 적극적인 면이 있는데, 아쉬운 점은 이러한 특성이 2학기에 들어 사회과 수업으로 잘 연결되지 않는 모습을 보인다는 점이다. 분명 1학기에 비해 3반의 사회 수업 분위기는 많이 침체되어 있다.

지난 9월에는 왜 이렇게 변화됐는지를 학생들과 함께 수업 시간에 고민했었다. 결론은 1학기와는 달리 사회 수업 시간이 모두 5교시와 6교시에 배치되었기 때문인 것으로 잠정적으로 내렸다. 올해 3반이든 4반이든지 간에 여학생반 사회 수업에서 학생들의 반응이나 참여를 크게 걱정해 본 적이 없었는데, 2학기 들어 3반은 부침을 경험하는 중이다.

– 2015. 10. 2, 〈성찰 일기〉 중에서

김홍탁 선생님의 공개 수업 장면

강영아 선생님의 공개 수업 장면

사회과좋은수업연구회 공개 수업 주제

연 번	일시	학교급, 학년 과목	단원 수업 주제
1	2015. 3. 27	고등학교, 1 사회	Ⅰ. 사회를 보는 창 사회적 상호작용
2	2015. 4. 15	중학교, 2 사회	3. 극한 지역에서의 생활 건조지역에서의 생활
3	2015. 6. 03	중학교, 3 역사	Ⅱ. 민족 운동의 전개 주변 국가와의 역사 갈등 해결 노력
4	2015. 7. 15	중학교, 3 사회	5. 환경문제와 지속가능한 환경 제주 지역의 난개발
5	2015. 9. 18	고등학교, 1 사회	Ⅱ. 공정성과 삶의 질 삶의 질 향상을 위한 노력
6	2015. 10. 2	중학교, 3 사회	9. 인권 보장과 헌법 기본권의 종류와 내용
7	2015. 11. 10	중학교, 3 역사	Ⅵ. 현대 세계의 전개 대한민국 사회에서의 종북 논란
8	2015. 12. 15	중학교, 1 사회	14. 시장경제의 이해 모의 경매 시뮬레이션
9	2016. 3. 23	중학교, 3 역사	Ⅰ. 근대국가 수립 운동과 국권 수호 운동 강화도조약
10	2016. 5. 26	고등학교, 2 법과정치	Ⅱ. 헌법의 기본원리 기본권의 보장과 제한
11	2016. 6. 28	중학교, 2 역사	Ⅴ. 조선의 성립과 발전 사림 정치와 성리학 질서의 확립
12	2016. 9. 30	중학교, 1 사회	9. 문화의 이해와 창조 문화를 바라보는 태도
13	2016. 10. 13	중학교, 3 사회	11. 국민경제와 경제성장 국민경제와 국내총생산
14	2016. 10. 28	중학교, 3 사회	13. 국제 사회와 국제 정치 과거사 담화에 나타난 국제 정치의 특징
15	2016. 11. 24	중학교, 1 사회	13. 경제생활의 이해 경제활동과 희소성의 의미
16	2017. 5. 12	중학교, 3 역사	Ⅲ. 대한민국의 발전 박정희 정부 18년 史

17	2017. 6. 22	중학교, 3 사회	6. 우리나라의 영토 영역 문제로 인한 국가 간 갈등
18	2017. 11. 9	중학교, 3 사회	Ⅵ. 현대 세계의 전개 경제대공황과 전체주의
19	2018. 4. 17	고등학교, 2 법과정치	Ⅱ. 민주정치의 과정과 참여 정치적 효능감

7. 수업 나눔의 획일화를 뛰어넘다

수업을 공개하고 나누는 것은 교사의 사생활쯤으로 여겨지기도 했던 수업이 갖는 공공성을 발견하는 작업이며, 수업 전문성 개발이 사회적 과정을 거치게 됨을 확인하는 일이다.

연구회의 공개 수업은 5교시 또는 6교시에 시작하고, 이어서 바로 수업을 나눈다. 대개 수업을 연 학교에서 적당한 공간을 찾아 수업 나눔을 진행한다. 만약 형편이 여의치 않으면 학교 근처 커피숍으로 이동한다.

수업 나눔이란 수업자와 수업을 관찰한 동료 교사가 수평적 관계를 토대로 성찰적 질문을 포함한 수업 대화를 통해 수업을 성찰하는 것이다. 현재 전국적으로 학교 현장에서 동료 교사와의 수업 나눔을 통해 수업을 개선하는 움직임이 확산되고 있다.

수업 나눔은 임용 후보자 선정경쟁시험에서 예비 교사의 수업 능력을 평가하기 위한 과목으로 도입되기도 하였다. 경기도교육청에서는 올해로 3년째 수업 실연과 연계하여 수업 나눔을 평가

공개 수업 후 이어지는 수업 나눔 장면.
학교 근처에 있는 커피숍에서 수업 나눔을 진행하고 있다.

하고 있다. 수업 실연을 마친 수험생이 평가위원의 질의에 답하는 형식으로 수업 대화를 하면서 수업을 성찰한다. 기존의 수업 실연 평가만으로는 예비 교사의 수업 능력을 타당하고 엄밀하게 평가하기 어렵다는 점에서 앞으로 타 지역의 교육청에서도 수업 나눔을 평가 영역으로 도입할 여지가 충분하다.

연구회에서 수업 공개와 수업 나눔을 핵심 활동으로 설정하여 시작할 즈음에 김태현 선생님이 집필한 《교사, 수업에서 나를 만나다》를 읽고, 수업 성찰이란 무엇이며 수업 나눔을 통한 수업 성찰을 어떻게 할 것인가라는 물음에 답을 찾을 수 있었다. 책에서는 수업 나눔 과정에서 필요한 성찰적 질문을 자세하게 예시하고 있다. 실제 수업 나눔에서는 예시된 질문을 수업 사례에 맞게 변형함으로써 수업자와 관찰자가 깊이 있는 성찰적 대화를 나눌 수 있었다.

수업 나눔에서는 교실 문을 열어 준 수업자 내면의 이야기를 공감적으로 듣고, 수업자의 입장에서 수업을 이해하며 지지와 격려를 보낸다. 예를 들면 교사가 의도한 배움이란 무엇이고, 유의미한 배움을 위해 준비한 학습 경험은 무엇인가, 그리고 공개한 수업에서 겪은 감정 혹은 생각, 그동안 수업과 학교생활에서 겪은 딜레마 혹은 교사 상처 등을 수업자의 시선에서 이해하고 공감하는 것이다.

물론 이해, 지지와 격려에서 그치지 않고 한 걸음 더 나아가는 성찰적 대화가 있어야 한다. 예를 들어, 수업자는 인지하지 못하였으나 동료 교사가 관찰한 수업의 장면과 그것이 갖는 의미, 교사의 수업 의도와 학생의 배움과의 연결 여부, 함께 해결할 수업의 딜레마 등을 성찰적 질문을 통해 나눌 수 있다. 이것이 가능하려면 수업자의 요구가 있거나, 수업자와의 동료성이 구축되어 있고 수평적인 의사소통이 가능한 수업 나눔이어야 한다. 그렇지 않으면 수업자를 심리적으로 위축시키거나 수업자의 자기방어 기제를 발달시킬 우려가 있다.

다음은 2015년 중학교 3학년 학생을 대상으로 '인권 보장과 헌법' 단원에서 '기본권의 종류와 내용'을 주제로 내가 공개한 수업 나눔에서 나온 피드백이다.

교사1 아이들이 전반적으로 선생님의 관심을 갈구하는 눈빛을 볼 수 있었어요. 특히 ◯◯이 같은 경우에는 청구권과 관련하여 교사의 약간의 친절에 대하여서도 많은 미소를 띠기도 하였고, 반장 학생의 경우에도 질문에 대한 올바른 대답을 한 후 교사에게 눈빛을 보내며 칭찬을 갈구하는 것 같았어요. 자퇴 권고 사례에 대한 집중도가 높았어요. 자신의 주변에서 있음직한 사례들이어서 학생들이 더 많은 관심을 갖고 수업에 임한 것 같아요. … 이를 통해 학생들이 전반적으로 교사에게 상당히 호의적이고 친근한 것을 느낄 수 있었어요.
모둠 활동을 하였을 때, 교사가 각 모둠의 활동 상황을 파악하기 위해서는 충분한 여유와 관심을 갖고 지켜봐야 한다고 느꼈어요. 교사의 관심으로 모둠원들 간의 상호 작용이 촉진될 것으로 기대되며, 활동 과정에서의 이해도를 높일 수 있을 것 같아요. 모둠 활동 과정에서 교사가 배부한 기본권 침해 사례집이 소수에게만 주어지다 보니 함께 사례를 파악하고 읽을 수가 없었어요. 또한 기본권들을 모둠별로 분류하다 보니 자신의 기본권 사례와 관련하여서는 파악이 되었으나, 다른 기본권 사례에 대해서는 파악하는 데 한계가 있었던 것 같아요. 모둠 활동 과정에서 각자에게 역할과 책임을 부여하는 일이 무척 힘든 일이지만 고민을 계속 해나가야 하는 숙제인 것 같아요.

교사2 좋은 사례들을 수집하느라 정말 수고가 많았겠다는 생각이 들었어요. 지난번 공개 수업 때의 수업 분위기보다 더 좋았어요. 학생들의 참여도 활발하였고, 착하고 예쁘다는 생각이 들었어요. 모둠 활동 과정에서 활동 절차에 대한 자세한 안내가 필요했던 것 같아요. 각 모둠에서 같은 질문을 여러 번 하는 경우가 많았어요. 공무 담임권과 같은 질문에는 개념 정의를 전체적으로 해 주는 것이 중요하다고 생각해요.

교사3 밝고 유쾌한 수업 시작이었어요. 선생님의 성량이 커서 주의 환기가 되었어요. 학생들이 열심히 참여하는 모습이 무척 예뻤고, 세월호 관련 사례를 함께 읽는 것이 좋았어요. 함께한다는 생각이 들었고 몰입감이 있었어요.
모둠 활동에서 몇몇 소외된 학생들이 보였어요. 헌법 조문만 만지작만지작 하는 학생도 있었고, 참여하려다가 뒤로 밀려나는 학생들도 있었어요. 교사가 순회를 적극적으로, 왕성하게 하지만, 질문을 하는 모둠에게만 다가가는 듯한 인상을 받았어요. 몇몇 모둠에서 질문이 들어왔을 때, 잠깐의 피드백을 한 후에 중앙에서 함께 듣도록 설명을 해 주면 어떨까 하는 생각이 들었어요.

그동안 연구회에서 진행한 수업 나눔을 돌이켜 보면, '배움의 공동체' 운동이 지향하는 철학의 많은 부분을 공감하고, 동료성에 기반하여 교사의 가르치는 행위보다 학생들에게 어떤 배움이 일어났는지를 중심으로 말하여 왔다. 교사의 교수 행위가 아니라 학생들을 관찰 대상으로 삼아 수업을 관찰하면 미처 알지 못했던 수업의 양상과 학생들의 모습을 발견하는 경우가 많다. 특히 담임 학급의 수업을 공개할 때는 더욱 그러하다.

2018년 4월 담임 학급의 수업을 공개한 강영아 선생님(이하 수업자)은 사전 협의회에서 개학 후 6주 동안의 수업에서 학생들을 관찰한 결과를 토대로 배움이 활발한 학생과 소극적인 학생으로 구분하고, 각 모둠별로 주로 관찰할 학생들에 대해 설명해 주었다.

수업을 관찰한 열한 명의 교사들은 사전에 각자 관찰할 모둠을 선정하고, 주로 관찰할 학생들이 누군지를 확인해 두었다. 수업이 시작되자 교사들은 모둠 옆으로 이동하여 학생들의 말과 행동, 표정 등을 관찰한다. 처음에는 학생들이 의식하는 듯 보였지만, 금세 자연스럽게 동료들과 의사소통을 하면서 협력 과제에 집중하는 모습을 보였다. 공개 수업 후 진행한 수업 나눔에서 오고간 대화들을 들어 보자.

수업자 담임반에서 공개 수업을 하면 학생들의 참여 태도 및 의사소통 능력을 구체적이고 밀도 있게 관찰할 수 있어서 학습지도와 생활지도에 도움이 됩니다. '법과 정치' 수업의 모둠은 disc라는 간단한 성격유형검사에 기반하여 구성했고, 모둠의 리더와 기록이 등 역할 배분을 하지 않았습니다. 자율적으로 자연스럽게 역할이 배분되기를 기다리며 모둠 학습을 해 오고 있습니다. 그래서 선생님들이 관찰한 내용 중에서 모둠 활동의 주도권은 누구에게 있는지, 소수의 학생에게 책무감이 집중되어 모둠 활동이 지루하지는 않았는지를 이야기해 주면 좋겠습니다.

교사1 저는 1모둠을 관찰했습니다. 사전 협의회에서 선생님이 1모둠에서는 문○○ 학생과 김○○ 학생이 주도하고 지적 호기심이 강한 학생이라고 하셨는데, 의외로 나○○ 학생이 주도적으로 리드하고 동료들과 소통하면서 참여했습니다. 나○○ 학생은 선생님이 소극적인 학생이라고 설명해 주셨는데 실제로 수업하는 과정에서 많은 활약이 있었습니다. 예측건대 평소에 문○○ 학생과 김○○ 학생이 잘하고 적극적이어서 크게 두각이 나타나지 않았을 것 같다는 생각이 듭니다.

수업자 그래요? 나○○ 학생의 리드…. 제가 평소 관찰에서 놓친 부분일 수 있어요. 다음 수업에서는 학생과 교사 간, 학생과 학생 간 활발히 의견을 소통할 수 있도록 진작시켜야겠습니다.

교사2 제가 관찰한 모둠은 6모둠이었습니다. 처음에 이○○ 학생이 소극적으로 참여했는데, 선생님께서 긍정적인 피드백을 한 뒤로 활약이 돋보였습니다. 결국 한 학생도 소외됨이 없이 모둠 활동을 했습니다. 교사의 시의적절한 피드백이 중요한 것 같습니다.

수업자 맞아요. 이○○ 학생은 내성적이고 소극적인 편입니다. 그래서 평소에도 이○○ 학생에게 적극적으로 피드백을 하고 있습니다.

교사3 학생들이 평소에 어떠한 경험을 하고 어떤 관심사가 있는지에 대해 관심을 갖고 있다는 것, 그런 학생의 활동과 경험을 소중하게 생각해서 수업의 소재로 녹여냈다는 것에 감동을 받았습니다. 어느 한 학생의 경험도 소외되지 않았습니다. 한두 명의 참여가 모두의 참여로, 한두 명의 만족감이 모두의 만족감으로. 아이들이 존중받는 느낌이 들었고 아이들의 자존감과 서로에 대한 존중이 높아졌다고 생각합니다.

수업자 감사합니다. 선생님. 아이들의 경험을 수업에서 잘 녹여내려고 노력하고 있습니다.

교사1 고◯◯ 학생이 주도적이며 허◯◯ 학생이 소극적일 것이라고 말씀해 주셨지만 제가 관찰한 모둠은 모두가 활발하게 의사소통을 했습니다. 김◯◯ 학생이 주도하며 모든 학생에게 물어 보며 어려운 부분에 맞닥뜨릴 때 고◯◯ 학생이 정치적 효능감과 좌절감을 다 듣고 "이것은 효능감에 가까워."라며 조언을 해 주었습니다. 교실에서 친구 간의 진정한 상호 배움이 일어나는 것을 보고 감동했습니다. 또한 고◯◯ 학생이 자연스럽게 활동지에 글을 쓰고 김◯◯ 학생이 헌법 조문을 찾는 등 자연스럽게 역할이 나뉘어 배움에 집중하고 있었습니다.

수업자 제가 사전 협의회에서 배움에 대한 적극적 태도와 소극적 태도로 나누었던 것은 한 달 반 동안의 관찰에 기반한, 제 나름의 기준이었습니다. 공개 수업을 통해서 선생님들이 모둠으로 들어와 면밀하게 관찰해 주시고 학생들에 대한 피드백을 주셔서 감사합니다. 이런 귀한 피드백이 정말 반갑습니다. 예를 들어 "허◯◯ 학생은 소극적이지 않았어요."라는 피드백이 정말 반갑습니다. 다음 수업에 우리 반에 들어가 긍정적인 피드백을 많이 줄 수 있거든요. 저도 자신감을 갖고 허◯◯ 학생에게 더 많은 대화를 하게 됩니다.

공개 수업이 끝나고 학생들은 수업자에게 "선생님, 참관하신 선생님들께서 우리 활동에 대해 뭐라고 하셨나요?"라고 물으며 자신들이 배움에 참여한 과정에 대해 대단히 궁금해했다고 한다. 아이들은 배움의 주체로서 자신들의 모습을 객관적으로 성찰해 보고 싶은 열망을 갖고 있다.

수업자는 수업을 공개한 담임 학급의 학생들에게 개별적으로 피드백을 전하고, 배움의 주체자인 학생들의 자존감을 높이기 위해 노력한다. 결국 수업을 공개하는 이유는 수업자와 학생들이 만들어 내는 배움의 질을 관리하기 위한 것이며, 그 배움의 주체인 학생들이 성장할 수 있기 때문이다. 배움은 모두가 모두에게 연결되어 있다.

한편, '배움의 공동체' 운동을 주창한 사토 마나부의 제자 손우정 박사가 쓴 《배움의 공동체》에서 수업 나눔 시 수업을 참관한 교사는 수업 교사의 아쉬운 점만 보거나 수업의 개선점에 대해 조언하고 지도하는 방식이 아니라, 자신이 배운 것을 이야기하고 함께 배워야 한다고 말한다. 이는 교사들 사이의 동료성을 기반으로 수업을 나누고, 학생의 배움을 중심으로 수업을 관찰하라는 방향성을 제시한 것으로 이해된다.

이혁규 교수는 학교 현장에서 수업을 성찰하는 방식이 획일화되는 위험성을 경계해야 한다고 지적한다. '배움의 공동체' 수업 나눔을 관찰하면서 오직 학생들에게 일어난 배움만을 말해야 하는 반면, 교사의 수업 행위나 교과 내용에 대한 이야기를 언급하는 것을 금기시하는 모습을 자주 관찰할 수 있었다고 밝힌다.[19]

경기도 어느 중학교의 전문적 학습공동체에서 운영한 수업 나눔의 경험을 기록한 글[20]에서도 수업 나눔의 틀이 고정되어 있음을 읽을 수 있다.

> 수업연구회를 진행하는 동안의 원칙이 있다. 반드시 내가 배운 점만을 말하는 것이다. "내가 했다면 이렇게 했을 텐데~" 라든가, "이 부분은 이렇게 바꾸면 더 좋을 것 같을 텐데~"라는 내용의 이야기는 하지 않는다. 서로에게 상처를 주는 것이 목표가 아니기 때문이다. 교사에게 수업이 가장 어려운 것이고 가장 개인적인 것이기에 서로에 대한 믿음을 바탕으로 서로 수업을 공개하고 내가 배운 점만을 이야기하는 시간이다.

수업 나눔의 과정이 하나의 틀로 획일화 또는 모형화가 되는 것은 '배움의 공동체' 자체가 갖는 문제라기보다는 기계적으로 구조화하려는 습성 때문이 아닐까? 연구회에서도 수업 나눔을 할 때 교사의 교수 행위에 대해 언급하는 것을 조심스럽게 회피하면서

19. 이혁규, 《한국의 교육 생태계》, 교육공동체벗, 2015
20. 황필아 외, 〈교사 학습공동체를 통한 학교교육과정 편성·운영 역량 강화 세미나〉, 한국교육과정평가원 연구자료, 2015

정작 가려운 부분을 긁어 내지 못한 것과 같은 경험을 더러 하였다. 수업을 보는 눈이 다양하듯이 수업 나눔을 통해 성찰하는 방식도 다양하고 풍부해야 한다.

8. 공동으로 수업을 디자인하다

새해 1월마다 연구회에서는 협의회를 열어 지난해 활동을 돌아보고, 새해 운영목표와 활동 계획 등을 세운다. 이때 전년도 연구회 활동보다 발전된 연구회 활동으로 무엇을 할 것인지에 대한 고민이 깊다. 연구회의 활동을 통해 자신도 성장하고 있기 때문에, 연구회가 발전할 수 있는 거리를 찾는 것은 연구회에 참여하는 교사의 동력을 높이고 연구회를 지속적으로 성장하게 한다.

2017년 1월 협의회에서는 공동 수업 디자인을 새해 활동 내용에 추가하기로 결정하였다. 수업 공개에 앞서 사전 협의회를 갖고 함께 수업을 디자인하기로 한 것이다. 당시 협의록의 일부를 첨부한다.

> 교사1 이제는 점프가 필요한 시점이라고 생각된다. … 수업 개선의 실질적이고 구체적인 방법도 필요한 것 같다. 예를 들어 활동지 공유나 수업에 대한 고민을 담은 자료, 자극 이상의 개선이 필요하다고 생각되며….

교사2 활동지 공유가 필요하다고 생각된다. 사전에 만나서 활동지를 고민하는 시간이 더 값질 것 같다. 수업 공개자의 고민이 수업 나눔 참여자와 연결이 되지 않는 부분이 존재한다. 공개 수업이 서로 평가하는 것으로 되지 않으려면 공개하는 수업을 함께 고민하는 작업이 더 좋을 것 같다. 미리 2~3주 전에 함께 수업을 준비하는 것은 어떨까? 사전 협의회를 하는 것이다.

– 2017. 1. 19, 〈사회과좋은수업연구회 협의록〉 중에서

연구회를 조직한 2015년과 이듬해에는 교사들이 개별적으로, 혼자 알아서 준비한 수업을 공개하였다는 점과 비교할 때 2017년부터 연구회는 새로운 도전을 이어 가고 있다.

다음은 2017년 5월에 열릴 수업 공개를 위한 공동 수업 디자인 모임에서 나눌 생각 거리를 미리 제시하기 위해 연구회 소속 선생님들에게 교육청 메신저로 발송한 내용의 일부이다.

중학교 3학년 역사 Ⅲ. 대한민국의 발전의 2. 자유민주주의의 시련과 발전 단원에서 '박정희 정권 18년 史'에 대한 학습을 계획하고 있습니다. 직소(Jigsaw) 모형의 특징을 일부 활용하여 네 가지 주제(5 · 16군사정변, 한일 국교 정상화, 베트남 파병, 유신헌법)를 전문가 집단 주제로 다루고자 합니다. 이와 같은 조건에서 수업 설계를 어떻게 할 것인가에 대해 선생님들 나름의 아이디어를 구합니다.

– 2017. 3. 20, 교육청 메신저 발송 내용 중에서

공동 수업 디자인 모임에서는 수업자가 선정한 학습 주제와 성취기준, 그리고 수업자의 수업 설계 의도와 기본적인 아이디어를 바탕으로 집단지성을 발현하여 함께 수업을 디자인한다. 의미 있는 학습 경험을 구체화하는 작업은 교사의 교육과정 문해력을 함께 함양하는 과정이며, '우리가 나보다 똑똑하다'는 진리를 깨닫는 계기가 된다.

사전에 수업 디자인을 함께하면 수업의 주인이 바뀐다. 수업자만의 수업에서 우리 모두의 수업이 된다. 수업을 공유한 셈이다. 자연스럽게 공동으로 수업을 디자인하기 이전의 수업 나눔보다 깊이 있고 더 많은 이야기를 나눌 수 있다.

9. 공동체를 확장하다

학교 밖 전문적 학습공동체가 안정적으로 성장할 수 있으려면 새로운 구성원을 지속적으로 영입하는 것이 중요하다. 2015년 1월 네 명의 교사로 출발한 연구회는 공동체의 확장 문제를 지속적으로 고민하여 왔다. 2017년 10월 7일 추석 연휴 마지막 날 오후에 공동체 확장을 주제로 협의회를 열었다. 논의 끝에 공동체 확장의 필요성과 유의점을 정리하고, 확장의 방법을 결정하였다.

공동체를 확장하자는 여러 가지 이유들이 제기되었다.

교사1 그동안 여러 가지 이유로 연구회의 활동에 참석하지 못하는 경우들이 있었죠. 학교 업무도 바쁘고, 휴직을 해야 하는 상황도 있었고, 시간의 문제가 큰 것 같아요. 수업을 공개한 선생님의 입장에서는 힘이 빠지기도 하고, 함께하지 못한 선생님도 미안한 마음이 컸어요. 공개 수업의 횟수를 조정해야 할지, 아니면 연구회의 구성원을 늘려야 할지 등을 포함하여 참여 인원을 확보하기 위한 방법이 필요해요.

교사2 구성원이 지금보다 많아지면 다양함에서 배우는 이로움이 있지 않을까요? 에너지를 새롭게 얻을 수 있을 것도 같고.

교사3 중학교 선생님들에 비해서 고등학교 선생님들의 연구회 활동 참여가 많이 저조한 편이죠. 현재 연구회의 고등학교 선생님은 나를 포함해서 두 명밖에 없잖아요. 연구회에 고등학교 선생님이 더 많이 들어왔으면 해요. 고등학교 선생님들에 대한 갈망이 분명히 있어요.

교사4 우리 연구회는 하나하나 새롭게 만들어 가고 있는 중인데, 전문적 학습공동체를 운영하거나 참여해 본 경험이 있는 선생님이 함께하게 되면 우리도 배울 수 있는 좋은 계기가 될 수 있을 것 같아요.

교사5 현재 제주도에서 근무하는 사회과 선생님이라면 출신 지역이나 대학에 상관없이 같이할 수 있으면 좋겠어요. 최근 몇 년 사이에 사회과 임용 티오가 늘어나면서 타 지역에서 이곳으로 온 선생님들도 많잖아요.

교사6 제주 지역, 특히 교직 사회가 좁다 보니까 우리 연구회 활동에 관심을 갖고 있는 분들이 생각보다 많더라고요. 함께하고 싶다는 의사를 전해 온 분들도 몇 분 계시고.

어떤 방법으로 신입 회원을 영입할 것인가에 대한 고민도 깊었다.

교사1 예전에 함께하고 싶은 후배 교사가 있어서 몇 번 참여를 권유했었어요. 당시에는 아직 생각이 없다고 답을 하던 그 친구가 이제는 하고 싶다는 생각이 드는데 자기가 말을 못하겠다고 하더라고요. 우리가 너무 끈끈한 것 같아서.

교사2 주변에 함께하고 싶은 선생님이 있으면 개인적으로 알아서 섭외를 할까요, 아니면 누구에게나 오픈을 해야 할까요?

교사3 새롭게 한 분 또는 두 분만 들어오면 기존의 분위기에 어색해할 수도 있으니깐, 여러 사람이 한꺼번에 같이 들어올 수 있도록 하면 어떨까요? 예를 들면, 일정 기간 동안 모집 공고를 내고 말이에요.

교사4 자발성을 갖고 있는 분들이 직접 올 수 있도록 모두에게 열어 주는 것이 좋을 것 같아요.

2017년 10월 13일, 연구회에서는 제주 지역 모든 중 · 고등학교에 공문을 발송하여 참여를 희망하는 교사들을 모집하였다.

〈참여 희망 교사 모집〉 공문 양식

제목 사회과좋은수업연구회 참여 희망 교사 모집 안내

1. 귀 학교의 무궁한 발전을 기원합니다.

2. 사회과좋은수업연구회는 2015년 1월 각기 다른 중 · 고등학교에서 근무하는 사회과 교사들에 의해 자생적으로 만들어진 학교 밖 전문적 학습 공동체입니다.

3. 사회과좋은수업연구회를 통해 선생님들과 연대하여 동료성을 구축하고 더불어 성장하기를 열망하는 선생님을 찾고 있습니다. 아래의 내용을 참고하여 선생님의 자발적인 참여를 기대합니다.

가. 모집 대상: 중 · 고등학교 사회과(일반사회교육 전공) 교사
나. 모집 시기: 2017. 10. 13(금) ~ 2017. 10. 27(금)
다. 신청 및 문의: 연구회 소속 교사 메신저 또는 전화

붙임 1. 함께해요.
2. 사회과좋은수업연구회 Q&A. 끝.

공문에 첨부한 붙임 파일 〈함께해요〉라는 글을 최대한 말랑말랑하게 쓰기 위해 노력했다.

함께해요

학교교육의 꽃이라는 수업을 온전히 피우기 위해 크고 작게 흔들려 보았을 선생님들께 글을 띄웁니다.

안녕하십니까? 귀일중학교 사회과 교사 김홍탁입니다. 직접 찾아뵙지 못하고 이렇게 글로 인사를 드리게 되어 죄송합니다. 바쁘시더라도 시간의 여유가 있을 때 이 글을 읽어 주실 것을 정중히 부탁드립니다.

선생님! 학교에서, 교실에서, 그리고 수업에서 벽을 마주한 것과 같은 상황이나 감정을 경험한 적은 없으신지요? 저는 올해로 11년째 학교와 교실의 문턱을 넘고 있지만 교직 첫해나 지금이나 벽에 부딪치면서, 나의 마음뿐만 아니라 벽에 상처가 많이 났습니다.

벽을 만났을 때 함께 손을 잡으면 담쟁이처럼 벽을 넘을 수 있다고 합니다. 저는 함께 손을 잡는 방법을 제안하고자 합니다. 사회과좋은수업연구회라는 학교 밖 전문적 학습공동체를 통해 선생님들과 연대하여 동료성을 구축하고 더불어 성장하고 싶습니다. 사회과좋은수업연구회는 2015년 1월 각기 다른 학교에서 근무하는 중・고등학교 사회과 교사들에 의해 자생적으로 만들어진 교사학습공동체로, 현재 여덟 분의 선생님들과 함께하고 있습니다. 연구회가 걸어온 길과 나아갈 방향을 안내하는 내용이 담긴 파일(사회과좋은수업연구회 Q&A)을 첨부하였으니 참고하시기 바랍니다.

우리 연구회에서는 더불어 성장하기를 열망하고 있는 선생님을 찾고 있습니다. 행정 업무에서 효능감을 찾기보다는 교사의 본질적인 업무라고 할 수 있는 수업의 전문성 신

사회과좋은수업연구회의 협의회 장면. 2018년 2월,
신입 회원들과 새 학기를 맞이하여 평가 계획을 나누고 있다.

장을 희망하는 선생님과 함께하고 싶습니다. 흔들리지 않고 피는 꽃이 어디 있을까요. 우리 함께, 본질로 돌아가서 수업, 나아가 교육의 꽃을 피워 봅시다.

사람이 온다는 건 실은 어마어마한 일이죠. 선생님의 과거와 현재, 그리고 미래를 함께하고 싶습니다. 선생님께서 편안한 마음으로 연락을 주실 것을 부탁드립니다. 설레는 마음으로 기다리겠습니다.

오늘 하루도 선생님의 건투를 빕니다.

왜냐하면 이 글을 읽은 선생님들이 '그래, 나도 한 번 해 봐야겠어.'라는 생각이 자연스럽게 들 수 있기를 기대했기 때문이다. 사실 기존에 꾸려져 있는 공동체에 누군가가 새롭게 참여한다는 것은 쉬운 일이 아니다. 그래서 혹시라도 느낄지 모르는 마음속 진입장벽을 조금이라도 허물고 싶었다.

위의 글은 다음 세 편의 시(詩)에서 모티프를 얻었다. 도종환의 〈담쟁이〉와 〈흔들리며 피는 꽃〉, 정현종의 〈방문객〉이 그것이다. 세 편의 시 제목이나 내용은 '같이의 가치'를 함축적으로 잘 드러내고 있는 것으로 여겨지기 때문에, 학교 안팎의 전문적 학습공동체의 이름으로도 많이 붙여지고 있다.

3장. 학교 안 전문적 학습공동체 실천 경험: 오현고등학교 교사 성찰 학습공동체

1. 우리 학교에서 만들어도 될까요?

2015년 1월 시작된 사회과좋은수업연구회(이하 연구회)에서 나는 교사로서의 효능감과 수업에 대한 싱그러움을 갖게 되었다. 그뿐 아니라 지금도 성장하고 있는 수업 에너지는 거기에서 비롯되었는지도 모른다. 계속되는 열망과 성장의 경험이 스스로에게도, 타인에게도 감화되기를 바라는 마음이 커지고 있을 때였다.

학교 밖 전문적 학습공동체의 경험을 학교 안으로 연계하고 싶었다. 학교 밖에서 동 교과 선생님들과 함께 성장하는 경험을 공유해 온 것처럼 같은 학교, 같은 교무실에서 같은 공기를 마시는 학교 안 동료 선생님들과 수업적 고민과 좋은 배움에 대한 이야기를 하면 학교 안과 밖의 간극이 채워질 것 같은 생각이 들었다.

교감 선생님과 출장을 같이 다녀오던 길이었다. 교감 선생님께서 사회과 전문적 학습공동체에 대한 이야기를 먼저 꺼내며 긍정적인 격려를 해 주셨다. 그리고 그와 같은 전문적 학습공동체를 학교 안에서 해 보면 어떻겠느냐고 조심스런 제안을 해 주셨다. 평소 내가 나누고 싶었던 이야기를 먼저 꺼내 주어서 반가웠다. 하지만 주저하는 부분도 있었다. 그때 내가 한 말은 "교감 선생님, 만들고 싶습니다. 그런데 우리 학교에서 만들어도 될까요?"였다. 질문의 포인트는 '우리 학교에서'였다. 행정 업무 중심의 관료적인 학교 조직과 문화가 굳건하고, 학교 안에서 전문적 학습공동체를 운영한 경험이 전무한 상황에서 전체 교직원 중 일부 교사들이 참여한 공동체를 조직하는 것이 공식 조직 내 비공식 조직으로 혹은 부정적인 담론을 형성하는 조직으로 비춰질까 염려스러웠다. 스스로 '우리 학교'라는 좁은 프레임에 가두고 두려운 생각을 갖고 있었다.

또 하나 우려되었던 점은 관리자들이 학교 안 전문적 학습공동체에 대한 비전과 철학 등을 공유하지 못한 상황에서 자율적으로 운영되어야 할 공동체의 활동에 개입할 것은 아닌지에 대한 생각이었다. 하지만 교감 선생님과 이야기를 나누며 나의 생각이 단순한 기우였다는 것을 알게 되었다. 교감 선생님은 이후에도 우리 공동체를 믿고 지지해 주었고, 교장 선생님 역시 공동체 운영의 자율성을 보장해 주고 있다.

2. 짝꿍 선생님 그리고 수업 친구

고민을 함께하고 교육철학도 비슷하여 학교에서 마음을 터놓고 지내는 짝꿍 선생님이 있다. 2015년 교무실에서 그 선생님과 나란히 자리에 앉았다. 2015년 한 해 나의 연구회 활동을 옆에서 지켜보며 많은 피드백을 해 주었다. 그 과정에서 나의 〈성찰 일기〉, 공개 수업과 수업 나눔 등을 공유했다. 학교에서 유일하게 수업 고민과 수업에 대한 철학을 공유할 수 있었고 그때의 대화들이 학교생활을 버티게 했던 에너지였다. 서서히 서로에게 녹아들고 있었다. 연구회 선생님들의 피드백을 공유하며 놓쳤던 부분을 공유하기도 했고, 반대로 우리 학교 선생님들만 알 수 있었던 피드백도 얻을 수 있었다.

나 고○○ 학생이 모둠 활동에서 매우 주도적이라고 했고, 김○○ 학생은 소극적인 의사소통을 했다고 연구회 선생님들이 피드백을 주셨어요. 선생님은 어떻게 생각해요?

짝꿍 선생님 아… 그래요? 고○○ 학생은 제 수업에서는 두각되지 않던데… 오히려 김○○ 학생이 매우 적극적인데… 상반된 결과네요.

나 왜 그럴까요?

짝꿍 선생님 김○○ 학생이 역사에 매우 관심이 많아요. 역사학자를 진로 희망에 두고 있어요. 그리고 제 수업은 아직 모둠 활동이 이루어지지 않아서 고○○ 학생의 리드하는 부분이 두각되지 않는 거 같아요. 저의 수업에서도 잘 살펴

봐야겠네요.

나 수업의 한 장면에서 보여지는 학생들의 모습을 그 학생의 전부의 모습으로 귀결시키면 안 되겠네요. 결국, 내가 공개 수업을 하고 학생들을 관찰하는 것은 학생, 교사가 배움으로 깊이 있게 가기 위함인데 좀 더 입체적으로 통찰하는 시각이 필요하겠어요.

교무실 한쪽에서 수업 내용이나 학생들에 대한 이야기를 하면 정말 즐겁다. 다른 선생님들에게도 이런 기쁨을 전달하고 싶었다. 교무실에서 수업에 대한 이야기를 하는 것이 유별난 선생님이 아님을, 그저 평범한 교사의 일상적인 소통의 주제로 자리매김을 하고 싶었다. 2016년 학교 안에서 전문적 학습공동체를 만들어야겠다고 생각하고 가장 먼저 찾아간 선생님도 짝꿍 선생님이었다.

나 학교 안 전문적 학습공동체를 꾸리려고 해요. 용기를 내서 학교 전체 메시지로 보내야겠어요. 선생님은 어때요?

짝꿍 선생님 저는 무조건 해요. 메시지 보내고도 하실 선생님이 없으면 우리 둘만이라도 해요.

짝꿍 선생님의 답변은 명쾌했다. 용기를 내야 했다. 그리고 정신적 지주 역할을 해 주실 선생님들을 개인적으로 찾아가 나의 생각을 말씀드렸다. 역시 지지해 주셨다.

학교는 너무 바쁘게 돌아간다. 침묵 속에서도 바쁜 소리가 들리는 때가 있지 않은가? 그때였다. 학교 내 전체 메시지를 보내야겠다는 생각을 했다. 책상에 앉아 한 시간을 고민했던 것 같다. 메시지로 나의 생각과 철학을 어떻게 공유할지 막막했다. 김태현 선생님의 《교사, 수업에서 나를 만나다》를 동영상으로 엮은 에듀니티 영상을 첨부파일로 건네며 나의 생각과 철학을 짧게 전달했다. 그 당시 보냈던 내용이다.

> 선생님, 안녕하세요?
>
> 수업, 행정 업무, 담임 업무, 대입, 진로교육, 학교생활기록부, 상담 등 여러 분야에서 잘해야 한다는 사회적 사명감을 떠안고 계신 선생님들께. 오늘은 학적, 장학 관련 내용이 아닌 다른 내용으로 메시지를 보냅니다. 수업이 중심이 되어야 함에도 수많은 업무와 책무로 수업과의 연결이 약해지고 있지요. 저도 그렇습니다. 우리 함께 머리와 마음으로 같이 고민하고 같이 성장해 보면 어떨까요? 우리 학교 교사 공동체를 만들려고 합니다. 함께하실 분은 저에게 메신저를 주세요. 감사합니다.
>
> – 2016년 9월 교내 메신저 발송 내용 중에서

정말 큰 용기가 필요했다. 전체 메시지 전송 버튼을 누른 후, 확인을 하는 선생님들을 보며 설레임과 두려움이 공존했다. 어수선한 마음을 뒤로하고 수업을 하러 가는 복도에서 마주친 선생님께서는 "강 선생님, 아주 잘하고 계세요."라며 응원해 주셨고, 지금 당장 함께하지는 못하지만 마음을 보태겠다는 선생님도 계셨다.

그렇게 2016년 9월, 열 명이 모이게 되었다. 국어과 세 명, 윤리 사회과 세 명, 과학과 한 명, 영어과 두 명, 수학과 한 명, 1년 차 신규 선생님부터 부장 선생님까지 다양한 범주였다.

3. 누가 만들라고 한 거야?

첫 모임이 시작되고 어색하게 서로를 처음 마주한 순간 한 선생님께서 던지신 첫 번째 질문이었다. "누가 만들라고 한 거야?"라는 예상했던 질문에 다른 선생님들도 동의한다는 눈빛과 웃음을 지어 보이셨다. 경직된 조직 문화와 학교문화를 모두가 경험했고 공감한 데서 비롯된 것 같다.

공동체에 대한 가치 철학과 비전 공유가 자발적으로 이루어져야 하는 이유와 확산의 필요성에 대해 설명했다. 그리고 공동체의 가치 철학에 대한 이야기를 나누며 모두 학교 안 전문적 학습공동체의 필요성에 대해 공감해 주셨다. 우리 공동체는 교사의 삶과 수업을 성찰하기로 했다. 이렇게 해서 교사 성찰 학습공동체라는 이름을 짓게 되었다. 공동체에 대한 안전함이 확인되고 가치와 비전이 공유되자 예상했던 3시간 남짓의 시간은 턱도 없이 모자랐다. 교직 생활과 수업에서 오는 힘듦과 고충들을 공유하며 서로에게 위로와 격려를 보내는 시간이었다.

나 선생님들, 수업은 어떻게 하고 계세요?

교사1 수업, 담임 업무하고 상담하고… 수업 어떻게 하는지도 모르게 수업 시간이 지나갑니다.

교사2 해야 할 일이 너무 많아요. 일을 하다 보면 방과 후 학교 준비를 해야 하고, 수업 준비는 가장 마지막이네요.

교사3 배움 중심, 학생 중심 수업을 하려는데 어디서부터 시작해야 할지도 모르겠고, 학교생활기록부 세부 능력 및 특기사항에 개별적으로 기록해 줘야 하는데… 수업에서 개별성도 보이지 않고 고민이 많아요.

교사들은 수업에 대한 고민을 시작으로 같은 자리에 같은 마음을 모으고 있었지만 상황에 따라 진단도 달랐고 해결 방법에 대한 접근 방식도 달랐다. 하지만 모두의 공통점은 '학생들과의 배움 속에서 효능감'을 느끼고 싶어 한다는 것이었다. 당시 학교 밖에서 연구회를 2년째 운영하고 있었지만 학교 안의 공동체에서는 비전 공유, 동료성 구축 등 처음부터 다시 시작하는 기분이었다. 선생님들과 속도를 맞추고 눈빛을 교환하며 조금씩 에너지를 응집시켜야 했다.

우리의 만남은 '근황 토크'로 시작되었다. 연필 하나를 돌려 연필이 멈추면 그 자리에 앉은 선생님부터 자신의 근황을 얘기한다. 3분 정도로 시간 제한이 있었지만 시간 제한이 무색하리만큼 모든 선생님이 근황 토크에서 열정을 보여 주셨다. 같은 학교, 같은 교무실에 앉아 있지만 근황 토크를 통해 선생님들의 근황을 아는 것이 신기하기도 했는데, 그만큼 학교가 바쁘게 돌아가고 있다는 반증이었다. 근황 토크가 끝나면 정해 놓은 주제에 따라 자유 토론이 시작된다. '좋은 수업이란 무엇인가', '우리 학교에서 존경하는 선생님에 대한 이야기'부터 '과정중심평가'와 '평가 계획에 대한 이야기', '학생부종합전형과 그 실제' 등 다양한 주제로 이야기를 나누었다.

학년회의 및 교직원 회의에서 접하기 힘들었던 민주적 소통의 공론장이 시작된 셈이었다. '학교', '학생', '교과 전문성', '교사 상처', '아이들과의 관계' 등 전문적 지식부터 교사의 삶까지 교사로서 굳건히 자립할 수 있는 지혜와 교육철학 등을 공유하고 소통했다. 만남의 횟수가 거듭될수록 서로가 연결되는 것을 느꼈고, 공동체의 안전함과 편안함도 갖추게 되었다.

4. 교사 성찰 학습공동체의 분수령

우리는 좋은 수업을 연구하고 실천하는 밑거름을 다지기 위해 독서 나눔을 시작했다. 우리가 제일 먼저 선택한 책은 김태현 선생님의 《교사, 수업에서 나를 만나다》였다. 2015년 2월 육아휴직 후 복직하는 시점에 복직 대상자들을 대상으로 한 연수에서 김태현 선생님을 처음 만났다. 3년 동안의 육아휴직 후 복직이니 두려운 마음이 지극히 자연스럽다는 메시지와 함께 두려운 마음을 용기로 바꿔주는 강의였다. 그 강의에서 영감을 받고 김태현 선생님의 책을 읽고 있었다. 이를 교사 성찰 학습공동체 선생님들과 나누면 좋겠다는 생각이 들었다. 독서 나눔의 방식은 꼭지를 나누고 감명 깊게 읽은 부분을 공유하고, 또는 같은 분량의 책 구절을 음독하고 이야기를 나누는 방식이었다.

교사1 특히 '교사들은 수업 속에서 힘들고 외로워 수업 진행 능력이 부족한 것이 아닌가 돌아보게 되지만 실상은 교사의 내면이 위축되고 흔들리기 때문'이라는 지점에서 많이 공감했어요. 작년 교원능력평가에서 평가 점수가 좋지 않았는데 굉장히 의식되더라구요. 학생들을 의식한 순간 저의 교육활동이 위축됨을 느꼈습니다.

교사2 맞아요. 그런 경험이 저도 있습니다. 모두 표현을 하지 않을 뿐이죠. 교사는 내면이 상처투성이가 되더라도 외연적으로 학생들의 어떤 피드백에서도 흔들리는 모습을 보여 주지 않지요. 교사도 사람인데 감정적으로 힘들기도 하고 학생들의 모든 감정과 태도를 수용할 수는 없어요.

교사3 가끔은 상처난 부분에 대해서 학생들에게 솔직하게 말해 주는 것도 좋은 방법이라 생각해요. 교사 역시 모든 비난과 비판을 수용할 수 없어요. 임계점이 있습니다.

교사4 교사1의 말씀으로 다시 돌아가면, 학생들을 의식한 순간 모든 교육활동과 평가 부분에서 위축돼요. 신념을 가지고 교육철학을 갖고 추진하는 힘도 필요합니다.

김태현 선생님의 책은 지금의 교육 상황에서 적실한 책이라고 생각한다. 《교사, 수업에서 나를 만나다》를 독서 나눔하며 상처받은 마음을 치유함과 동시에 우리 학교 학습자들의 수준, 학교문화의 좌표를 확인할 수 있었다. 무엇보다 우리의 공동체는 수업에서 효능감을 느끼고 싶어 하는 것에 대한 응집과 경직되고 일방적인 학교문화를 뛰어넘기가 필요했다.

2017년 2월 28일, 《교사, 수업에서 나를 만나다》의 저자인 김태현 선생님을 강사로 모시고 연수를 열었다. 직접 섭외하는 과정에서 몇 차례 통화를 했다. 김태현 선생님은 학교의 상황과 환경에 대해 물으셨다. 학교의 상황과 분위기에 맞게 전문적이되 조화롭게 교사 공동체를 다져 가는 방법과 노하우를 공유해 주셨다. 바쁜 강의 일정과 학교 일정에도 불구하고 김태현 선생님은 새벽 첫 비행기를 타고 와 주는 정성을 보여 주셨다.

교사 성찰 학습공동체 열 명을 위한 강의였다. 그래서 훨씬 밀착된 연수였고 교사들이 개별적으로 많은 이야기를 할 수 있었던 연수였다. 김태현 선생님은 서로의 상처를 보듬어 주는 것에 많은 시간을 할애하며 그동안 잘해 왔고 앞으로도 잘할 것이라는 믿음을 굳건히 세워 주는 오프닝 강의를 먼저 해 주셨다. '학생 중심 수업'을 위해서 직접 하셨던 수업 내용과 촬영한 영상 등을 공유하고 학습지 제작부터 적용까지 실제적인 수업에 대한 강의였다. 그리고 수업 성찰과 수업 나눔, 수업 친구에 대한 이야기와 함께 수업에서의 수업적 영감을 받기 위한 일상에서의 섬세함과 예민함 등에 대해서 이야기해 주셨다. 소규모 강의에서 받은 감화는 실로 대단하다. 멘티-멘토 관계에서나 느낄 법한 긴밀함과 열정을 고스란히 받을 수 있었기 때문이다.

교사 성찰 학습공동체는 김태현 선생님의 강의가 분수령이었다. 모두 따뜻하게 공감했고, 잠재적인 실천력을 품고 가는 모습이 역력했다. 특히, 그동안의 상처가 치유되는 것 같다며 눈물을 글썽거리는 동료 교사를 보면서 더 단단한 공동체가 되어야겠다고 생각했다. 또한 김태현 선생님은 강연자와 교사의 입장이 아닌 소규모 공동체의 멘토로서 섬세하고 유기적으로 우리 모임을 연결해 주셨다.

5. 주스를 기대하고 빨대를 꽂았는데 맹물이 나온 것과 같아요

리더에게 가장 필요한 것은 공동체의 속도를 확인하는 것이다. 속도감은 소속된 학교문화와 아주 밀접한 관계를 갖는다. 그리고 구성원들의 필요 욕구와 수준을 늘 확인하고 공유하며 천천히 나아가야 한다고 생각한다. 앞서 이야기했듯 정규 수업과 보충수업을 하고 야간자율학습까지 담임 선생님들이 임장 지도를 해야 하는 지방의 일반계 고등학교 안에서 전문적 학습공동체를 운영한다는 것은 기적과 같은 일이다. 늘 시간에 쫓긴다. 모임 시간을 정하는 것은 매우 어려우며 모두 다 함께 모인다는 것은 불가능에 가깝다. 그래서 더디더라도 만남의 횟수는 적게, 한 번 만날 때 밀도 있는 주제와 대화로 많은 시간을 할애해서 이야기를 나눈다.

두 번째 독서 나눔에서 나누게 된 책은《불온한 교사 양성과정》이다. 연구회에서 독서 나눔을 했던 터라 선생님들의 반응을 어느 정도 예측할 수 있었다. 교사 성찰 학습공동체 선생님들과 다양한 시각을 나누어 보기 위한 독서 나눔이었다. 연구회의 독서 나눔에서는 대체로 학교와 교직문화에 대한 진단과 적실한 비판이 이루어졌다고 약간의 대리만족을 느끼는 지점도 있었다. 특히 '학교에 공론장이 부재'함을 공감하면서 공론장의 부재에 따른 교사 효능감의 저하를 경험한 선생님들의 울분의 장이기도 했다. 한편 우리 학교 교사 성찰 학습공동체 선생님들과 같은 책으로 독서 나눔을 할 때 인상 깊었던 선생님의 표현을 빌리면 다음과 같다.

> 교사1 일반적인 내용이네요. 교육현장에서의 문제점과 조직문화, 학교문화의 진단에 대한 부분은 모두 인지하고 있습니다. 책에서 그러한 딜레마에 대한 구체적인 방법과 조언이 나올 것이라고 생각했는데….
> 마치 주스를 기대하고 빨대를 꽂았는데 맹물이 나온 것과 같아요. 저는 우리와 같은 문제를 공감하는 선생님들이 어떻게 현명하게 해결하고 있는지를 알고 싶었어요. 이젠 진단과 비판만 하지 말고 해결해야 하는 과정과 방법이 필요할 때잖아요.

선생님의 생각을 듣고 나의 순응적인 태도와 안주하는 모습에 저절로 반성이 되었다. 선생님은 조금 더 적극적이고 명료했다.

우리는 지금의 학교 문제와 학교 상황에 대한 '탓'만 할 것이 아니라 앞으로의 교육과 조직문화를 위해 '뛰어넘기'가 필요했다. 그리고 우리 공동체가 학교에서 그러한 역할을 하자는 발전적인 생각을 나누어 주셨다. 학교 밖과 달리 학교 안 전문적 학습공동체는 교사 개인의 전문성 신장을 넘어 학교문화를 바꾸고 단위 학교의 교육력을 높이는 데 그 의의가 있다. 이번 독서 나눔은 동료 교사와의 협력적인 문제 해결을 통해 학교 혁신의 길로 나아가기 위한 첫걸음을 떼는 값진 경험이었다.

공동체 리더의 전문성 향상은 무엇보다 중요하다. 리더가 공부하고 실천해야 한다는 부담감을 갖고 진행해야 공동체의 방향이 원활해진다. 그 당시 나는 2015 개정 교육과정 통합사회 핵심교원으로서 공부를 병행하고 있었다. 공동체 선생님들은 나의 전문성이 신장되는 경험을 간접적으로 접하고 공유하고 있었다. 리더의 전문성이 신장되면서 나눌 수 있는 경험과 주제 역시 전문적이 되었다. 반면 리더가 전문성이 향상되었다고 해서 구성원들에게 같은 강도의 과업과 책무를 주면 안 된다고 생각한다. 구성원들에게 조바심을 내는 순간 억지스러워질 수 있다. 이는 곧 공동체의 구심력이 사라져 에너지가 감소되는 원인이 되기도 한다.

2017년 한 해 동안 교육청에서 공모한 '수업탐구 교사공동체'에 우리 학교 교사 성찰 학습공동체가 선정되어 예산을 지원받았다. 교육청의 예산을 지원받아 운영하는 여러 일에는 대개 '공유와 확산'이라는 의무가 따른다. 예를 들어, 국제학교에 파견을 다녀오거나 해외 학습 교류 활동에 참여한 경우도 그렇고, 전문적 학습공동체를 운영하는 경우도 마찬가지이다. 이에 따라 교육청에서의 지원은 전문적 학습공동체 리더에게 책무감을 느끼게 한다. 이러한 조바심이 행여나 구성원들에게 영향을 줄까 고민했던 기억

2017년 '수업 나눔 축제' 중 오현고 교사 성찰 학습공동체에서 준비한 발표 자료이다.

이 있다.

일반적으로 전문적 학습공동체의 수준이 높아지고 구성원들의 전문성이 향상되면 공동의 책무감을 부여해야 원활한 작업이 이루어진다. 하지만 우리 공동체의 속도와 온도를 객관적으로 지켜봤을 때 자율성을 매개로 한 공동체에 책무감이 부여되면 에너지가 줄어든다고 생각했다. 그래서 선생님들의 속도에 맞추어 조금씩 천천히 진행했다.

그해 12월 우리 공동체는 교육청이 주관한 '수업 나눔 축제'에 참여하여, 지난 한 해 동안 활동했던 내용을 타 학교 선생님들 앞에서 발표하고 공유했다.

그런데 '수업 나눔 축제'를 준비하는 과정에서 타 학교 선생님들과 공유하기에 앞서, 우리 학교 안에서의 공유와 확산이 절실하게 필요하다는 의견이 제기되었다. 우리 공동체가 하는 활동에 영향을 받고 영감을 얻는 것은 가까운 동료 교사들이며, 학교 안 전문적 학습공동체가 궁극적으로는 학교교육의 역량을 높이는 데 기여할 수 있다고 생각했다. 또한 마음 이면엔 '수업 나눔 축제'를 넘어서고 싶은 열망이 있었다. 즉, '수업 나눔 축제'를 위해 준비를 하는 것이 아닌 우리 공동체가 소속된 학교에서의 내실을 더하기 위해서 노력하고 마음을 모으는 공동의 작업을 꾸리고 싶었다.

학교 단위의 연수에서 전국에서 유명한 강사님을 모셔 와 연수와 워크숍을 진행하다 보면 수준 높은 강의 내용에 영감을 얻기보다는 좌절감을 많이 느낀다. 이 지점에서 우리 학교에 대한 진단과 해결책을 외부에서 찾을 것이 아니라 스스로 성찰해 보자고 생각했다. 무엇보다 교사 성찰 학습공동체가 소속 학교를 가장 잘 알고 있다고 생각했고, 진단하고 해결책까지 내놓을 것이라는 것에 모두 동의했기에 학교 안에서 교사 성찰 학습공동체가 주체하는 세미나를 개최하게 되었다.

세미나를 제안하며 교내 메신저로 발송한 전문을 살펴보면 다음과 같다.

오현고 배움 · 수업 · 삶 세미나 제안

> 제주도라는 지역적 특징으로 전국적 교육활동이나 교육철학이 분절적, 단절적으로 연결이 되지 않는 점을 포착하여 전국에서 활동하고 있는 선생님들을 강사로 모시고 소통과 대담을 하려고 하였습니다.
>
> 이 지점에서 '우리 학교와 우리 공동체에 적실한 도움이 되는 것은 무엇인가?' 라는 물음을 시작하게 되었습니다.
>
> 학교 안 현실을 잘 알고, 전문성을 쌓은 것도 우리 학교 교사라는 것, 그 누구보다 학생의 수준과 학교 안팎의 실정을 아는 것도 우리 학교 교사라는 것. 그래서 우리 실정에 맞는 우리의 재능을 나누어 보자라는 제안을 하려고 합니다. 2017년 12월 오현고 '교사 배움·수업·삶 축제'를 제안하려고 합니다.
>
> 공동체 구성원 열 명의 재능기부와 같은 세미나 및 소통의 장을 열어 보려고 합니다. 선생님들께서 하시고 싶은 말씀을 하는 자리임과 동시에 공감하고 소통하는 자리를 마

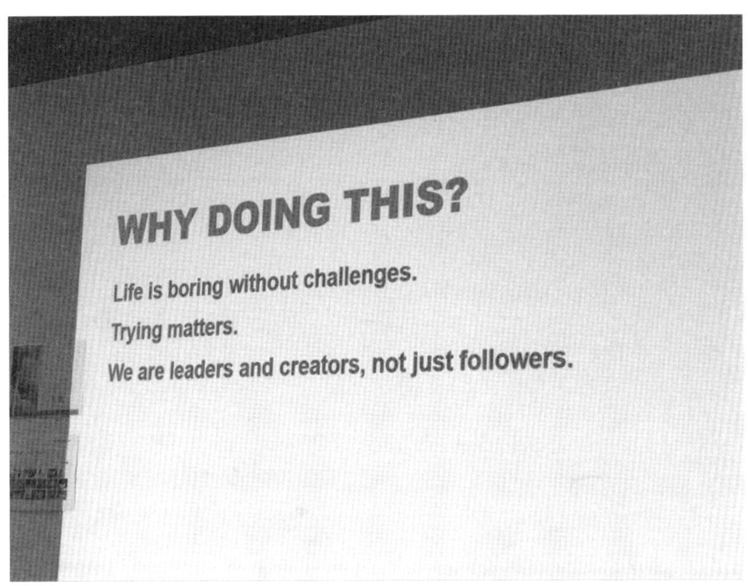

2017년 12월 오현고등학교 자체 세미나 중 김○○ 선생님이 TedXohyun이라는 주제로 왜 이러한 활동을 시작하게 되었는지를 설명하는 내용이다. TedXohyun 활동과 교사 공동체의 활동이 비슷한 맥락이 있음을 설명하고 있다.

련해 보겠습니다.

간단한 주제를 기입하셔서 저에게 보내 주시면 진행하도록 하겠습니다.

주제는 자유롭습니다.

이렇게 생각을 모았고 협의한 끝에 선생님들의 자유 주제가 정해지고 우리들만의 세미나가 진행되었다. 주제는 다음과 같았다.

· 양○○: 학교생활에서 맴도는 몇 가지 단상

· 김○○: TEDx ohyun
· 강○○: 영화로 과학 수업하다
· 이○○: 학교생활 규정의 이해
· 고○○: 일상생활에서의 수학의 적용
· 박○○: 누구에게나 정원은 필요하다
· 허○○: 성취기준의 재구성과 수업설계
· 정○○: 시, 그리고 학교의 온도
· 강영아: 교사에게 교육과정 문해력이란

세미나 전에 원고를 수합하고 발표용 자료를 만들며 설렘과 긴장감을 느끼기도 했다. 공동체 선생님들이 발표하는 모습을 동영상으로 담아 1년 뒤 세미나의 모습과 비교해 보기로 했다. 우리 학교는 TEDx 관련 라이센스를 얻어 교육활동을 하고 있다. 담당 선생님께서는 우리의 세미나가 전 세계 사람들과 공유하면 좋겠다는 조언도 해 주셨다. 그래서 TedxSalon의 형태로 공유하기로 하고 계획을 세웠다. 세미나가 진행되기 전 학교 내 모든 선생님들에게 함께하자는 메시지를 보냈고, 몇몇 선생님께서 따뜻한 참여를 해 주셨다. 그리고 좋은 말씀도 나눠 주셨다.

교사1 대단히 전문적인 영역들이 있네요. 보다 더 많은 학교 선생님들과 공유되었으면 좋겠습니다.
나 좋은 교육활동으로 봐 주시고 응원해 주셔서 감사합니다. 기회가 되면 좋은 이야기를 공감하는 자리가 있었으면 합니다.

교사2 발표를 하고 들으니 기분이 매우 좋아요. 역시 우리 학교를 아는 것도, 우리 학교에 대한 솔루션을 제공하는 몫도 우리인 것 같습니다.

교사3 대단하시네요. 우리 학교 워크숍을 진행해도 좋을 것 같네요. 많은 선생님이 듣고 공유하면 좋았을 텐데 안타깝습니다.

세미나를 준비하면서 여러 선생님의 교육활동을 간접적으로 경험하며 단단해지고 영글어 가는 교사 성찰 학습공동체의 모습을 발견할 수 있었다. 그중 교사 성찰 학습공동체에서 든든한 버팀목으로, 따뜻한 마음으로 동료 선생님을 품는 한 선생님의 글이 특히 마음에 와 닿았다. 오랜 기간 학생부장으로 활동하고 꽤 긴 공백 끝에 3학년 담임을 하며 느꼈던 생각을 표현한 글이었다. 후배 선생님들을 가르치거나 정답을 주려고 하지 않고 자신의 성찰을 솔직하게 보여 주신 선생님께 존경의 마음이 생겼다. 그뿐만 아니라 같이 아파하고 같이 뭉클해지는 경험을 했다. 당시 나누었던 글을 소개한다.

'틀을 통해 바라보기' 그리고 '있는 그대로 바라보기'

– 2017년 학교생활에서 맴도는 몇 가지 단상 –

담임교사: 양○○

(중략)

■ 무엇이 교사의 전문성인가?

나는 해마다 빈 도화지에 새로 그림을 그리는 것처럼 학교생활을 시작한다. 처음에는 무엇을, 어떻게 그려 넣을까 구상하고 스케치를 시도한다. 하지만 학교생활은 정물이 아니다. 금세 다양한 상황들이 역동적으로 펼쳐진다. 애초에 생각했던 밑그림은 쓸모없는 것이 되기도 한다. 이 과정에서 자존감이 높아지거나 낮아지기를 반복한다. 상황에 대응하고 풀어 가기가 점점 어려워지고 있음을 실감한다. 그래서 자존감이 떨어지는 횟수가 점점 많아지는 것 같다.

온정적 간섭과 자율성 사이의 어느 지점에 중용은 없을까?

생활지도 하기가 점점 어려워진다. 사안이 발생하면 대응이 쉽지 않을 때가 많다. 눈만 멀뚱멀뚱 해서는 안 되는 일이지만, 정작 시원하게 해소하지도 못하니 답답하다. 내가 왜 이러고 있나 하는 자괴감이 느껴질 때가 있다. 또한 학교생활 규정에 대한 권위도 흔들리고 있다. 특히 복장과 두발, 휴대폰 소지 등에 대한 생활지도가 더욱 어려워졌다. 최근 들어 우리 학교는 학생 생활 규정을 손질하기 위해 조사와 검토를 진행하고 있다. 아쉬운 것은 기존의 것을 주장하는 것이 시대 변화를 따라가지 못하거나 거부하는 것으로 비쳐지는 것이다. 보편적 가치를 거부하고자 하는 것이 아니라 우리만의 문화로 받아들일 수 없는가 하는 것이다. 즉, 다양성 속에서 특수성을 얘기하는 것이다. 모두가 공감하기를 바라는 것은 희망사항임을 이해한다. 그럼에도 불구하고 신속하게, 꿋꿋이 생활지도를 놓지 않고 헌신하시는 선후배 동료 선생님들이 존경스럽다.

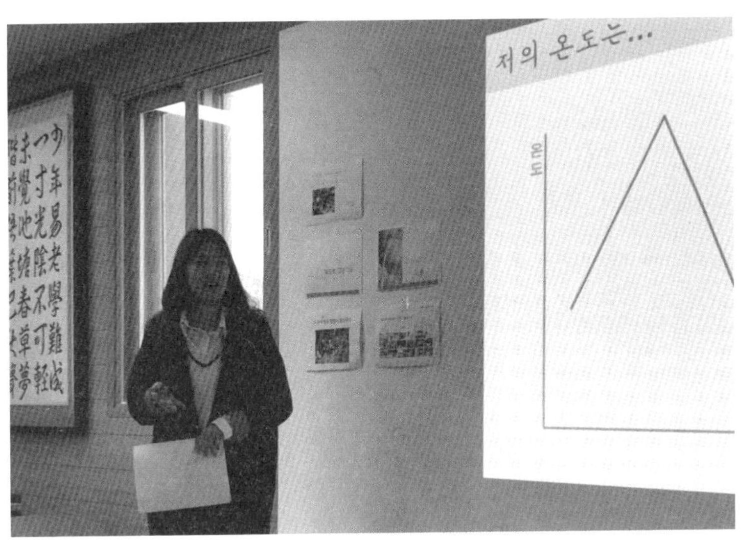

2017년 12월 오현고등학교 자체 세미나 중
정○○ 선생님이 '학교의 온도'라는 주제로 발표를 진행하고 있다.

선배 선생님의 이야기를 들으며 많이 공감했다. 마음을 꾹꾹 눌러 담은 학교 안 이야기와 내면의 이야기를 공유할 기회와 시간이 없었다. 하고 싶은 말도, 공유하고 싶은 일도 참 많은 학교생활이다. 항상 가까이에서 지켜봐 왔던 선생님의 마음을 들으며 교사는 상처를 안고 품고 가는 존재라는 생각을 했다. 이러한 세미나를 통해 학교생활에서의 고민이 개인의 일이 아님을, 누군가와 함께 짊어지고 나눌 수 있음을 느낄 수 있었다.

7. 씨앗이 되기를 기대하며

2018년 2월, 제주도에 폭설이 내렸다. 대중교통이 편리한 편에 속하지 않아 주로 자가 운전으로 직장생활을 하는 제주도에선 폭설이 내리면 너무 곤란하다. 폭설이 내린 그날 오전 9시, 교사 성찰 학습공동체의 소규모 세미나가 있었다. 서울특별시교육청의 국어과 수석교사인 신주은 선생님을 모시고 '과정중심평가'와 '학생 배움 중심 수업'을 공유하는 자리였다. 아침 일찍 대중교통을 이용해 수업 장소에 도착했다. 다행히 강의 시간에 맞춰 모두가 같은 자리에 앉아 차가워진 손을 녹이며 서로를 걱정해 주는 모습이 보였다. 리더로서 그런 모습을 볼 때 마음이 뭉클하다. 선생님들과 더 많은 경험과 성장을 함께하고 싶다는 생각이 들었다. 결국 공동체의 원동력은 마음에 있다.

교사 성찰 학습공동체 선생님들과 함께 이야기를 나누다 보면 가슴이 뛴다. 모두가 좋은 배움을 향해 달리는 진심을 알기에 그 마음이 들켜 버린 것 같아서 가끔은 부끄러울 때도 있지만 가슴이 뛴다. 그리고 더 많은 선생님과 공유하고 같이 성장하고 싶은 열망이 있다. 아마 내년에도 학교 안 공동체를 공유・확산하기 위해 학교 내 모든 선생님께 메시지를 보낼 것이다. 우리 공동체가 더 많은 선생님과 다양성을 공유하고 많은 생각을 녹여내는 집단지성의 힘과 더불어 따뜻한 공론장이 되기를 바란다.

더디지만 같은 방향으로, 좋은 방향으로 함께하는 움직임이 좋다. 동료애로 서로 보듬으며 한 발 한 발 걸어가는 길이 뿌듯하고 뭉클할 때가 있다. 아직은 성과가 도드라지진 않지만 서로에게 큰 성장의 밑그림이 되리라고 생각한다. 공동체 선생님들의 모습을 그릴 때면 같이 마음이 고와진다.

> 바쁘게 돌아가는 학교생활 속에서 교사 성찰 학습공동체 활동은 교사의 본질을 찾게 해 주는 시간이었다. 교사에게 주어진 많은 업무로 인해 때로는 행정 업무 전문가처럼, 때로는 행사 기획자처럼 느낄 때도 있는데 교사 성찰 학습공동체는 교사라는 자아를 찾을 수 있게 한다. 수업 안에서 행복할 수 있는 교사가 되기 위해 모인 여러 선생님과의 대화에서 위안과 격려와 할 수 있다는 자신감을 배울 수 있었다. 신입의 패기로 무리하게 욕심내려던 것들의 거품도 뺄 수 있었고, 겉으로 화려한 수업이 아닌 유의미한 수업을 구상해 볼 수 있었다. 선배 선생님들의 경험담을 들으며 수업의 본질과 교사의 역할에 대해 배울 수 있어 정말 좋았다. 교사는 혼자일 때보다 함께일 때 더 큰 에너지를 얻을 수 있다는 것을 느꼈고, 그렇게 함께할 수 있는 구성원들이 있음을 감사하게 생각한다.
>
> – 우리 학교 2년 차 국어 선생님의 활동 소감 중에서

4장. 학교, 전문적 학습공동체가 되려면

1. 전문적 학습공동체 운영의 저해 요인과 활성화 방안

몇 년 사이 전국 시도 교육청에서 전문적 학습공동체를 교사 전문성 개발의 새로운 대안이자 학교 혁신을 위한 중점 과제로 여기고 있다. 최근에는 교육청 차원에서 소속 정책연구소 등을 통해 전문적 학습공동체의 운영 실태를 분석하여, 전문적 학습공동체를 활성화시키는 방안을 제시하고 있다.

2017년 제주교육정책연구소에서 발표한 〈학교(수업) 혁신 동아리 사례 연구를 통한 교사학습공동체 활성화 방안 모색〉이나 같은 해 서울교육정책연구소의 〈교원학습공동체를 통한 교육과정 중심의 학교문화 형성 방안 연구〉 등이 대표적인 예이다. 이보다 앞서 경기도교육연구원은 〈전문적 학습공동체 사례 연구를 통한 성공요인 분석〉과 〈학교 안 전문적 학습공동체 운영 실태 분석 및 제안〉, 그리고 〈학교 안과 밖 전문적 학습공동체 운영 실태 분석〉 등의 연구를 수행하였다.

전문적 학습공동체 실행의 저해 요인과 활성화 방안을 다룬 학술 연구 논문으로는 2017년 12월 말에 발표된 〈한국의 전문적 학습공동체 실행에 관한 탐색적 연구〉가 대표적이다. 교육부가 운영하는 '수업탐구 교사공동체' 사업의 지원센터로 지정된 한국교육개발원에서 전문적 학습공동체에 대한 연구를 맡아 온 정바울 교수와 이승호 박사가 공저로 이름을 올렸다. 이 연구는 2017년 한국교육개발원이 주관한 '수업탐구 교사공동체 리더 워크숍'에 참석한 '수업 탐구 교사공동체'의 리더 또는 소속 교사들을 대상으로 명목집단(NGT) 기법을 활용하여 수집한 자료를 토대로, 전문적 학습공동체 실행의 저해 요인과 활성화 방안을 도출하였다.

2017년 당시 사회과좋은수업연구회는 '수업 탐구 교사 공동체'로 선정되어 예산을 지원 받고 있었기 때문에 '수업탐구 교사공동체 리더 워크숍'에 참석하였고, 앞의 연구에서 말하는 자료를 수집하는 현장에 있었다.

워크숍에서는 분임별로 전문적 학습공동체를 운영해 본 경험을 공유하고, 활성화 및 저해 요인에 관한 아이디어를 비슷한 것끼리 묶고(grouping) 이름 붙이기(naming)를 하였다. 분임별 활동 결과물은 전체 참가자들과 함께 나누는 시간을 갖고 공유하였다. 당시 우리 분임과 옆 분임에서 만든 결과물을 소개한다.

정바울 교수와 이승호 박사는 워크숍에서 수집한 자료를 통해 전문적 학습공동체 실행의 저해 요인과 활성화 방안을 도출한 후, 시카고대학교의 교육학자인 로티(Dan C. Lortie)가 말한 교직 문화, 즉 현재주의와 개인주의, 보수주의를 분석틀로 재구조화하여 다음에 나오는 표와 같이 정리하였다.[21] 전국의 학교 현장에서 실제로 전문적 학습공동체를 운영하고 있는 백 명 남짓 교사들의 목소리를 담아낸 연구 결과라는 점에서 의의가 크다.

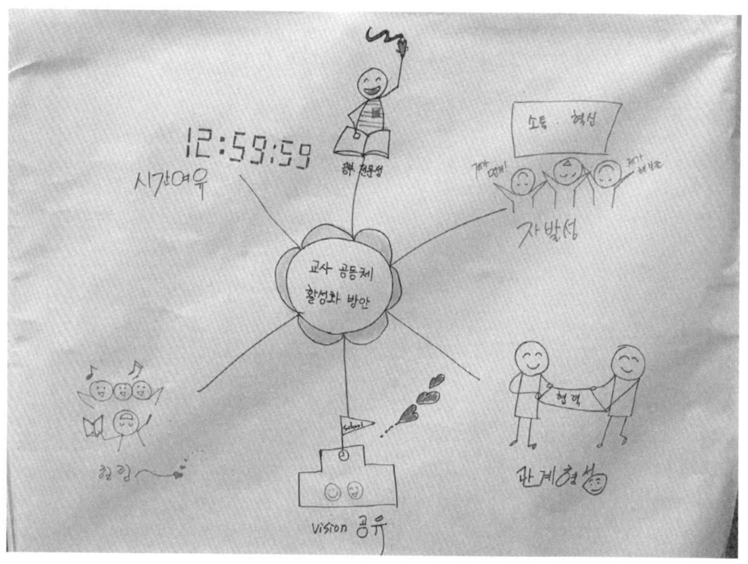

전문적 학습공동체의 활성화 방안으로 자발성, 비전 공유, 관계 형성, 전문성, 시간 여유, 힐링 등을 제시하고 있다.

21. 정바울 · 이승호, 〈한국의 전문적 학습공동체 실행에 관한 탐색적 연구〉, 《한국교원교육연구》 제34권 제4호, 한국교원교육학회, 2017, 183~212쪽

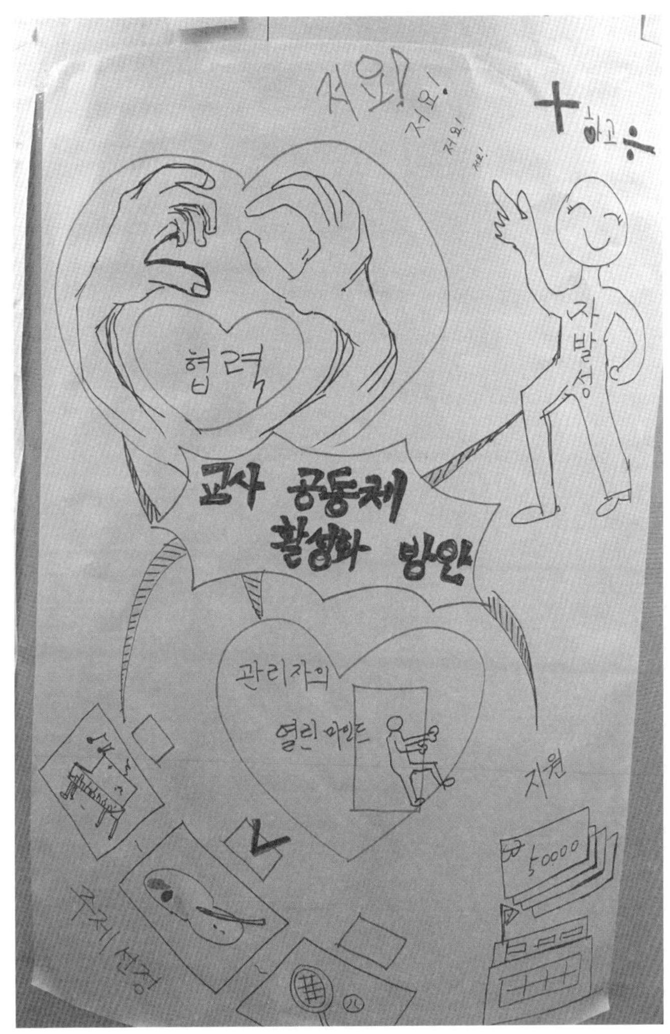

전문적 학습공동체의 활성화 방안으로 자발성, 관리자의 열린 마인드,
협력, 지원, 주제 선정 등을 제시하고 있다.

전문적 학습공동체의 저해 요인과 활성화 방안

분석 틀	저해 요인	활성화 방안
현재 주의	업무 과다로 인한 시간 부족	시간 지정, 공간 확보
	관 주도의 성과주의 문화	가시적 성과 지양
개인 주의	비전 공유의 어려움, 교사 공동체에 관한 전문성 (경험) 부족	친한 관계 형성, 예산 운영의 자율성, 부담 없는 활동부터 시작
	전문적이고 헌신적인 리더의 부재 및 무임승차	균형 있는 리더 역량 강화
	경쟁주의적 환경	대학 서열화 제도 개선
보수 주의	변화에 대한 열정과 동기의 부족	인센티브 부여 vs 폐지

전문적 학습공동체 활동을 저해하는 요인을 해결하고 더불어 성공 요인을 촉진시키기 위해서는 교사 개인과 학교, 그리고 교육청 차원에서 노력을 기울여야 한다. 앞의 연구 결과가 남긴 시사점과 그동안 학교 안팎으로 전문적 학습공동체를 운영한 경험을 토대로 전문적 학습공동체의 활성화와 관련된 몇 가지 생각을 함께 나누고자 한다.

2. 학교 민주주의가 답이다

앞서 학교가 자생적인 힘을 갖고 스스로 혁신하여 교육의 본질에 다가서려면 학교 자체가 전문적 학습공동체로 변모해야만 하며 그 길은 지난한 과정이 될 것이라고 밝힌 바 있다. 그 과정이 지난한 이유는 다음의 두 가지 물음을 마주하면 이해가 쉽다.

- 선생님의 학교는 교육활동 중심으로 조직되었나요?
- 행정 업무 수행을 중심으로 조직된 학교를 재구조화하여 교원(학교) 업무 정상화를 추진하고 있나요?

과연 어떻게 학교를 전문적 학습공동체로 만들 것인가? 다음은 한국교육개발원에서 수행한 〈교원의 업무시간 실태 분석 및 개선방안 연구〉에서 전문적 학습공동체로 학교의 체질을 개선한 사례로 소개된 글이다. 학교가 교육활동 중심으로 탈바꿈을 한다는 것이 무엇인지, 그 과정에서 어떤 노력을 기울여야 하는지에 대한 핵심을 찾을 수 있을 듯하다.

> S초등학교 사례는 '구시대적'인 교사 업무 시간 구조를 과감하게 변화시킨 경우로 영감을 주는 사례라고 할 수 있다. S초등학교에서는 행정 업무가 중심이 되는 것이 아니라 수업과 생활지도가 중심이 되는 학교로 탈바꿈하기 위한 노

력을 기울였다. 변화의 출발점은 교장을 주축으로 불필요하고 관행적인 행정 업무와 실적 위주의 학교행사를 과감하게 축소함으로써 변화를 위한 '시간'을 확보했다는 것이다. 이러한 노력은 S초등학교를 전문적 학습공동체에 가까운 형태로 변화하도록 하였다.

하지만 단순히 시간 확보나 시간의 재분배가 학교의 변화를 자동적으로 견인한 것은 아니었다. 이 과정에는 민주적이고 신뢰로운 의사결정 구조, 소진(burnout)된 고경력 교사들의 헌신과 열정을 재점화시켜 이들로 하여금 교사 리더 역할을 수행할 수 있도록 한 조장적이고 분산적인 리더십, 그리고 교사 간 화기애애하고 협력적인 문화는 변화를 위한 촉매제들이었다.

학교가 전문적 학습공동체로 변모하기 위해서는 가장 먼저 학교 민주주의를 정착시켜야 한다. 형식의 차이는 철학의 차이에서 비롯되는 법이다. 단위 학교의 역량을 교육활동에 전념할 수 있도록 여건을 마련하는 데는 학교 민주주의가 주요한 기제가 된다. 왜냐하면 교육활동 중심의 업무와 조직의 재구조화가 활성화되기 위해서는 민주적인 의사결정 구조가 전제되어야 하기 때문이다.[22] 결국 학교 민주주의는 교육활동 중심의 학교 조직 구축과 운영에 연결된다.

2014년부터 전라북도교육청이 '혁신학교를 넘어 학교 혁신으

22. 김위정 외, 〈교원업무정상화를 위한 교육활동 중심의 학교조직 재구조화 방안〉, 경기도교육연구원 연구보고서, 2016

로'라는 슬로건을 내걸고 혁신학교 정책의 일반화 전략을 펼치고 있듯이,[23] 혁신학교의 간판을 달지 않더라도 모든 학교가 학교 혁신을 꾀할 수 있다. 혁신학교처럼 교육청으로부터 지원을 받아 인력을 충원하면 더할 나위 없이 좋겠지만, 그것이 불가능한 대부분의 단위 학교에서 방점을 찍어야 할 것은 학교를 운영하는 시스템, 일하는 방식, 학교문화 등을 개선하는 일이다. 혁신에 대한 피로감을 갖는 분이 더러 있는데, 사실 혁신이라는 말은 새로운 것이 아니다. 혁신이란 본질로 돌아가는 것이다. 학교와 교육이 본연의 모습을 찾아가는 과정이 혁신이고, 학교 민주주의는 학교 혁신을 꾀함으로써 교육의 본질에 다가서기 위해 필요한 것이다.

학교 민주주의는 교육과정, 수업, 평가의 일체화와도 관련이 깊다. 학교 민주주의는 근본적으로 의사결정의 문제로, 학교에서 이루어지는 많은 의사결정은 학교교육의 핵심인 교육과정, 수업, 평가와 관련된 것이기 때문이다. 교사들은 교육과정과 수업 그리고 평가와 관련한 자신의 생각과 주장이 학교 조직의 의사결정에 어느 정도 반영되느냐에 따라 학교 민주주의의 실현 정도를 체감하고 판단한다.[24] 실제로 학교장이 교사들의 의견을 많이 반영하여 의사결정이 이루어지는 학교의 경우 소속 교사의 수업에 대한 몰

23. 이승호, 〈혁신학교 정책집행과정 특징 분석〉, 서울대학교대학원 박사학위논문, 2017
24. 박승철 외, 〈교육과정, 수업, 평가 운영 실태 및 일체화 방안 연구〉, 경기도교육연구원 연구보고서, 2015

입 수준이 높다.[25] 또한 교사 효능감 역시 교사가 학교 안에서 이루어지는 의사결정에 참여하는 기회가 보장되고 참여폭이 넓어질수록 높아진다.[26]

학교 민주주의가 정착되지 못한 상황에서 전문적 학습공동체를 통하여 수업을 개선하고 학교를 혁신하는 것은 어렵다. 또한 학교 안 전문적 학습공동체를 운영하는 것이 학교 밖 전문적 학습공동체를 운영하는 것보다 어려운 이유 중 하나가 학교 민주주의의 문제이다.

학교가 민주적 의사결정 시스템을 포함한 민주적 학교문화와 풍토를 갖출 때 교사의 자발성과 집단적 효능감은 살아난다. 자발성과 집단적 효능감이 살아나면 수업과 교실 그리고 학교가 시나브로 바뀐다. 이러한 여건에서 전문적 학습공동체가 활성화된다. 따라서 학교 민주주의의 정착과 전문적 학습공동체의 활성화는 선순환해야 한다.

바야흐로 학교 민주주의는 시대정신이다. 국정기획자문위원회의가 발표한 바에 따르면, 문재인 정부의 대표적인 교육 분야 국정과제는 '교육 민주주의 회복 및 교육 자치 강화'다. 이에 교육부와 전국시도교육감협의회는 교육자치정책협의회를 열고 '학교 민주주의를 위한 교육 자치 정책 로드맵'을 심의 · 의결했다. 이 로

25. 김보경 · 박상현, 〈학교장의 민주적 의사결정 방식이 교사의 직무몰입에 미치는 영향〉, 서울특별시교육연구정보원, 2015
26. 홍성훈, 〈중등교원의 의사결정 참여 수준이 교사 효능감에 미치는 영향〉, 《교육종합연구》 제8권 제3호, 교육종합연구소, 2010, 131~150쪽

드맵은 유 · 초 · 중등교육의 지방 분권을 강화하고 학교 민주주의를 달성하는 것을 목표로 한다.[27]

올초 전국시도교육감협의회는 새해 인사말을 통해 '교육 자치와 학교 민주주의를 완성'함으로써 '학교와 교사가 오로지 학생 교육에 전념할 수 있는 여건'을 만들고, '민주시민을 양성하는 학교부터 가장 민주적인 교육 공간으로 만들겠다'고 밝힌 바 있다.[28] 전국적으로 학교 민주주의 선언이 퍼져 나가고 있다. 촛불혁명의 정신으로 학교 민주주의를 실현하겠다는 의지가 학교 현장에 어떻게 스며들지 기대가 크다.

마지막으로 학교 민주주의와 관련하여 유념해야 할 지점이 있다. 학교 민주주의는 학교 혁신을 위한 필요조건이지 충분조건은 아니라는 점이다. 학교 민주주의가 교사 개개인의 편의주의로 이어지면 곤란하다. 학교 혁신을 위한 충분조건은 교사에게 있다. 바로 교육의 본질에 다가서고자 하는 교사 자신이다. 2018년 1월 〈학교 민주주의와 학교 혁신〉을 주제로 열린 현장 기획형 연수에서 강사로 함께한 전라북도교육청의 박일관 교장 선생님이 던진 질문이 귓가에 아른거린다. "선생님, 학교 민주주의를 통해 무엇을 하고 싶으세요?"

27. 〈제2회 교육자치정책협의회 - 학교 민주주의 위한 교육자치 정책 로드맵 심의 · 의결〉, 교육부 교육자치강화지원팀 보도자료, 2017. 12. 12

28. 전국시도교육감협의회, 〈촛불로 다시 쓴 민주주의, 학교로 이어가겠습니다〉, 2018. 1. 4

3. 첫걸음은 자발성인가?

교사의 자발성은 전문적 학습공동체의 출발점이자 성장을 촉진하는 요인이다. 주지하다시피 구성원들이 자발성을 갖고 참여할 때 전문적 학습공동체가 첫걸음을 떼고 살아 움직일 수 있다.

다음은 2016년 학교 안 전문적 학습공동체를 구성하기 위해 우리 학교 전체 교사에게 발송한 메신저 내용 중 일부인데, 자발적인 참여 의지를 강조하고 있다.

> 학교 안 전문적 학습공동체가 성공적으로 운영될 수 있는 핵심적 요인은 구성원의 자발성과 참여 의지입니다. 수평적인 관계 맺음을 토대로 함께 생각을 나누고 함께 성장할 수 있는 활동이 될 것으로 기대하고 있습니다.
>
> … 전문적 학습공동체에 참여할 의사가 있는 선생님께서는 내일 퇴근 전까지 저에게 말씀 부탁드립니다.
>
> – 2016. 3. 14, 교내 메신저 발송 내용 중에서

학교 안팎에서 전문적 학습공동체를 조직한 개인적인 경험에 의하면, 공동체를 처음 구성할 때 가장 고민이 되는 지점이 두 가지 있었다. 하나는 동료 교사들의 자발성을 어떻게 확인할 것인가, 또 하나는 과연 교사의 자발성을 어떻게 담보할 수 있는가였다.

평소 전문적 학습공동체 운영에 관심을 갖고 있고, 학교 안에

조직되었을 때 함께할 의사가 있음을 드러낸 교사의 경우를 제외하고는 자발성을 갖고 있다는 지점을 어떻게 알아차릴 수 있을까? 앞의 메신저 내용과 같이 전체 교사를 대상으로 참여할 의사가 있는 경우에 그 뜻을 전해 달라는 것으로 자발성을 온전하게 확인할 수 있을까?

실제로 몇몇 선생님께서는 자발적인 참여의 문턱에서 주저하기도 했다. 이때 부담스럽지 않게 손을 내밀어 그 손을 맞잡은 경우와 달리, 주저함이 계속된다면 함께할 수 있는 날을 기약하며 기다려 줄 수 있는 여유가 필요하다. 예를 들어, 공동체에 참여하지 않은 선생님들께도 교내 메신저 등을 통해 공동체의 활동 내용을 지속적으로 안내하고, 언제든지 간헐적으로라도 참여할 수 있도록 공동체를 개방적으로 운영하는 것도 좋은 방안이다.

당시 나는 그런 여유를 갖고 있지 못했다. 선생님들 개개인이 처한 상황이나 현실적으로 공동체 활동에 참여하기 어려운 학교의 여건 등을 외면한 채, 마땅히 해야 한다는 당위만을 강조하며 자발성을 강요하였다. 자발성의 이름을 한 강제와 다름이 없었다. 지금까지 학교 안과 밖으로 전문적 학습공동체를 운영해 본 경험에서 가장 아쉬움이 크게 남는 일이다.

자발성이라는 것이 한편으로는 양날의 검과 같아서, 자발성에 기초한 공동체가 학교 안에서 공동체에 참여하지 않은 집단을 배제하게 되면 자발성으로 그어진 선이 공동체를 저해하는 요인이 될 수 있다. 따라서 자발성으로만 구분 짓지 말고, 참여하기 어려

운 동료들의 고민을 들어 주고 해결해 줄 수 있는 공감대가 중요하다.[29]

과연 교사의 자발성은 어떻게 담보할 수 있을까? 무엇보다도 교사로서의 전문적 정체성(professional identity)을 세우는 일이 우선이다. 혁신학교와 자유학기제의 운영으로 학교 혁신을 이끌어 낸 사례들을 연구한 바에 따르면, 교육과정을 재구성한 경험은 교사의 전문적 정체성을 확립하는 데 상당히 중요한 계기가 된다. 동료 교사들과의 협력적 학습을 통해 교육과정을 재구성하고 이를 수업에서 실행하거나, 수업과 관련한 활발한 지적(知的) 활동을 할 때 교사는 교사로서의 전문적 정체성을 가지게 된다. 교사가 전문적 정체성을 가질 때 개인의 성장을 넘어 집단적 책무성을 인식하게 된다. 결국 교사의 전문적 정체성을 형성하는 일은 교사가 집단지성을 발휘하는 전문적 학습공동체의 필요성을 인식할 수 있는 계기를 마련하고 자발적으로 참여할 수 있는 힘을 높여 줄 수 있다.[30]

학교 현장에서 교육과정 재구성이라는 말은 '교과서를 가르치지 말고 교육과정을 가르치라.'는 말처럼 더 이상 새롭거나 혁신적인 구호로 느껴지지 않는다. 하지만 교과서에 갇힌 수업을 벗어나기 위해 동료 교사들과 함께 교육과정을 개발하면서 수업을 구

29. 김혁동 외, 《교사학습공동체》, 즐거운학교, 2017
30. 송경오, 〈학교 혁신을 위한 교사 전문적 정체성의 의미와 중요성〉, 《교육행정학연구》 33권 4호, 한국교육행정학회, 2015, 147~174쪽

성하는 것은 아직도 어려운 일이다. 일단 교무실에서 일상적으로 동료 교사와 교육과정 또는 수업을 주제로 대화를 나누는 것도 쉽지 않은 고립적인 교직 문화가 굳건하다. 막상 교육과정을 재구성하고 싶어도 무엇을 어떻게 해야 하는지 막막할 때가 있다. 따라서 동료들과 협력하여 교육과정 문해력을 키우고, 교육과정의 전문가로서 더불어 성장하는 경험을 통해 교사의 전문적 정체성을 세우기 위한 구체적인 방법과 체계를 고민해야 한다.

전문적 학습공동체의 자발적 참여와 관련하여 함께 생각해 볼 교육청의 정책들이 있다. 바로 학교 안 전문적 학습공동체 학점화 정책과 교장 · 교감 성과 상여금의 정량 평가 기준이다.

2015년 경기도교육청에 이어서 이듬해부터 전국 시도 교육청에서 학교 안 전문적 학습공동체 학점화 정책을 도입하였다. 학교 단위로 이루어지는 수업 연구 활동을 직무연수로 인정하는 정책은 전문적 학습공동체를 확산시키는 데 기여하였다는 점에서 긍정적인 역할을 분명히 하였다. 2015년 경기도교육청 소속 교사들을 대상으로 한 설문조사에 따르면, 교사의 배경 변인과 관계없이 전문적 학습공동체 활동을 연수 학점화하는 것이 대체로 참여의 동기부여를 제공한다고 인식하고 있다.[31]

그러나 학점화 정책이 전문적 학습공동체 운영에 강제성을 부여하게 되면 자발성이라는 전문적 학습공동체의 본래의 속성이

31. 김진철 외, 〈학교 안 전문적 학습공동체 운영 실태 분석 및 제안〉, 경기도교육연구원 연구보고서, 2015

파괴된다는 의견과, 이를 해결하기 위해 학점화 정책을 보다 유연하게 운영할 필요가 있다는 목소리가 크다.[32]

교장·교감 성과 상여금의 평가 기준 역시 자발성을 저해하는 요인 중 하나로 지적받고 있다. 교육청에 따라 그 기준은 상이하나, 전문적 학습공동체의 조직 여부나 모임 횟수, 참여 교원의 비율 등 양적 평가 지표만으로는 전문적 학습공동체의 운영을 온전하게 평가하기 어렵다. 게다가 전문적 학습공동체의 운영 원리 등을 이해하지 못하거나, 활동에 참여한 경험이 없는 관리자가 전문적 학습공동체의 조직과 운영을 일방적으로 지시함으로써 공동체가 형식적으로 운영되거나 문서상으로만 존재하는 경우도 심심찮게 볼 수 있다.

학점화 정책과 관련하여 또 다른 측면에서 자발성의 문제를 생각해 보도록 한 경험이 있어 소개한다. 제주특별자치도교육청에서는 2015년 12월 30일에 학점화 정책 도입을 발표하였다. 2015년 한 해 동안 경기도교육청에서 실행한 학점화 정책을 관심 있게 지켜보고 있었던 나는 연수 학점 부여를 계기로 삼아 새 학년도에 우리 학교 안에서 전문적 학습공동체를 조직하고 싶었다. 이와 같은 생각을 담아 우리 학교 신문에 다음과 같은 내용을 실었다.

우리 교육청에서 2016년도에 희망 학교 교원에 대해 학

32. 조윤정 외, 〈전문적 학습공동체 사례 연구를 통한 성공요인 분석〉, 경기도교육연구원 연구보고서, 2016

교 안 학습공동체 활동을 직무연수로 인정하고 연수 학점을 부여한다는 계획을 최근 발표하였는데 이를 학교 차원에서 잘 활용하는 것도 좋겠다.

– 2016. 2. 5, 〈흔들리며 피는 꽃, 수업에 대하여〉 중에서

겨울 방학 기간 동안 준비하였던 전문적 학습공동체 운영 계획서를 2016년 3월 초 교육청에 제출하였다. 운영 주제는 〈배움이 일어나는 수업! 학생, 교사에 물들다〉였다. 당시 30개 팀을 공모했는데 우리 학교가 탈락하였다. 담당 장학사와의 전화 통화에서 정보공개 청구 운운하며 심사 결과를 공개할 것을 요구하였으나 이미 엎질러진 물이었다.

당시 제주 지역에서는 전문적 학습공동체가 양적으로 확대되고 있는 상황이라 공모 경쟁률이 이전보다 높았을 것이다. 하지만 오랜 시간 전문적 학습공동체에 대해 학습했으며, 많은 자료를 검토하여 계획서를 전문적으로 작성하였다고 자부했기에, 공모에 선정된 이웃 학교의 계획서들과 비교해 보았을 때 납득할 수가 없었다. 교육청에서는 내부 논의 끝에 전문적 학습공동체를 추가로 공모하기로 결정하였다. 당시 공모에 탈락하였다는 것을 통보 받고, 정말 애석하고 동료 교사들에게 미안했다. 그 마음을 교내 메신저에 담아 선생님들께 전했다.

안녕하십니까?

학교(수업) 혁신 교사 동아리 공모에 선정되지 못했습니다.

매우 애석합니다. 부족한 점이 무엇인가를 돌아보고, 다음 기회를 준비하겠습니다. 기꺼이 함께해 준 모든 선생님들께 미안함과 고마움을 전합니다.

해를 거듭할수록 전문적 학습공동체가 양적으로 확대되고 있고, 이에 맞춰 시도 교육청에서는 더 많은 예산을 전문적 학습공동체를 지원하는 데 쓰고 있다. 이러한 상황에서 교육청이 전문적 학습공동체를 선정하는 방식은 검토할 필요가 있다. 대부분의 학교에서 전문적 학습공동체를 운영할 것을 기대하며 일정한 기준만 갖추면 공모에 신청한 공동체 모두를 선정하여 예산을 지원하는 것은 어떨까? 교육청이 정책적으로 집중할 과업은 전문적 학습공동체 운영의 질을 관리하고, 확산의 메커니즘을 고민하여 효과적으로 확산할 수 있는 전략을 세우는 것이다.

차제에 공모 사업의 예산 운영 방식 전반에 대해 검토하여, 전문적 학습공동체 관련 예산을 모든 학교로 일괄 교부하고 학교에서 자율적으로 학교 안 전문적 학습공동체를 구성할 수 있도록 지원하는 방안도 좋겠다.

4. 리더를 발굴하고 키우자

학교 안이든 밖이든 전문적 학습공동체가 온전히 운영되기 위해서는 공동체를 이끄는 리더의 역할이 상당히 중요하다. 다음은 2017년 '수업탐구 교사공동체 리더 워크숍'에 참석한 전문적 학습공동체의 리더 혹은 소속 선생님들이 리더에게 필요한 역량이 무엇인가를 비주얼 씽킹으로 표현한 결과물이다.

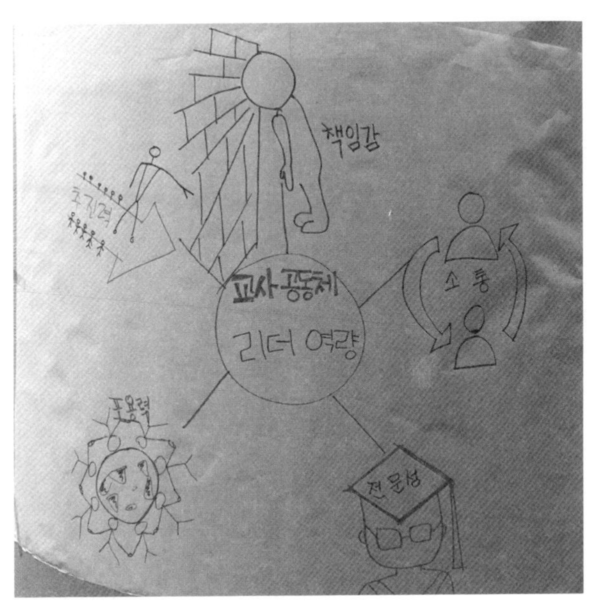

전문적 학습공동체를 경험해 본 교사들은 공동체를 이끄는 리더의 역량으로 주신력, 책임감, 포용력, 소통, 전문성 등을 제시하고 있다.

최근 몇 년 사이에 전국적으로 전문적 학습공동체의 수요가 급증하였고, 앞으로도 그 수요가 커질 것으로 예상된다. 따라서 공동체 운영의 질 관리와 혁신의 확산을 위해 리더의 역량을 높이는 데 정책적인 관심과 도움이 필요하다.

예를 들어 전문적 학습공동체 '코디네이터' 또는 '코치' 등으로 불릴 수 있는 리더를 발굴하고 길러 내기 위한 연수 프로그램을 운영하거나 다양한 층위의 전문적 학습공동체를 형성하여 교사 간, 학교 간 네트워크를 구축한다. 이렇게 하면 지역의 보다 많은 교사들이 리더가 갖추어야 할 역량을 키울 수 있다.

리더의 역량을 갖춘 교사를 키워 내는 일은 아직 학교 안에서 전문적 학습공동체를 운영한 경험이 없거나 축적되지 않은 학교에 변화의 계기를 주거나 촉진하는 데도 의의가 있다.

정책적으로 길러 내야 할 전문적 학습공동체의 리더란 당연히 공동체를 이끌어 갈 교사이다. 전문적 학습공동체의 촉진과 운영을 조력하기 위해서는 리더의 범주를 교장 및 교감을 비롯해 업무 담당 부장(혁신부장 또는 연구부장) 등으로 확대할 필요가 있다. 이들을 대상으로 전문적 학습공동체를 이해할 수 있는 연수를 실시하고, 교장 및 교감 선생님들 간 전문적 학습공동체를 운영하거나, 교장 및 교감 선생님과 함께하는 전문적 학습공동체를 운영하는 것도 한 방법이다.

학교 안에서 교사 주도로 형성된 전문적 학습공동체와 교장 주도로 형성된 전문적 학습공동체를 비교 · 분석한 연구에 따르면,

학교장이 리더십을 발휘하여 전문적 학습공동체를 형성한 경우가 그렇지 않은 경우에 비해 구성원 사이 협력적 탐구와 실천이 매우 활발하고 지속적으로 이루어졌다.[33] 이는 시간 확보 등 전문적 학습공동체 저해 요인을 해결하기 위한 행정적 지원을 통해 전문적 학습공동체를 안정적으로 운영할 수 있는 환경을 마련하는 데 학교장의 역할이 크다는 점을 시사한다.

전문적 학습공동체의 리더에게 필요한 역량 중 가장 갖추기 어려운 것은 리더는 좋은 사람이어야 한다는 점이다. 서울의 중학교에서 전문적 학습공동체를 운영하였던 어느 선생님은 "인(仁)이 없으면 의(義)도 의(義)가 아니다."라는 공자의 말을 인용하여, 옳은 사람이 아니라 좋은 사람이 학교 혁신을 성공적으로 이끌어 갈 수 있다고 하였다.[34]

전문적 학습공동체 활동은 개별 교사의 전문성을 함양하는 것을 넘어 궁극적으로는 학교 혁신으로 이어져야 한다. 학교 혁신은 교사 개개인이 할 수 있는 일이 아니라, 동료와 함께 더불어 해야 한다. 동료와 함께 연구하고 실천할 수 있으려면 리더는 동료의 마음을 움직일 수 있는 따뜻한 마음을 지닌 좋은 사람이어야 한다.

33. 오지연 외, 〈초등학교 내 교사 주도 교사학습공동체와 교장 주도 교사학습공동체에 대한 사례 비교 연구〉, 《교원교육》 제32권 제2호, 한국교원대학교 교육연구원, 2016, 213~241쪽

34. 황필아 외, 〈교사학습공동체를 통한 학교 교육과정 편성 · 운영 역량 강화 세미나〉, 한국교육과정평가원 연구자료, 2015

에필로그

수업의 결이 삶의 결이 되다

2018년 2학년 6반 담임을 맡았습니다. 오랜만에 담임 업무를 하게 되니 매우 숨 가쁘고 어수선합니다. 하지만 교실 속 풍경은 여전했습니다. 아이들의 에너지는 늘 가득 찬 상태이고 공부 이외에도 운동, 자율 동아리 등 바쁘게 일상을 보냅니다. 기지개를 켜듯 학생들이 어떤 결을 가지고 있는지 파악했습니다. 그러던 중 몇몇 학생이 자율 동아리를 통해 세상과 연결되어 있다는 것을 알게 되었습니다. '법과 정치' 수업 주제와 연결해 봐야겠다는 막연함을 갖고 봄을 보냈습니다. 4월 사회과좋은수업연구회 공개 수업을 앞두고 '정치 참여의 의의와 유형'이라는 주제를 재구성하고 있었습니다.

공개 수업을 하기 앞서 연구회 선생님들과 사전 협의회를 했습니다. 협의회에서 구상했던 내용은 지방선거와 교과서의 선거를 연결하는 프로젝트 수업이었습니다. 그 후 2주를 고민했습니다. '수업은 외형적으로 멋지게 구상될 것 같은데 그 안에 배움이 안 묻어나….' 선거제도와 정당을 엮어 낸 수많은 수업 사례와 교수-학습 자료집을 뒤로한 채 개념 설명으로 몇 분이면 넘어갈 '정치적 효능감'에 멈춰 서서 배움의 여정을 구상해 봅니다. 생각을 하던 찰나, 학기 초 막연하게 생각했던 학생들의 작은 정치 참여 움직임이 불현듯 생각났습니다. 그리고 학생들의 삶과 수업을 연결했습니다. 이와 같은 배움의 여정이 가슴을 뛰게 합니다.

2018년 4월 17일 공개수업을 앞두고 전날 작성했던 〈성찰 일기〉입니다.

> 2018년 4월 17일, 법과 정치, 정치 참여의 의의와 유형을 주제로 공개수업을 열게 되었다. 지금, 2학년은 삶과 연결된 정치 참여에서 효능감을 느낀 학생들로 군집됐다. 웃음이 나오는 에피소드 끝에 알게 된 사실이었다. 학기 초 자율동아리 '초점'을 맡아 달라는 학생들의 과감한 부탁을 단번에 거절했다. 몇 년 전 활성화되었던 보컬 동아리 '정점'과 헛갈린 나는 "왜 샘한테 온 거야? 다른 선생님께 부탁해."라며 자율 동아리의 취지나 활동 등에 대해선 들어 보지도 않고 거절했다.
>
> 어수선하게 학기 초를 보내고 있는데 우리 반 학생이 제주4·3사건 인형극 연습을 해야 한다며 야자를 빼 달라고 부탁했다. 나는 "우와, 정말 유의미한 활동을 하네. 동아리 이

름이 뭐야?"라며 되물었고 학생은 놀란 듯이 "초점이요."라고 말했다. 그 순간, '동아리가 그 동아리인가?' 하는 의구심을 가지고 그때 나를 찾아왔던 녀석들을 불렀다. 학생들의 말에 귀를 기울이며 그동안의 활동을 들어 보니, 아이들은 작년부터 삶과 연결된 '제주4·3사건 인형극'으로 제주4·3사건을 세상에 알리는 정치 참여 활동에 꾸준히 참여하였고, 올해엔 그 결실을 맺어 '제주4·3 70주년 기념 문화예술대전'에 초청되었을뿐더러, '제주4·3 70주년 광화문국민문화제'에도 참석한다고 했다. 아이들은 매우 호기로웠고 정치적 효능감으로 가득차 보였다. 같은 교실에서 누군가는 정치적 효능감으로, 누군가는 무기력으로 채워지는 현실이 조금 안타까웠다. 아이들이 느꼈던 정치적 효능감을 다른 학생들에게 전이시켜 주는 자리가 필요하다고 생각했다. 또한 '초점'의 활동을 하지 않은 학생들도 분명 정치 참여의 경험이 있었을지도 모른다는 생각이 들었다.

다시 말해, 정치적 효능감을 느낀 학생들을 중심으로 효능감을 확장하고 직간접적인 공유가 필요하다고 생각했다. 나아가 청소년들이 참여할 수 있는 정치 참여 방법과 유형에 대해서 이야기하는 수업을 하고 싶었다. 〈청소년의 정치 참여 사용 설명서〉 작업은 학생들이 주체가 되는 정치 참여 활동을 학생들의 시선으로 작업할 수 있는 기회라 생각한다.

-2018. 4. 17, 〈성찰 일기〉

저에게 수업에서 영감을 주는 가장 큰 원천은 학생들입니다. 아이들의 귀한 교육적 경험을 지나치지 않고 올곧게 바라봐주고 그

것을 연결하고 확장해 주는 것. 이것이 교사가 할 수 있는 처음과 끝입니다. 한 올 한 올 켜켜이 쌓이다 보면 앎이 삶으로 전환되어 있을 것이라 생각합니다. 오늘도 저는 학생들이 어떤 일상을 살아가고 있는지, 어떤 것에 의미성을 부여하고 있는지 찾으러 갑니다.

이 책은 육아휴직으로 경력이 단절되고 혹은 직장과 가정생활의 양립으로 버거운 삶을 살고 있는 선생님들이 같이 읽었으면 좋겠습니다. 저는 육아로 인해 세상으로부터 고립된 것 같은 시기가 지금과 같이 입체적인 삶을 엮어 낼 수 있었던 근원이 되었습니다. 선생님들의 외롭고 지친 일상에서 스스로 작아지지 말기를, 스스로 숨지 말기를…. 더 여물고 단단해지는 시간으로 온전히 자녀와 시간의 흐름에 집중하며 삶의 철학, 교육의 철학을 세울 수 있기를 기원합니다.

앞선 발걸음으로 현장에서 교육의 본질을 고민하고 실천한 박일관 교장 선생님과 정성식 선생님 그리고 고의숙 장학사님과 함께한 시간은 그 자체로 깊은 배움의 시간이었습니다.

앞으로의 여정이 더 기대되고 늘 반가운 마음에 미소 짓게 되는 이혁규 교수님, 김재준 수석님, 길현주 연구사님, 전보애 교수님, 정은식 선생님을 비롯한 통합사회 핵심교원 선생님들께 감사의 말씀 올립니다. 아직 가지 않는 길의 한가운데에서 우리는 단단하고 신나게 성장하고 있습니다.

같은 마음을 확인하고 씩씩하게 손잡고 걸어왔던 그때와 지금을 같이 나눌 수 있어서 행복합니다. 사회과좋은수업연구회와 오현고 교사 성찰 학습공동체 선생님들께 깊은 감사를 드립니다.

지금, 여기에 집중할 수 있도록 곁에서 묵묵하게 지원해 준 육아 동지이자 남편, 그리고 수업 친구인 김홍탁 선생님께 고마움을 전합니다. 책을 써야 한다며 쌍둥이 자녀들에게 채근하면 자신들도 책을 쓰겠다며 옆에 앉아 그림책을 만들고 있는 사랑하는 아들 현우, 딸 서현에게 고마운 마음을 전합니다. 훗날 부모님이 쓴 책을 읽으며 따뜻함을 마주하기를 바랍니다. 쌍둥이 육아와 직장생활의 양립을 지지해 주고, 헌신적인 사랑으로 손주들을 보듬으신 어머니와 아버지께 감사를 전합니다. 당신들이 채워 주신 정성으로 집중하여 글을 쓸 수 있었습니다.

제주에서 강영아

삶과 교육을 바꾸는

맘에드림 출판사 교육 도서

교사는 수업으로 성장한다

박현숙 지음 / 값 12,000원

그동안 교사는 수업에서 아이들을 만나지 못해왔다. 관계와 만남이 없는 성장의 결손을 낳았다. 이 책에서는 교사, 학생, 학부모, 지역사회가 공동체로서 서로 관계를 맺을 때에만 배움은 즐거운 활동으로서 모두가 성장하는 삶의 일부가 될 수 있음을 보여준다.

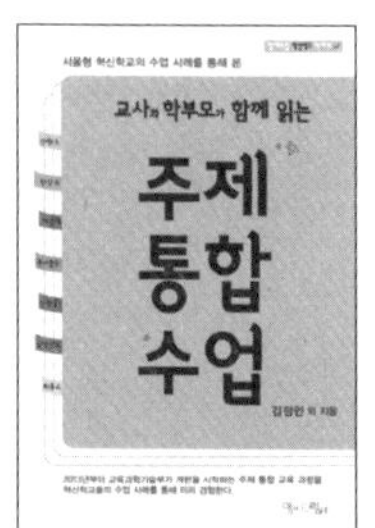

교사와 학부모가 함께 읽는 주제 통합 수업

김정안 외 지음 / 값 15,000원

'서울형 혁신학교'로 지정된 일곱 개 혁신학교들이 지난 1~2년 동안 운영한 주제 중심 통합 교육 과정과 수업 사례를 소개한 책이다. 이 학교들의 교육과정은 전국적으로 이루어지는 혁신학교들의 성과를 반영하였고, 자신의 지역사회의 실제 환경과 경험을 살려 실제 수업에 적용한 것이다.

수업 딜레마

이규철 지음 / 값 14,000원

이 책을 관통하는 키워드는 '사람'이다. 저자의 노하우를 전수하는 것이 아니라, 수업 속에서 딜레마에 맞닥뜨려 고통 받고 있는 선생님들의 고민, 신념을 담고, 그것을 이겨내기 위한 한 분 한 분의 마음을 담고 있다. 이 책은 다시 한 번 교사로 잘 살아보고 싶은 도전을 하게 한다.

엄선생의 학급운영 레시피

엄은남 지음 / 값 14,000원

34년 경력의 현직 교사가 쓴 생동감 넘치는 학급운영 지침서. 초등학교에서 아이들은 문자와 숫자를 익히는 것보다 학교와 교실에서 낯설고 모험적인 사건을 겪으면서 더 많은 것을 배운다. 이 책은 초등학교에서 교과서 지식보다 더 중요한 학교생활과 학급문화를 만드는 담임교사의 역할을 다룬다.

삶과 교육을 바꾸는 맘에드림 출판사

수업 디자인

남경운 · 서동석 · 이경은 지음 / 값 15,000원

서울형 혁신학교의 대표적인 수업 혁신을 담은 이야기. 아이들이 서로 협력하면서 배우는 수업을 목표로 삼은 저자들은 공동 수업설계를 대안으로 제시한다. 아이들은 서로 '옥신각신'하며 함께 문제에 도전할 때 수업에 몰입하고 배우게 된다. 이 책은 이러한 수업을 어떻게 만들어가는지 잘 보여준다.

땀샘 최진수의 초등 수업 백과

최진수 지음 / 값 21,000원

초등학교에서 20여 년간 아이들을 가르쳐온 저자가 초등학교 수업에 대해서 기록하고 연구하고 실천하며 쌓아온 경험을 바탕으로 초등학생들과 수업을 함께하는 방법을 담고 있다. 초등학교 교사가 아이들을 가르칠 때 알아야 할 가장 기본적이면서도 가장 중요한 모든 것을 다루고 있다.

교실 속 비주얼씽킹

김해동 지음 / 값 14,500원

이 책은 비주얼씽킹 기본기부터 시작하여 교과별 수업, 생활교육, 학급운영 등에 비주얼씽킹을 응용하는 방법을 설명하고 있다. 특히 교사들이 초등학교 1학년부터 고등학교 3학년까지 국어, 수학, 영어, 과학, 사회 등 모든 교과 수업에 비주얼씽킹을 활용할 수 있도록 수업 지도안을 상세하면서도 간결하게 제시하고 있다.

수업, 놀이로 날개를 달다

박현숙 · 이응희 지음 / 값 13,500원

교육계에서 최근 가장 중요한 과제로 삼고 있는, OECD의 여덟 가지 핵심 역량(DeSeCo)에 따라 여러 놀이들을 분류해서 설명하고 있다. 이 책의 저자들은 수업이 놀이를 만났을 때 어떻게 핵심 학생들의 핵심 역량이 강화되는지 이야기하고 있다.

수업 코칭

이규철 지음 / 값 15,500원

가르치는 일을 함으로써 학생들의 배움을 돕는 교사들에게 수업은 시간적으로도, 공간적으로도 학교에서 자신이 하는 일의 중심을 이룬다. 그래서 수업에 관한 고민은 교과를 가리지 않고 교사들에게 일반적으로 드러난다. 이 책은 그중에서도 '수업 코칭'이라는 하나의 흐름을 다룬다.

교사들이 함께 성장하는 수업

서동석 · 남경운 · 박미경 · 서은지,
이경은 · 전경아 · 조윤성 지음 / 값 15,000원

이 책은 배움 중심 수업을 위해 서로 다른 여러 교과 교사들이 수업을 디자인하고 연구하는 '수업 모임'에 관해 다룬다. 수업 모임 교사들은 함께 교과 수업을 디자인하고, 참관하고, 발견한 내용을 공유하고 평가하는 피드백을 통해 수업을 개선해간다.

땀샘 최진수의 초등 학급 운영

최진수 지음 / 값 19,000원

이 책의 저자는 학급운영의 출발은 아이들을 '가르치는 대상'에서 '존중받는 존재'로 바라보는 것에서 시작해야 한다고 이야기한다. 또한 아이들과 함께하면서 교사는 성장한다. 이러한 성장은 교사 스스로 자신을 되돌아보고 성찰할 때 비로소 이루어지며, 그 결과 올바른 학급운영이 이루어진다고 이 책은 말한다.

얘들아, 하브루타로 수업하자!

이성일 지음 / 값 13,500원

최근에는 교사 위주의 강의 수업에서 학생 위주의 참여 수업으로 많은 변화가 이루어지고 있다. 이는 4차 산업혁명 시대를 살아가야 할 학생들을 위해서는 당연한 것이다. 교실에서 실제로 질문하고, 토론하는 하브루타 참여 수업의 성과를 담은 이 책은 수업을 통하여 점점 성장해가는 아이들의 모습을 보여준다.

핵심 역량을 키우는 수업 놀이

나승빈 지음 / 값 21,000원

이 책은 [월간 나승빈]으로 유명한 나승빈 선생님의 스타일이 융합된 놀이책이다. 이 책은 교실에 갇혀 넘치는 에너지를 발산하지 못하는 아이들과, 단순한 재미를 뛰어넘어 배움이 있는 수업을 고민하는 선생님을 위한 것이다. 본문에서는 수업 속에서 실천이 가능한 다양한 놀이를 제시하고 있다.

교실 속 비주얼 씽킹 (실전편)

김해동 · 김화정 · 김영진 · 최시강,
노해은 · 임진묵 · 공세환 지음 / 값 17,500원

전 편이 교과별 수업, 생활교육, 학급운영 등에 비주얼씽킹을 응용하는 방법을 이론적으로 설명했다면, 《교실 속 비주얼씽킹 실전편》은 실제 초 · 중 · 고 학생을 대상으로 수업을 진행한 교사들의 활동지를 담았다.

수업 고민, 비우고 담다

김명숙 · 송주희 · 이소영 지음 / 값 15,500원

이 책은 수업하기의 열정을 잃지 않고 수업 보기를 드라마 보는 것만큼 재미있어 하는 3명의 교사가 수업 연구에 대한 이론적 체계가 아닌, 현장에서의 진솔한 실천 과정을 순도 높게 녹여낸 책이다. 이 속에는 자신의 교실을 용기 있게 들여다보며 묵묵히 실천적 연구자로 살아가는 선생님들의 고민과 성장이 담겨 있다.

색카드 놀이 수학

정경혜 지음 / 값 16,500원

몸짓과 색카드로 초등학교 1학년부터 6학년까지 배우는 수와 연산을 익힐 수 있도록 가르치는 방법을 다룬다. 즉, 색카드, 수 놀이, 수 맵, 몸짓 춤, 스토리텔링, 놀이가 결합되어 아이들이 다양한 감각을 통해 몸으로 수학의 개념과 원리를 터득하게 하는 것이다. 놀이처럼 수학을 익히면서 개념과 원리를 터득해나갈 수 있다.

처음부터 다시 시작하는 수업

민수연 지음 / 값 13,500원

1년 동안 아이들과 교사가 함께 행복한 교실을 만들어나간 기록들이 담겨 있다. 교육의 본질과 교사의 역할, 교육관과 인간 본성에 관한 철학적 고민부터 구체적 방법론, 아이들의 참여와 기쁨에 이르기까지 교육과 관련된 다양한 요소가 버무려져 마치 한 편의 드라마 같다.

영화 만들기로 창의융합 수업하기

박현숙 · 고들풀 지음 / 값 13,000원

창의융합 수업의 좋은 사례로서 아이들과 영화를 만든 이야기를 담았다. 시나리오, 콘티, 촬영, 편집과 상영까지 교과의 경계를 넘나드는 영화 만들기 수업 속에서 아이들은 다양한 역량을 발휘하며 훌쩍 성장한다. 학생들과 영화 동아리를 운영한 사례들도 담겨 더욱 깊이 있는 노하우를 얻을 수 있다.

톡?톡! 프로젝트 학습으로 배움을 두드리다

최미리나 · 이성준 · 김지원 · 조수지 · 심혜민 지음 / 값 19,500원

이 책은 학생들이 흥미를 느끼는 주제로 탐구 활동을 진행해 배움의 진정한 즐거움을 발견하고, 나아가 한층 더 깊은 탐구로 이어지는 선순환이 가능한 프로젝트 수업을 위한 거의 모든 것을 다룬다. 이 책을 통해 의미 있는 프로젝트 수업을 만들어갈 수 있는 다양한 아이디어를 얻을 수 있을 것이다.

나쌤의 재미와 의미가 있는 수업

나승빈 지음 / 값 21,000원

이 책의 저자는 '재미'와 '의미'를 길잡이 삼아 수업의 길을 뚜벅뚜벅 걸어가고 있다. 책 속에서 제안하는 다양한 재미있는 활동들을 통해 학생들을 좀 더 적극적으로 배움의 세계로 초대하고, 학생들은 자유롭게 생각을 펼쳐나갈 것이다. 아울러 그러한 생각들은 깊이 있는 토론을 통해 의미 있게 확장해나갈 것이다.

하브루타로 교과 수업을 디자인하다

이성일 지음 / 값 14,500원

다양한 과목별 하브루타 수업 사례를 담은 책. 각 교과 수업에 활용할 수 있도록 한 하브루타 맞춤 수업 안내서다. 책 속에는 실재 교실에서 하브루타를 적용한 수업 사례들이 교과목 별로 실려 있다. 각 사례마다 상세한 절차와 활동지를 담아서 누구나 수업에 바로 적용하고 쉽게 따라할 수 있도록 했다.

하브루타 수업 디자인

김보연 · 교요나 · 신명 지음 / 값 16,000원

저자들은 이 책에서 하브루타를 하나의 유행이 아니라 시대의 흐름으로 보면서, 하브루타가 문화로 자리 잡아야 한다고 주장한다. 이 책은 질문과 대화가 인간의 모든 지적 활동에서 핵심적인 역할을 한다는 저자들의 믿음을 바탕으로 집필되었다. 아울러 학교생활뿐 아니라 가정에서도 하브루타를 실천하기 위한 재미있고 다양한 방법들을 제시한다.

프로젝트 수업으로 배움에 답을 하다

김 일 · 조한상 · 김지연 지음 / 16,500원

이 책은 중학교와 고등학교 교육에서 프로젝트 수업을 적용해서 실천한 내용을 담고 있다. 교육과정을 재구성하고, 성취기준에 따라 다양한 방식으로 평가하고, 마지막으로 학생부에 기록을 남기는 방법까지 실제 사례를 통해 상세히 설명한다.

초등 온작품 읽기

로고독서연구소 지음 / 값 15,500원

한 학기에 책 한 권을 읽는 수업을 통해 아이들에게 하나의 작품을 온전히 읽음으로써 깊게 성찰할 수 있는 기회를 제공해줄 수 있다. 이 책은 온작품 읽기를 통해 학생 중심, 활동 중심의 수업을 어떻게 디자인해야 하는지와 함께 다양한 독서 수업 방법을 상세히 설명해준다.

초등 상담 새로 고침

심경섭 · 김태승 · 박수진 · 손희정 · 김성희 ·
김진희 · 남민정 · 박창열 지음 / 값 16,000원

학교 현장에서 아이들의 부적응이나 문제행동에 대해 고민하지 않는 교사는 거의 없다. 이 책은 이러한 문제에 부딪혀 해결책을 찾는 교사의 상담 지혜를 다룬다. 특히 이 책은 문제 상황에 따른 원인을 분석하고 명확한 가이드라인을 제시한다. 이것은 이 책의 장점으로 이를 통해 교실 현장에서 발생하는 거의 모든 문제 상황에 적용될 수 있다.

독자 여러분의 소중한 원고를 기다립니다

맘에드림 출판사는 독자 여러분의 소중한 원고를 기다리고 있습니다. 원고가 있으신 분은 momdreampub@naver.com으로 원고의 간단한 소개와 연락처를 보내주시면 빠른 시간에 검토해 연락을 드리겠습니다.
